Handwerk und seine Meister

Hannes Gans

Handwerk und seine Meister

Ein Führer zu 100 bemerkenswerten
Werkstätten in Wien und Niederösterreich

Mit Fotos von Eva Wrazdil und Hannes Gans

Falter Verlag

ISBN 3-85439-312-1
© 2004 Falter Verlagsgesellschaft m.b.H.
1011 Wien, Marc-Aurel-Straße 9
Telefon +43/1/536 60-0, Fax +43/1/536 60-35
E-Mail/Verlag: bv@falter.at
E-Mail/Bestellungen: service@falter.at
Homepage/Bookshop: www.falter.at
Alle Rechte vorbehalten.

Autor: Hannes Gans
Fotos: Eva Wrazdil, Hannes Gans
Lektorat: Ulrike Hirhager, Helmut Gutbrunner
Grafik und Layout: Marion Großschädl
Satz: Barbara Blaha, Falter Satz
Produktion: Susanne Schwameis
Printed in Czech Republic

Dieses Buch erhebt keinen Anspruch auf Vollständigkeit.
Obwohl wir versucht haben, so gründlich wie möglich zu sein,
können wir Fehler nicht ganz ausschließen.
Bitte haben Sie dafür Verständnis,
dass wir keine inhaltliche Haftung übernehmen.

Inhalt

Textil

Leder, Horn

Wachs, Seife

Glas

Druck, Papier

Musik

Vorwort

Wie weit der Spruch „Handwerk hat einen goldenen Boden" noch seine Richtigkeit hat, kann man in diesem Buch nachlesen. Es ist eine Momentaufnahme, ein Familienbild, das gerade noch rechtzeitig aufgenommen wurde. Viele der Handwerker kennen einander. Sie wissen Bescheid, wenn einer in Schwierigkeiten ist oder ans Aufhören denkt. Etliche Gewerbe wird es in zehn Jahren nicht mehr geben. Sie wurden von den jüngsten technischen und industriellen Entwicklungen überrollt und werden deswegen verschwinden.

Auf der anderen Seite findet sich nirgendwo sonst so viel Optimismus wie im Handwerk, paradoxerweise aus denselben Gründen. Der Computer ist in vielen Bereichen zum unentbehrlichen Werkzeug geworden, monotone Handarbeit konnte ausgelagert werden, zugunsten der Freiräume für die Kreativität. Der Meister darf wieder Künstler sein.

Das Buch entscheidet sich nicht für eine der beiden Seiten, ist kein Abgesang unter dem Motto „Der Letzte seines Standes". Viel wichtiger sind die Leistungen der Handwerker für unsere Gesellschaft. Sie stemmen sich, jeder auf seine Weise, mit der grundsoliden Qualität ihrer Produkte gegen den billigen Einheitsbrei, dem man als Konsument mehr und mehr ausgesetzt ist. Sie sorgen mit der Ausbildung von Lehrlingen für Arbeitsplätze – ein Engagement, das volkswirtschaftlich nicht hoch genug eingeschätzt werden kann –, und sie verhindern, dass Kunstfertigkeiten, die Jahrtausende alt sind, ausgerechnet in unserer Zeit verloren gehen.

Dafür sollte man den Handwerkern Danke sagen und auch dafür, dass sie die Zeit für Interviews und Fototermine erübrigen konnten. Sie waren bereit, geduldig ihre Arbeit einem neugierigen Laien eingehend zu erklären, und haben ohne jeden Konkurrenzneid wertvolle Hinweise auf interessante Mitbewerber gegeben. Besonderer Dank gebührt in diesem Zusammenhang den Wirtschaftskammern von Wien und Niederösterreich und einem nach dessen Selbstauskunft engagierten Freund des Handwerks, Karl Prüller. Sie alle haben mit ihren Tipps zu dieser Bestandsaufnahme des Handwerks beigetragen.

Wien, im August 2004

Holz

Zwischen Feuer und Wasser

Mit der Weinkultur ist auch das Ansehen der Fassbinder gestiegen

In Feuersbrunn wird das Gebetläuten von gleichmäßigem Klopfen abgelöst, es gehört in diesem kleinen Weinort am Wagram Gott sei Dank noch zur gewohnten morgendlichen Geräuschkulisse. Die Binderei Benninger hat die mageren Jahre übertaucht. Jetzt kommen wieder Bestellungen, weil man auf Weinkultur Wert legt. Dazu gehört einmal ein Holzfass und die Fertigkeit eines Binders. Keine Industrie ist imstande, der vielseitigen Persönlichkeit des Weines gerecht zu werden. Irgendein tauglicher Behälter ist leicht hergestellt, aber einer, der auch äußerlich Appetit auf seinen Inhalt macht – dazu braucht es das Holz. Das Gleiche gilt für den Geschmack. Nur Holz lässt sich rösten und gibt dem Wein die feine Barriquenote. Der Punkt auf dem i ist das Handwerk, das abseits von Großbetrieben einen Hauch von Nostalgie in den Keller zaubert.

Meister Benninger jun. hat seine Fassbinderei in die Gegenwart gerettet

Die beiden Männer, ein Geselle und Meister Gerhard Benninger, umrunden mit ihren Schlägeln den sonderbaren Turm in der Mitte des Hofes. Von der endgültigen Form ist noch wenig zu sehen. Die rhythmischen Schläge gelten den Eisenreifen, die den Bretterkranz oben zusammenhalten. Nach unten hin strebt das Holz widerborstig auseinander. Durch die Spalten leuchtet Feuer.

„In den Feuerkorb kommt das gleiche Holz wie zum Fass, vielleicht eine Spinnerei", sagt Benninger, der mit dem Wasserschlauch die Dauben von außen abspritzt. Dampf steigt in der kalten Morgenluft auf: „Zwei, drei Grad minus sind ideal. Die beste Zeit, bevor die Sonne über

Der Model mit Rundung und Haken

das Dach kommt. Das Holz trocknet dann zu schnell, und ohne entsprechende Feuchtigkeit will es sich nicht biegen."

Die Technik ist älter als jedes dampfgebogene Möbelstück. Die Römer bestaunten die gewaltigen Holzgebinde der Gallier, während sie selbst ihren Wein in Amphoren lagerten. Wann das Holzfass erfunden wurde, entzieht sich der Geschichtsforschung. Nur so viel sei angemerkt: Die Tonne, in der Diogenes gehaust hat, bestand nicht aus Holz.

„Seit 1339 gibt es Zunftzeichen", weiß Meister Benninger, und es gab damals bereits Konkurrenz, die, wie berichtet wird, handfest bekämpft wurde. Über die Donau wurden billige Fässer geliefert. Die Wiener Fassbinder wehrten sich gegen die Importware, indem sie die Fässer kurzerhand zerschlugen.

Der Umgang der Binder untereinander hat sich entscheidend verbessert.

„Nach dem Beitritt der Länder im Osten hoffe ich auf eine baldige Normalisierung der Wirtschaft. Bis jetzt wird drüben wesentlich kostengünstiger produziert, und in der Zwischenzeit in ausgezeichneter Qualität", räumt Benninger ein, der sich ein Musterfass aus Ungarn besorgt hat. Probleme bereitet ihm eher die wirtschaftliche Gebarung der großen Weinhersteller. Sie haben die kleinen Winzer verdrängt und bekämpfen einander nun in großem Stil. Benninger: „Sie haben sich so aufgeblasen, dass sie gewaltige Schulden haben. Sie bestellen riesige Stückzahlen. Ich müsste darauf meine ganze Produktion einstellen, könnte die kleinen Aufträge nicht mehr erfüllen. Außerdem muss ich im Vorhinein kassieren. Ich kann mir nicht mehr sicher sein, dass ich irgendwann mein Geld sehe. Wenn so einer wegbricht, dann reißt er unsereinen mit."

Sein Betrieb soll deswegen klein bleiben, eine Philosophie, die ihn wahrscheinlich auch durch das Tief in den 1970er- und 1980er-Jahren gerettet hat. Die Familientradition reicht bis 1905 zurück: „Zum Ururgroßvater, dem Johann Weber. Mein Vater hat hereingeheiratet und den Namen Benninger mitgebracht."

Senior Franz hilft dem Sohn bei der Arbeit, hat aber genügend Zeit, sich um den eigenen Keller und den eigenen Wein zu kümmern.

Ob es mit der Binderei weitergeht? Man kann es nicht sagen. Der Sohn Gerhards geht noch zur Schule und wird sich erst entscheiden.

Arbeitsreifen über den Daubenkranz

Die Tratscherei wird unterbrochen. Nachheizen, Spritzen, eine Runde mit den Schlägeln und das Ziehen sind fällig. Die meisten der Dauben haben sich schon nach innen gebogen. Das Stahlseil des Fasszuges wird ihnen umgelegt und mit gefühlvollen Drehungen zusammengezogen.

„Es gibt auch eine Maschine, aber mit der Hand spüre ich, wie weit das Holz nachgibt", glaubt Benninger die scheinbar antiquierte Technik entschuldigen zu müssen, „wenn zu fest gedreht wird, kann eine Daube springen. Das nachträgliche Einpassen ist eine schlimme Sache."

Vor allem sollte eine passende Daube bereitliegen. Wenn nicht, muss sie in aller Eile gefertigt werden.

Auf dem Binderstoß findet sich die gewünschte Länge.

Geheizt wird im Feuerkorb

Diese luftigen Türme aus gestapeltem Holz, je nach Gegend Dauben- oder Taufelkasten, Binderhäusl oder Holzfassstoß genannt, sind das unverkennbare äußere Zeichen einer Binderei. Zwei bis drei Jahre wird das geschnittene Holz zum Trocknen dem Wetter ausgesetzt, in erster Linie dem Regen, nicht, wie man meinen möchte, der Sonne. Das Wasser öffnet die Poren des Holzes und lässt die Feuchtigkeit entweichen. Ist ein Sommer zu trocken, schließen sich die Poren, und der Saft bleibt drinnen. Der Holzlieferant Franz Schrimpl vergleicht das mit einem schnell gebratenen Steak, bei dem genau derselbe Effekt erzielt wird. Von ihm wird die geschnittene Ware geliefert, die in alten Zeiten der Binder selbst aus dem Wald geholt hat.

„Eiche und Akazie, die Robinie", grenzt Benninger die Wahl des Holzes ein. „Wir könnten die Stämme selber schneiden, das wäre preisgünstiger als das teurere Holz vom Schrimpl. Im Endeffekt ist es trotzdem billiger, weil ich mir Lagerhaltung und Verschnitt erspare. Außerdem kann ich mich heute nicht mehr ein paar Stunden zum Schneiden hinstellen."

Das Holzstück wird zur Daube geschnitten und gehobelt, an den Enden um ein Sechstel schmäler als in der Mitte, wegen des Bauches.

Ein Fass wird für ein bestimmtes Fassungsvermögen bestellt. Die Maße, mit denen der Binder den Umfang anlegt, sind Erfahrungswerte: „2000 Liter sind circa 65 Zentimeter. So genau geht's gar nicht. Hundert Liter auf oder ab werden bei diesen Mengen toleriert."

Wesentlich genauere Berechnungen erfordert die Rundung. Die Dauben müssen exakt so breit sein, dass sie den gewünschten Umfang ergeben. Hilfreich ist dabei der Model (lat. *modulus,* Maß) mit Rundung und Haken. An einem breiten Eisenreifen werden vier Fassdauben mit Schraubzwingen befestigt, die restlichen dazugestellt, und so wird der Reif gefüllt.

„Komplizierter sind ovale Fässer", sagt Benninger, „da muss alles auf den Millimeter passen. Runde sind in dieser Beziehung geduldiger."

**Das Fass wird
umgedreht**

Am Fass im Hof haben sich mittlerweile alle Dauben zu einer hölzernen Wand geschlossen. Bei den Unwilligen unter ihnen wurde mit kräftigen Schlägen nachgeholfen. Es ist Zeit zum Umdrehen. Noch einmal wird kräftig geheizt, das Holz braucht die Feuerstarre und soll auch ohne Reifen gebogen bleiben.

„Ausgefeuert wird bei mir im Freien, anderswo macht man es auch drinnen. Sind aber schon einige Binder abgebrannt deswegen", so Benninger. „Bei mir wird das Fass erst jetzt in die Werkstatt gebracht."

Es geht um das Zurichten und Einsetzen des Fassbodens, nach dem Vorbereiten des Holzes und dem Ausfeuern der dritte Arbeitsgang. An der Wand hängen noch die alten Werkzeuge wie der Frosch- und Kimmhobel, der Dexel und das Krumpeisen. Sie sind verstaubt.

„Die Maschine arbeitet immer besser als der Mensch", weiß Benninger senior aus eigener langjähriger Erfahrung, die ihn seinerzeit bereits veranlasst hat, sich nach technischer Hilfe umzusehen. In diesem Bereich hat er zweifellos Recht. Beim Zurichten des Frosches – über den Fassboden herausragender Teil der Dauben – und dem Aushobeln des Fassinneren, dem Gargeln, sind Maschinen ohnehin nur die vernünftige Weiterentwicklung der alten Handwerkzeuge und haben, wie der Garbhobel, ihre hergebrachten Namen sogar behalten.

Fertig gestellt wird das Fass in der Werkstatt

Neben dem Schlägel ist der Zirkel eines der Zunftzeichen der Binder. Er ist kaum zu ersetzen, wenn es um die Fertigung des Fassbodens geht.

Das Spundloch wird gebohrt und das Beil, der Stöpsel, zugerichtet.

Zuletzt werden die Reifen aufgetrieben, Stahlbänder, die von einer Rolle abgemessen und zu Ringen vernietet werden. Dass Benninger diese Arbeit durchführen darf, ist keineswegs selbstverständlich. Alles Holz mag Bindersache sein, haben einstens die Schmiede befunden, der eiserne Reifen sei aber ihre Angelegenheit. Da es mittlerweile genauso wenig Schmiede wie Binder gibt, hat der Streit von selbst ein Ende gefunden. Eisenreifen sind beinahe so lang im Gebrauch wie das Fass selber, waren aber viel schwerer erhältlich als Weiden- oder Haselruten, die im Grunde denselben Dienst taten – und mit denen ein Fass tatsächlich zusammengebunden wurde.

An dieser Stelle ist es an der Zeit, einen kräftigen Schluck Ausfeuerwein zu nehmen. Binderarbeit macht durstig. Bei diesem Brauch hatte früher der Auftraggeber den Wein zu besorgen.

Am Tag des heiligen Urban, des Patrons der Binder, wurde gefeiert. Bestimmt wurde dabei eines der kernigsten Volkslieder, das Binderlied, gesungen. Als Erotik noch als unanständig galt und darob poetisch verkleidet wurde, war dieses Lied zu später Stunde in jedem

Wirtshaus zu hören. Das Binderhandwerk lässt sich so wunderschön zweideutig einsetzen. Alle Frauen wollen in diesem Lied gebunden werden, das Kuhdirndl, die Kellnerin, die Wirtin selber bis zur Alten hinterm Ofen, worauf der begehrte Binder feststellt: „Da derf i mi goar nit lang besinna, es möchte ma da Schlögl gern sinka; da bind i schön langsam, schön staad und dass ihr koa Taufl ausdraht!"

An einer der alten Traditionen hält der junge Benninger noch fest. Wenn es die Zeit zulässt, schnitzt er in die Fassböden Stammbäume, Ortsansichten, Bibel- und Hauermotive. Studiert wurden dazu die größten Fässer der Welt, in Heidelberg, im Wiener Rathaus und im Stift Klosterneuburg, über dessen Riesenfass ein jeder Wiener einmal im Leben gerutscht sein sollte. In deutschen Landen wird von einem Fass berichtet, durch dessen Spundloch ein Mönch in den Wein fiel und darin ersoff. Kein Zufall, stehen doch in den Kellern der Klöster die größten und schönsten Fässer. In Heiligenkreuz hat kein Geringerer als das Barockgenie Giovanni Giuliani Abwechslung gesucht und den Fassböden im Stiftskeller seine Kunst angedeihen lassen.

Franz Benninger bei seinen Fässern im Keller

Überall dort kann sich Gerhard Benninger Anregungen für seine Schnitzereien holen, mit den Dimensionen dieser Fässer kann er sich natürlich nicht messen. In den engen Weinviertler Kellern hätten diese Ungetüme keinen Platz. Sogar seine Fässer müssen beim Einkellern noch einmal auseinander genommen und an Ort und Stelle neu zusammengesetzt werden. Wenn so ein Fass aber auf dem Ganter steht, dann, so Benninger, sollte es gut fünfzig Jahre keine Probleme geben, vorausgesetzt, es wird damit so pfleglich umgegangen, wie es sich ein Fass aus seiner Werkstatt verdient hat.

▸ **INFORMATION:**
Fassbinderei Gerhard Benninger, 3483 Feuerbrunn, Weinstraße 19, Tel. 02738/23 37, www.fassbinder.at

Literatur: Helene Grünn: Faßbinder, Faßboden. Wien, München 1968 („Manutiuspresse" Wulf Stratowa Verlag).

Der Spiegel im Stamm

Der Fassholzschneider liefert das ideale Holz zum Barrique

Auf seiner Kommandobrücke ist Franz Schrimpl der Herr des Holzes. Die ausgereifte Technik seiner Säge erlaubt ihm gefühlvolle Bewegungen an den Hebeln, um Hunderte Kilo schwere Eichenstämme spielend hin und her zu rollen. Seine Aufmerksamkeit ist auf den Schnitt konzentriert. Der Splint muss säuberlich vom Kern getrennt werden. Als Ergebnis wird Fassholz mit einem sauberen Spiegelschnitt erwartet, ein erstaunlich geringer Teil der Holzmenge, die

Sägebänder außer Dienst

dafür verschnitten wird. Schrimpl: „Nur ein Drittel ist brauchbar. Das andere ist Verschnitt, der zwar auch verkauft werden kann, aber keinen Preis hat. Mein Betrieb finanziert sich rein aus dem Fassholz."

Wenn das Holz entlang der Maserung gespalten wird, ist von stehenden Jahresringen die Rede. Wird ein solcher Ring genau angeschnitten, tritt bei der Eiche ein so genannter Spiegel auf. Fassbinder legen darauf Wert. Aus dem Splint, dem äußeren Teil des Stammes, können sie keine Dauben schneiden, er ist der Wasser führende Teil des Baumes und damit durchlässig, undenkbar für ein Weinfass.

Binder sind überhaupt sehr heikel in der Wahl des Holzes. Wenn es sein muss, nehmen sie grad noch die Akazie, und sie meinen damit die Scheinakazie oder Robinie, die sich in unseren Gegenden unaufhaltsam ausbreitet. Ihr Lieblingsholz ist aber unangefochten die Traubeneiche. Am und um den Manhartsberg gedeiht einer der größten zusammenhängenden Eichenwälder Europas.

„Eine feinjährige, also eine langsam wachsende Eiche. Sie ist hell in der Farbe mit ausgeprägtem Geschmack", lobt der Säger seine Ware, die wegen ihres feinen Vanillegeschmacks bei Weinkennern längst ein Begriff ist. Dass in kalten Wintern der weiße Zuwachs verkernen kann und einen leicht bitteren Ton hinterlässt, tut der Begeisterung am Barrique keinen Abbruch. „Das Holz ist kantiger, wird aber von Franzosen und Italienern gern gekauft", sagt Schrimpl und

Nur bestes Holz eignet sich für die Fässer

erzählt mit Vergnügen, dass er in Verona in einem Keller das Fass eines österreichischen Kollegen entdeckt hat, gebunden aus dem Holz, das er geschnitten hat.

Mit dem Slogan „Weinviertler Wein in Weinviertler Eiche" traut man sich nach Jahren der Stagnation wieder an die Öffentlichkeit.

„Das Fassbinden ist wieder im Aufwind", bestätigt Kommerzialrat Franz Schrimpl, selber einstens Fassbinder und nun Landesinnungsmeister von Niederösterreich, den erfreulichen Trend. „Acht Gesellen wurden wieder geprüft, und 22 Lehrlinge sind angemeldet. Unser Handwerk ist modern und exportorientiert. Wir sehen es gar nicht so gern, wenn wir ins nostalgische Eck gedrängt werden."

Bis in die 1970er-Jahre war das Holzfass der Lagerbehälter schlechthin und wurde prompt durch Tanks abgelöst. Die Fassbinder haben einer nach dem anderen ihr Handwerk aufgegeben. In der Ära der preisgünstigen Doppelliter war Massenproduktion gefragt. Kunststoff und Nirosta lassen sich wesentlich einfacher reinigen als Holz. Es hat den Weinskandal gebraucht, möglicherweise auch die Herabsetzung der Promillegrenze in der StVO, dass sich der Genuss von vier oder mehr Vierteln auf ein gutes Glas erlesenen Weines reduziert hat. Die Einstellung hat sich auf beiden Seiten, beim Konsumenten und beim Weinmacher, grundlegend gewandelt, so Schrimpl: „Der Wein wird unter Einsatz höchster Technik in gekühlten Tanks kontrolliert vergoren. Erst dann, bei der Lagerung, kommen die Holzfässer zum Einsatz, wenn es darum geht, dem Wein den letzten Schliff, seine besondere Note zu verpassen."

▸ **INFORMATION:**
Landesinnungsmeister Komm.-Rat Franz Schrimpl, 2020 Hollabrunn, Znaimer Straße 27, Tel. 02952/24 43

Solange noch das Holz da ist ...

... werden in der Wachau Butten und Fässer gebunden

Mit der Butte hat man uns Kindern noch Angst eingejagt. Da hinein steckte der Krampus die Schlimmen und verschleppte sie. Das fleckige Holz, der säuerliche Geruch, die ausgefransten Tragebänder, man war froh, wenn die Butte mitsamt ihrem unheimlichen Träger wieder in der Winternacht verschwunden war.

Im Herbst hätte man nicht die Zeit für solche Späße gehabt. Bei der Weinlese muss es ruck, zuck gehen. Wer je zum Buttentragen eingeteilt war, dessen Bandscheiben können ein Lied davon singen. Wen wundert's, dass man begeistert nach den leichteren Plastikbutten gegriffen hat. Die Trauben allein werden bis zum Abend schwer genug.

In der Werkstatt von Herbert Kausl in Mühldorf in der Wachau entstehen sie trotzdem noch, die hölzernen Butten mit den Reifen von der Haselstaude. Der Fassbindermeister kann es einfach nicht lassen. „Wir ham früher davon leben müssen", erzählt er und genießt den arbeitsreichen Ruhestand.

In einer Weingegend wie der Wachau genoss die Fassbinderei einstens natürliche Nachfrage. Interessanterweise arbeitete aber sein Vater Raimund Kausl lange Jahre nicht für Weinbauern, sondern fürs Bergwerk als Fassbinder. „Er hat die Fässer unten im Graphitwerk gemacht", erinnert sich der Sohn an die Arbeit seines Vaters, „der Gra-

Werkstattidylle beim Buttenmacher

phit ist hineingestampft worden. Die Fässer waren nichts Besonderes, für den Graphit waren sie aber dicht genug. In Spitz haben sie die Fassln auf die Schiffe raufgekugelt und auf der Donau abtransportiert."

Der Sohn hat nicht beim Vater gelernt, sondern auswärts, hat die Meisterprüfung abgelegt und im Elternhaus mit dem Senior gemeinsam Fässer gemacht. Von den Butten macht er jetzt zwei, drei im Jahr, meistens als Ziergegenstände, obwohl dem alten Herrn deswegen das Herz ein wenig schwer wird: „Dreißig Jahre haben die hölzernen Butten gehalten und könnten immer noch verwendet werden." Die Arbeit ist einfacher als beim Fassbinden. Das Ausbrennen erspart man sich, der Binder muss nur beim Zuschneiden des Holzes gut aufpassen, damit sich die Dauben an den Model fügen, erklärt Herr Kausl. Die flache Seite soll nicht am Rücken drücken, und hinten darf die Butte ebenfalls nicht zu weit hinausragen, sonst schafft sie Übergewicht.

Herr Kausl wird zum Binder in des Wortes ureigenster Bedeutung. Er nimmt auf der Hoanzelbank Platz. Das Reifmesser liegt bereit. Die Haselstauden sind eingeweicht, damit sie geschmeidig sind. Sie werden gekloben, das heißt halbiert. Die Späne rollen sich unterm Messer widerwillig auf, aber die Hand ist unnachgiebig. „Vor dem Saft im Frühjahr muss man sie schneiden", lässt Herr Kausl altes Handwerkswissen durchblicken. Die graue Rinde wird mit kurzen Schnitten verse-

Unterm Messer rollen sich die Späne auf

hen, damit das Holz besser austrocknet, hört man –, und zuletzt wird das Schloss geschnitzt, zwei Haken im weichen Holz, die ineinander gehängt den Reif zusammenhalten.

In die Reifen werden die Tragriemen eingebunden, und zuletzt wird die Butte noch verschönert. Wenn das gewünschte Motiv kompliziert ist, wird ein Schnitzer beigezogen, handelt es sich um nicht mehr als eine Aufschrift zwischen Trauben und Weinblättern, dann macht er sie selber.

Mit den Butten ist Herr Kausl bekannt geworden, weil es sie nur in der Wachau – und mit den Holzreifen wohl auch nur mehr bei ihm – gibt. Ähnlich exklusiv sind seine Blumentröge, in denen blühender Oleander die Wachau mit sommerlicher Stimmung erfüllt, und praktisch sind die Fleischschaffeln, in denen Stelzen und Bratwürste suren.

Aufgetischt wird im Hause eines Fassbinders selbstverständlich nur der beste Wein. Bei einem Glas Riesling lässt sich wunderbar entspannt über die romantische Vergangenheit dieses Standes plaudern, um zum Schluss zu kommen, dass in der Fassbinderei ungemein viel Zukunft steckt. Die Fässer auf dem Pritschenwagen warten nur darauf, ausgeliefert zu werden. Das Holz ist ungewohnt rot: „Weil es Zwetschke ist. Gar nicht leicht, aus dem verdrehten Baum die passenden Bretter zu kriegen", beantwortet Herr Kausl die Frage, die man eben stellen wollte. „Ein Schnapsbrenner im Waldviertel hat sie bestellt." Das passende Holz zum jeweiligen Schnaps? „Genau! Da habe ich ganz was Seltenes, ein Fass aus Maulbeerholz. Eigentlich kann man fast aus jedem Holz ein Fass binden." Was somit hochprozentig bewiesen wäre.

Die graue Rinde wird mit Schnitten versehen

Buttennostalgie im Hause Kausl

Noch hat Herbert Kausl genügend Holz auf Lager, und solange es reicht, bzw. solange es den Binder freut, so lange werden die Genießer eines feinen Brandes auch den passenden Holzton in ihrem Glas genießen können.

▸ **INFORMATION:**
Buttenbinder Herbert Kausl, 3622 Mühldorf in der Wachau, Wegscheid 14, Tel. 02713/84 52

Madonna und Fasslkatz'

In den Figuren des Holzbildhauers bleiben die Bäume am Leben

„Ich kann nicht warten, bis jemand an meiner Kunst Gefallen findet und sie dann um teures Geld kauft", sagt Markus Dunst. Für das Finanzamt ist er Künstler, von der Ausbildung her Schnitzer, das Handwerk hat er in Elbigenalp in Tirol gelernt und arbeiten tut er als freischaffender Holzbildhauer in Krems.

„Im Grunde ist jedes Stück ein Unikat", weist er den Verdacht der Serienproduktion zurück, „die Figuren werden zwar auf der Kopiermaschine hergestellt. Das Erstlingsstück wird aber frei aus dem Holz herausgehauen, und jede Kopie muss händisch nachgearbeitet werden."

Am Anfang steht also die Idee oder ein besonderer Kundenwunsch oder schlicht die Ahnung, was die Leute interessieren könnte. Zum Beispiel der heilige Altmann, der Gründer von Stift Göttweig. Vor bald tausend Jahren tat sich dieser Passauer Bischof in der Kremser Gegend um, mit seinem Namen ist das Entstehen etlicher Ortschaften verbunden. Mit dem Aufkommen eines gewissen Heimatgefühls stieg die Nachfrage nach einer Statue von ihm. Markus Dunst nahm sie prompt ins Programm auf; mittlerweile hat sie sich zu einem Verkaufsschlager entwickelt.

Markus Dunst, Handwerker und Künstler

Jedes Stück ist ein Unikat

„Selbstverständlich sieht mein Altmann wie ein heutiger Bischof aus, und das Kloster ist in seiner jetzigen Form dargestellt", sagt der Bildhauer, „mit der schlichten Kutte, die er angeblich getragen hat, und mit dem damaligen Bau von Göttweig würde ihn niemand erkennen."

Die Abänderung des historischen Erscheinungsbildes ist legitim und darf als künstlerische Freiheit angesehen werden. Im Arm hält Altmann die Weintraube, im Sockel ist aber auch deutlich sein Name eingeschnitten. Eine Verwechslung mit dem Weinheiligen Urban ist also ausgeschlossen.

Ein Schnitzer braucht für seine Arbeit gut getrocknete Holzstücke. Sie werden zum geeigneten Block verleimt, immer mit der richtigen Seite zueinander. Dunst: „Eine alte Tischlerweisheit: Holz arbeitet immer von innen nach außen. Der Kern muss außen sein, sonst verbiegt sich die Figur."

Mit dem Holz, sagt er, sei er zusammengewachsen, auch mit den Bäumen, die in seinen Augen beim Umschneiden keineswegs sterben: „Holz ist auch in meinen Figuren ein lebendiges Material."

Den Blick für die Form bezeichnet er als seine wichtigste Fähigkeit, die Vorstellungskraft, um die fertige Gestalt im Holzstück zu sehen: „Alles andere ist Handwerk, kann man lernen, auch den Umgang mit dem Schnitzmesser."

Davon steht ihm ein Satz von dreißig Stück zur Verfügung, vom Flacheisen mit Stich (Tiefe der Rundung) eins bis zum Rundeisen mit Halbkreis, bezeichnet mit Stich elf. „Für gröbere Sachen gibt's den Knüppel", grinst der junge Mann, dem das Holz, so scheint es, gehorcht, um nicht mit Schlägen malträtiert zu werden. Dass den Figuren keine Nasen- oder Fingerspitze abbricht, liegt jedoch an der

Wahl des Holzes. Für bis vierzig Zentimeter große Figuren wird hartes Ahorn verwendet, das weiche, geschmeidige Lindenholz, Favorit der Schnitzer, eignet sich erst für größere Gestalten.

Der Prototyp wird nun kopiert: Er wird mit einer Art Pantograph abgetastet, oder es blüht ihm die Kopiermaschine, ein Gerät, das von Peter Dunst, seinem Vater, gemeinsam mit einem Onkel entwickelt wurde und dessen Technik als Betriebsgeheimnis wohl gehütet wird. „Damit kann ich eine ganze ‚Maschine' von einer Figur machen", schwärmt Markus Dunst.

In der Nacharbeit werden unsaubere Stellen nachgeschnitten, und die Figur wird bemalt oder gebeizt. Dunst: „Geschliffen wird kaum, die Leute wollen Handarbeit sehen."

Von seinem Vater, der ab 1971 als Schnitzer tätig war, hat der Junior eine Reihe von gern gekauften Modellen übernommen. Er selbst hat die Sammlung um verschiedenste Heilige, Madonnenstatuen und Gestalten aus dem Winzerbrauchtum bereichert. Beliebt ist die

Die Fasslkatz' bewacht den besten Wein

Fasslkatz', die in den Kellern den besten Wein bewacht. Auf Wunsch werden Fassböden verziert oder Orgelschleier, die Dekoration vor den Pfeifen, geschnitzt. Das Brot unter der Butter liefern ihm Aufträge der Firma Bösendorfer, die bei ihm kunstvoll geschwungene Klavierbeine schnitzen lässt. Für Markus Dunst eines der vielen Standbeine: „Man lebt nicht nur von Figuren und Möbeln. Ich muss immer schauen, dass das Schwergewicht auf erfolgreiche Projekte verlagert wird."

‣ **INFORMATION:**
Holzbildhauer Markus Dunst, 3500 Krems, Landersdorferstraße 58, Tel. 02732/853 86, Fax 02732/853 86-4, E-Mail: markus.dunst@aon.at

Vom Handwerker zum Detektiv

Für den Kutschenbauer ist das größte Problem die Beschaffung des geeigneten Materials

„Die Wörter sterben aus", bedauert Florian Staudner, seines Zeichens Kutschenbauer, „es gibt ja keinen Schmied und keinen Tischler mehr, nur mehr Metallbearbeiter und Möbeldesigner. Mein Gewerbe, früher einmal der Wagner, wäre der Wagenbau. Aber damit sich jeder auskennt, bin ich der Kutschenbauer."

Es bedarf einiger Ausführungen, um das Wesen seines Berufes klar zu definieren: „Das Wort Bau bedeutet in Österreich, dass ein Gewerbe mehr als einen Handwerkszweig umfasst."

Der Kutschenbauer Florian Staudner

Florian Staudner arbeitet mit Holz, mit Eisen, mit Lack und mit Leder. Gelernt hat er die Drechslerei: „Ich wollte Wagner werden, weil ich von Kind auf an Pferden interessiert war. Eine Lehre war aber nicht mehr möglich."

Die Innung für Karosseriebau führt ausschließlich seinetwegen gnadenhalber den Wagner als Anhängsel. Staudner ist Wiens einziger und wird bestaunt wie ein Fossil: „Interesse ist gut, aber Aufträge sind mir lieber als Führungen."

Am Südrand von Wien, zwischen den Bauernhöfen von Oberlaa, wurde eine Werkstätte für urbanen Kutschenbau eingerichtet, für Luxuskarossen – im Unterschied zum ländlichen Wagner, der für bäuerliche Gefährte zuständig war. 1981 hat sich Florian Staudner selbstständig gemacht.

„Das notwendige Know-how habe ich zusammengestohlen, aus Büchern, die ich von alten Meistern ergattert habe", erklärt er den theoretischen Background seiner Fertigkeit: „Die vielen Jahre hast nix anderes im Kopf als das, du fährst herum in Polen, in der

Tschechei, in den USA. Bei den Sammlern wirst du fündig, überall Bücher, Bücher, du kannst nie genug Bücher haben. Nächte habe ich am Kopierer verbracht, denn irgendwann kommt der Moment, wo man nachschlagen kann und sich das alles ausgezahlt hat."

Schließlich haben an einer restaurierten Kutsche Anachronismen nichts verloren: „Ich muss wissen, wie man in der ganzen Welt die Räder gebaut hat, wann und wo diese Kutsche gefahren ist, möglichst auch, wem sie gehört hat. Gefühl für die Zeit haben, für das Biedermeier, für den Jugendstil."

Er weiß, dass der Kutscher hoch oben am Bock ein Ärgernis für die Herrschaft war, die zwangsläufig zum Angestellten aufschauen musste. Eine kleine Genugtuung mag die fehlende Lehne gewesen sein, die den Fahrer zum aufrechten Sitzen zwang. Der Lakai an der Hinterseite des Wagens hatte es ohnehin alles andere als bequem, womit die gottgewollte Ordnung wenigstens zum Teil wieder hergestellt war.

Neue Räder werden gebaut ...

„Damit der Kutscher zumindest hinter der Herrschaft sitzt, wurde auf manchen Wagen der Bock

... das Leder sauber aufgezogen

hinter den Fahrgastraum verlegt. Nimmt sich vielleicht komisch aus, hatte aber alles seinen tieferen Sinn", erzählt Staudner. „Ein Viererzeug war keine Angeberei. Lange Strecken konnten nur so bewältigt werden. Ein Lakai war notwendig, denn die Türen hatten innen keine Schnallen. Sie wurden von außen aufgemacht, weil die Damen in ihren weiten Röcken ohne Hilfe nicht aussteigen hätten können."

Leidenschaftliche Sammler und Kutschenenthusiasten stellen die Hauptkundschaft. Ihnen ist der kulturelle Hintergrund ebenso wichtig wie die Fahrtauglichkeit eines Wagens. Staudners guter Ruf hat sich diesbezüglich in der Welt herumgesprochen, stellt für ihn aber keine Überlebensgarantie dar: „So was kann abrupt abreißen. Ist schon da gewesen, dass ich zwei Jahre nichts zu tun hatte."

Von professionellen Wagenfahrern kommen kaum Aufträge. Die Fiaker weichen derzeit eher nach Osten hin aus, wo Reparaturen zwangsläufig billiger kommen als in einem heimischen Betrieb. Genauso wenig ist vom boomenden Fahrsport Arbeit zu erwarten. Staudner: „Der ist vor 25 Jahren aufgekommen, gerade als ich angefangen habe. Ich bin der traditionellen Richtung treu geblieben, der Wagensport ist ins Moderne abgerutscht. Elektronische Schrittzähler und Glasfiberteile sind nicht mein Geschäft."

Er überlässt es den Spenglereien und bleibt lieber „Klassiktechniker und -künstler" mit allen damit verbundenen Widrigkeiten: „Die Schlinge zieht sich immer mehr zu. Die Materialbeschaffung wird von Jahr zu Jahr schwieriger."

Federn in der benötigten Breite sind ebenso wenig erhältlich wie das richtige Leder oder die passenden Schrauben, beklagt sich Staudner: „Wo gibt es noch einen Glasschleifer, der imstande ist, von Hand eine Scheibe zu fertigen? Ein ständiger Kampf, Detektivarbeit ist das. Finden Sie einen Posamentierer, der Ihnen die Quasteln und Borten erzeugt! Eine Geheimwissenschaft, in Deutschland bin ich fündig geworden. Wenn irgendwo ein Betrieb aufhört, wird man zum Leichenfledderer, zum Maschinensammler."

Bisher ist noch jede Kutsche fertig geworden. Bei Staudner werden neue Räder gebaut und mit Eisenreifen versehen, Drittel, Ortscheit und Waage werden erneuert, der Wagenkasten wird perfekt auf das Untergestell gepasst, die Lackierung kunstvoll pinselstrichfrei mit der Hand aufgetragen und das Leder sauber aufgezogen.

Dass bei einem solchen Aufwand an den Kunden Ansprüche gestellt werden, ist das gute Recht des Kutschenbauers: „Ich zerfranse mich bis in die Nacht hinein, fahre weiß Gott wohin um irgendeinen Teil, und dann will einer meckern, wenn's ans Zahlen geht. Bei mir nicht! Bei mir kann nur einer kommen, der es wirklich schätzt."

▸ **INFORMATION:**
Klassischer Wagenbau – originalgetreu wie vor 100 Jahren,
Florian Staudner, 1100 Wien, Oberlaaer Straße 47,
Tel. 01/686 31 23, www.kutschenrestauration.at

Kein Haus ohne Leiterwagerl

Die Nostalgie lässt den Stand des Wagners überleben

Die Klientel der guten heiligen Katharina ist klein geworden. Die Kadl mit'n Radl, wie sie als eines der drei heiligen Madln dargestellt wird, ist Patronin der Wagner und kann in Niederösterreich ihren Schutz voll und ganz einem einzigen Betrieb angedeihen lassen. Die beiden Herren Siegfried Konrad senior und junior halten in Kaumberg im Triestingtal den Wagnerstand am Leben.

Die Werkstatt mit den allgegenwärtigen Sägespänen, mit den Werkzeugen an der Wand, mit angeschnittenen Holzteilen und halb fertigen Rädern und Rodeln duftet noch immer nach Arbeit.

„Bescheidene Restaurierungen und Dekorationsstücke", umreißt Konrad junior die derzeitige Auftragslage, die zum Leben zu wenig und zum Sterben zu viel ist: „Mein Hauptstandbein ist die Säge, Lohnschnittaufträge von Tischlern, die von den üblichen Sägewerken nicht ausgeführt werden können."

Mit seiner Bandsäge ist er in der Lage, Stämme von bis zu 130 Zentimetern Durchmesser zu schneiden, zum Beispiel einen Mammutbaum aus dem Kurpark in Bad Vöslau, der für jedes Gatter zu breit gewesen wäre. Sogar dort sind die

Siegfried Konrad senior beim Zuschneiden kleiner Felgen

Kundschaften weniger geworden: „Die Häuslbauer. Keiner macht sich mehr das Holz selber und bringt's dann zum Sagl."

Für den Bedarf der Wagnerei wäre die kleine Säge des Großvaters mehr als ausreichend gewesen. Franz Konrad war 1896 nach Kaumberg gekommen, hatte drei Jahre später seine eigene Werkstatt aufgemacht.

Beim Wagner wird der Hobel in Ehren gehalten

„Seitdem sind wir ein Familienbetrieb", sagt der Junior. Ob sein eigener Sohn übernehmen wird, weiß er allerdings nicht: „Er hat Wagner gelernt, hat aber die letzte Meisterprüfung verpasst." Er selber wäre lieber Fassbinder geworden: „Hätte aber mit dem Bettelmann den Stecken getauscht."

Die Neigung zu Handwerk und Holz ist offenbar vererblich. Anders ist die Unverdrossenheit, mit der in der Familie Konrad daran festgehalten wird, nicht zu erklären. Um Engpässe zu übertauchen, musste Siegfried junior erfinderisch sein: So legte er sich umgehend eine Drehbank zu, als hölzerne Balkongeländer aktuell wurden, und drechselte so lange erfolgreich, bis die Baumärkte dieselbe Ware zum halben Preis anboten.

Im Moment hat eine Nostalgiewelle die Nachfrage nach Wagerln und handgemachten Werkzeugstielen gehoben und wird prompt bedient.

„Einer aus Pulkau ist wegen der Räder gekommen und hat den Hackenstiel angegriffen und gesagt, dass er so was Kommodes noch nicht in der Hand hatte, gutes Wagnerholz!", verweist der Senior auf Geschäftsverbindungen, die bis ins nördliche Weinviertel reichen, ganz anders als früher, als für die Ortsleute gearbeitet wurde: „In jedem Haus war ein Leiterwagerl. Man hat damit einen Sack Erdäpfel, das Hasenfutter oder ein paar Rüben transportiert."

Fürs Mistausbringen brauchten auch Kleinhäusler eine hölzerne Scheibtruhe, weil die blecherne wegen der aggressiven Jauche in kürzester Zeit durchgerostet war, und fürs Futtereinführen hatten sie den Tragatsch, ein Leitergestell mit Rad.

Die Bauern brachten ihre Schlittenböckl, Schlapfschlitten, Steirerwagerln zur Reparatur oder bestellten einen neuen Leiterwagen, wenn etliche Heufuhren ins Haus standen. Die hoch beladenen

Fuhrwerke aus Kaumberg mussten die Reise bis Kärnten durchhalten.

„Deswegen wurde nur ausgesuchtes Eschenholz verwendet", gibt Konrad junior Einblick in altes Wissen. „Zum Holzaussuchen muss man als Wagner selber rausgehen, in der Saftruhe ab November, möglichst bei abnehmendem Mond. Das ist das Geheimnis der Qualität."

Unterschieden wird zudem zwischen der unbrauchbaren Waldesche und der Wiesen- oder Bachesche, die über die entsprechende Grobjährigkeit verfügt. Der Stamm wird gekloben, zu stehenden Jahresringen, also in Längsrichtung, wodurch das Platzen des Holzes verhindert wird: „Mit der Speiche müssen wir in stehende Jahre." Aus Esche sind alle tragenden Teile des Wagens, wie die Drittelwaage, die Wagenstange, der Achsstock, der Reibnagel und das Reibscheid, das Drehgestell im vorderen Teil, Kipfstock, Achsstock, Leixen und die Langwied, die sich durch den ganzen Wagen von vorne bis hinten durchzieht. Die Nabe ist aus der Ruste (Ulme) gedreht, weil deren Kern nicht „springt". Die Bretter für den Aufbau dürfen aus Weichholz sein. Für das Schleifholz oder den Schleifprügel, einen Balken an den Hinterrädern, wird die Birke genommen. Sie ist weich, reibt sich an den Rädern grob auf und gewährleistet damit die erforderliche Bremswirkung.

Siegfried Konrad junior mit der Spannsäge

Eine solche Aufzählung mag sich heutzutage ähnlich unverständlich ausnehmen wie vor dreißig Jahren das Fachgespräch zweier Computerexperten, dennoch hat es nicht länger als diesen kurzen Zeitraum gebraucht, um das eine vergessen zu lassen und das andere ebenso selbstverständlich in unseren Sprachschatz aufzunehmen.

Der Senior legt mit Bedacht ein zugeschnittenes Eschenbrettchen an die elektrische Bandsäge. Sie hat im Hause Konrad schon sehr früh die Spannsäge abgelöst, natürlich nicht ganz, denn nach wie vor wird bei diversen Arbeitsgängen die Hand und ihr Gefühl der Maschine vorgezogen. Das Gleiche gilt für Schab-, Einlauf- und Schrupphobel, die an der massiven, selbst gebauten Hobelbank (Konrad senior mit einem Augenzwinkern: „Sie ist genauso desolat wie ich!") zum Einsatz kommen.

Die Rodeln werden gefertigt

Hast ist ein Fremdwort, und trotzdem entstehen in wenigen Augenblicken kleine Felgen. Das Wagerl wurde als Spielzeug bestellt, ebenso die Rodel. Konrad junior lässt ihr letzte Handgriffe angedeihen, während er über den wechselnden Geschäftsgang seines Betriebes laut nachdenkt: „Die Fiaker sind sofort abgewandert, als die Grenzen offen waren. Einige sind nach dem ersten Seitensprung reumütig wieder zurückgekommen."

Senior Konrad greift weit zurück: „In den 1930er-Jahren hat mein Vater Hunderte Räder gemacht. Der Flughafen in Schwechat wurde gebaut. Zum Schotterführen hat man die Kabsch gebraucht, die zweirädrigen Ochsenkarren. Nach dem Krieg, als alles hin war, war es ein Wahnsinn,1947 195 Stück, 1948 gar 205, das war der Höhepunkt."

Seit den 1960ern frettet man sich durch und hofft, dass das Ende der Dampfmaschine kein böses Omen ist. 101 Jahre hat sie für die Wagnerei Konrad die Energie geliefert, bis sie 2002 „luckert" geworden ist und ihren Dienst endgültig aufgegeben hat.

▸ **INFORMATION:**
Wagnerei Siegfried Konrad, 2572 Kaumberg, Markt 70,
Tel. 02765/310

Durch und durch Holz

Das Handwerk eines Tischlers beginnt im Wald

Ausgerechnet in der stillsten Zeit des Jahres wird in den tief verschneiten Wäldern des Stiftes Zwettl die Ruhe von Motorsägen unterbrochen. Genau zwei Tage vor Heiligabend, und an keinem anderen Tag, muss heuer das Holz geschlägert werden. So wurde es ausgemacht, zwischen der Forstverwaltung und dem Tischler aus Gföhl.

„Ich muss mich nach den Mondphasen richten", sagt Gottfried Lechner und bestimmt damit den Arbeitsplan der Waldviertler Holzarbeiter. „Das eigentliche Tischlerhandwerk beginnt im Wald. Wenn das Holz bei abnehmendem Mond in der kalten Jahreszeit geschnitten wird, dann hat es die wenigste Feuchtigkeit. Es braucht nur wenig Flüssigkeit herauszutrocknen, und damit verzieht sich das Holz weniger."

Was ein wenig wie esoterische Mondgläubigkeit anmutet, ist kühle Berechnung aufgrund jahrhundertealter Erfahrung. Auf dem Areal seiner Tischlerei türmen sich die Stöße mit aufgeschnittenem Holz der letzten Jahre, jeder Stoß mit dem genauen Datum der Schlägerung. Lechner: „Die Faustregel für die Lagerdauer besagt: pro Zentimeter ein Jahr."

Gezählte fünfzehn Holzarten stehen zur Verfügung, durchwegs aus Niederösterreich oder der Steiermark.

Die Späne fliegen bei Tischlermeister Gottfried Lechner

Erle, Buche, Eiche, Birke, Ahorn, Obsthölzer von Apfel, Birne, Zwetschke und Nuss, es gibt kaum ein Holz, das sich bei Lechner nicht zum Möbelbau einsetzen lässt. Der einzige „Ausländer" ist die Zirbe aus Südtirol, so der Tischlermeister: „Für den Jogltisch, und, wenn einer will, für seine Mehltruhe, wie in alten Zeiten. Die haben gewusst, dass die Mehlwürmer das Zirbenholz nicht vertragen." Als garantierten Mottenschutz verteilt er als kleines Geschenk Abfall-stücke der Zirbe.

Für spezielle Aufträge wird auf das gute Altholz zurückgegriffen. Einige der Balken sind bald 300 Jahre alt, haben sich als Dübeltram im Gemäuer eines Hauses erhalten. „Daraus entstehen wunderbare Küchen", aber Lechner dämpft übertriebene Hoffnungen seiner Kunden: „Durch Heizen und Luftfeuchtigkeit kann auch dieses Holz noch reißen. Holz lebt immer. Nicht kurzfristig denken! Ein Fehler rächt sich unbarmherzig."

Nicht immer sind die gelieferten Stämme groß genug für moderne Sägewerke. Es wäre aber nicht das Waldviertel, gäbe es nicht eine Lösung. Ganz in der Nähe von Gföhl, in Hohenstein an der Krems, hat Karl Himetzberger eine Riesenfreude, wenn Lechner mit ein paar Stämmen vorbeikommt und das Venezianer Gatter wieder gefordert ist. Dieses sein Säge-blatt wird dort, wo große Sägewerke an der Kleinheit des Auftrages scheitern, mit jedem noch so ausgefallenen Maß fertig. Angetrieben wird es über eine durch Wasserkraft betriebene Turbine. Der kleine alte Mann entwickelt erstaunliche Kräfte, wenn er zupackt und die Bloch per Hand auf den Schlitten rollt. Wieselflink läuft er in den Keller darunter, in die Sagschartenlucka, drückt die ledernen Transmissionsriemen auf die Schwungscheiben und wirft das Werkel an. Das Sägeblatt saust auf und ab, jetzt heißt's heroben nur mehr aufpassen, dass die Bretter in der gewünschten Stärke geschnitten werden. Alles dreht sich, alles bewegt sich, nur die Zeit scheint stillzustehen.

Karl Himetzberger in der „Sagschartenlucka"

Zurück in der Werkstatt des Tischlers – dort wird auf modernen, präzisen Maschinen geschnitten, gedrechselt und gehobelt. Unter der Anleitung des Meisters und seiner vier Gesellen haben die zwei bis drei Lehrlinge die besten Bedingungen, das Tischlerhandwerk gründlich zu erlernen, einige wenige Erfahrungen bleiben ihnen aber verwehrt: der Umgang mit Pressspanplatte und Lack, woran die rigorose Ablehnung durch ihren Meister Schuld trägt: „Unsere Spezialität ist Massivbau. Es kommt mir keine Spanplatte und damit auch keine Chemie in ein Möbel."

Flaschen des Großonkels Johann Hengstberger

Ausschlaggebend für seine konsequente Ablehnung waren Erfahrungen an seinem früheren Arbeitsplatz: „Bevor ich mich Mitte der 1980er-Jahre selbstständig gemacht habe, habe ich in einer Fabrik für Türenerzeugung gearbeitet. Als Werkstättenmeister habe ich die Lackierung übergehabt und miterlebt, wie einer nach dem anderen davon krank geworden ist und die Leute durch Leber- und Blutzersetzung weggestorben sind. Das kann nicht das Leben sein!"

Seit dem ersten Tag werden bei ihm nur natürliche Öle und Wachse verwendet. Leinsamenöl, Terpentin aus Kiefernharz und Bienenwachs sind die menschenfreundlichen Zutaten, mit denen das Holz behandelt wird. Soll es besonders elegant oder antik aussehen, wird noch mit der Hand politiert, mit einer Lösung aus Schellack in Spiritus.

Lechners Möbel sollen jedoch für einen breiten Kundenkreis erschwinglich sein, und deshalb gestaltet er seine Arbeit so rationell wie möglich: „Mit der Hand wird nur gemacht, was mit der Maschine nicht möglich ist. Wir sind Fachleute, die raschest ihre Arbeit erledigen. Die Stunden werden gering gehalten, und damit bleibt der Preis günstig."

Die Verbindung von ökologischem Gedankengut und moderner Technik ist ihm geglückt, was der Innovationspreis des Landes Niederösterreich für einen raffinierten Computertisch namens Sesam und volle Auftragsbücher beweisen. Die meisten der Kunden, großteils Besitzer von Zweitwohnsitzen, die an billigen Möbelhäusern nicht interessiert sind, sind gerne bereit, Wartezeiten in Kauf zu nehmen, und wenn einer, und sei er noch so prominent, partout vorgezogen werden will, beißt er auf Waldviertler Granit, versichert Lechner und lobt im selben Atemzug die Zahlungsmoral seiner Kundschaft: „Ich habe in den ganzen 18 Jahren noch keine einzige Mahnung schreiben müssen."

Wenn es um die Entwicklung von Designs geht, wird Gottfried Lechner von seinem Sohn Roman mittlerweile kräftig unterstützt. Nach Abschluss einer Fachschule und einem Wirtschaftsstudium arbeitet der Junior zwar noch „in der Fremde", er wird aber den väterlichen Betrieb aller Voraussicht nach übernehmen. Stolzer kann kein Vater sein: „Roman hat uns ein unschlagbares Team genannt, ich mit altem Fachwissen und er mit jugendlichen Ideen."

Das Sägeblatt des Venezianer Gatters

Den Blick zurück kann Gottfried Lechner dennoch nicht lassen. Er zeigt die Kette her, die er als Lehrbub aus einem einzigen Stück Holz geschnitzt hat und deren Glieder sich ineinander frei bewegen. Und er holt aus einem Schrank ein Kästchen. Seine Stimme wird ungewohnt feierlich: „Der Schnitzer war Johann Hengstberger, ein Großonkel von mir, ein einfacher Landwirt aus dem Waldviertel." Er öffnet bedächtig die Türen des Kästchens. Es enthält fünf Flaschen. In jeder von ihnen wird ein Teil der bäuerlichen Welt dieses Mannes sichtbar, zusammengesetzt aus unzähligen beweglichen Details. „Zu mir hat er gesagt, er habe es nur schnitzen können, weil er nicht verheiratet war", erinnert sich Lechner mit einem Lachen an den schrulligen Großonkel, „er hätte sonst die Ruhe nicht gehabt." In den 1930er-Jahren wanderte der Hengstberger damit durch die Lande und ließ die Flaschen bewundern. Obwohl ihm bemerkenswerte Summen dafür geboten wurden, ließ er sich nicht zum Verkauf überreden. Das Werkzeug, mit dem dieser Minimundus in jahrelangem Geduldspiel zusammengesetzt wurde, sind ein Schnitzmesser und ein Stab. Der Großonkel hat alles seinem Großneffen vermacht. „Und seinen Wahlspruch", sagt Lechner, der am Anfang seiner Vollholztischlerei ebenso als Sonderling angesehen wurde: „Umso langsamer du arbeitest, umso schneller bis du fertig."

▸ **INFORMATION:**
Waldviertler Vollholztischlerei, 3542 Gföhl, Kremser Straße 29, Tel. 02716/65 00, Fax 02716/65 00-4, E-Mail: r.g.lechner@netway.at, www.natuerlich-lechner.at

Der Wert der Monotonie

Der Drechsler ist eingespannt zwischen Handwerk und Kunst

„Ich bin ein Mensch, der drechselt, bin aber keine erfolgreiche Firma", definiert Werner Novacek sein handwerkliches Dasein und damit den einen Teil seiner Person. „Anderweitig bin ich in einem Sprechkünstlerduo tätig, mit Liveperformances mit reduzierter Alltagssprache."

Wörter, die nicht im Duden stehen, die aber „machbar" sind, werden ausgesprochen, nicht aufgeschrieben, zu hören unter *www .onophon.org*.

Keine Frage, dass sein Schwerpunkt dort liegt, wo in jedem Moment des Auftrittes Ideen und die Auseinandersetzung mit dem Neuen gefordert sind.

„Die Leute glauben immer, meine Arbeit" – damit meint Novacek das Drechseln, „wäre superkreativ; sie glauben, man schafft ständig neue Formen."

Im Alltag der Werkstatt ist wenig davon zu merken. Geduld ist gefragt, auch bei Einzelanfertigungen, die zwar in kleiner Stückzahl, aber doch in Serie hergestellt werden.

„Sechs, sieben, zwanzig oder dreißig Stück, immer das Gleiche. Die Tischler kommen mit einem Muster, wenn sie dafür anderswo nicht das richtige Holz kriegen, oder sie haben einen Entwurf, weil ihre, die handelsübliche, Form nicht exakt der Vorstellung des Kunden entspricht."

Alltag in der Werkstatt von Werner Novacek

In seinem Lager finden sich alle Arten gut getrockneten Holzes, aus dem Aufsetzer für Stiegenhandläufe, Zwiebeltürmchen und postmoderne Kugeln entstehen.

„Ich bin stolz, dass ich Dinge mache, die gewünscht sind und die kein anderer machen kann. Sie brauchen nicht meinem Geschmack zu entsprechen. Bin froh, dass ich kein so ein Ästhet bin, der überall seine Formvorstellung einbringt", lautet sein Zugeständnis an die Monotonie. Sie hält ihm den Rücken, in seinem Fall eher den Kopf, frei: „Für Onophon, dafür bin ich gern bereit zurückzustecken."

Die Massenarbeit früherer Tage ist für ihn dennoch undenkbar: „Hunderte Knöpfe, Tag für Tag, extrem mühsam und langweilig. Außerdem gibt es kaum mehr Leute, die überhaupt fähig sind, eine kontemplative Arbeit über Tage und Wochen hin zu machen."

Novacek spannt ein achtkantig zugeschnittenes Stück Holz in die Drechselbank ein, zwischen Zwirl (Mitnehmer) und Körner. Mit der Schruppröhre werden die Kanten „runtergeschroppt": „einfach rund gemacht".

Entstehen wird eine von vielen kleinen Aufsetzern, die, allein für sich gesehen,

Das Holz wird in die Drechselbank eingespannt ...

verdächtig einer Urne ähneln. Auf dem Rundling werden mit einem Bleistift die Stellen angerissen, an denen die Form herausgearbeitet wird. Die Drehzahl der Maschine wird erhöht. Der Drehmeißel frisst sich in das rotierende Holz, und nach wenigen Minuten zeichnet sich die endgültige Form des Aufsetzers ab. Abgesehen von den fliegenden Spänen scheint das Drechseln wenig spektakulär und vor allem einfach zu sein.

„Es ist leicht verdientes Geld", scheint Novacek diesen Eindruck zu bestätigen, meint aber damit lediglich den Einsatz von Hirnschmalz: „Im Handwerk wird Kreativität nicht bezahlt. Nur ein Genius kann seine Schöpfungen so teuer verkaufen, dass er überleben kann."

Von Kunsthandwerksmärkten und Ähnlichem hält er nichts: „Dort muss ich erst jemanden überzeugen, dass er es kauft, in den letzten fünf Tagen vor Weihnachten, wenn ihm nichts anderes mehr einfällt. Da mache ich lieber Sachen, die gebraucht werden."

Gegründet hat die Firma sein Großvater Franz Kottek. „Er hat an meinen Vater übergeben. Der ist aber früh verstorben. Mein Großvater ist wieder eingestiegen und hat mit meiner Mutter den Betrieb geführt, bis ich übernommen habe."

Mit der HTL für Innenausbau brachte Werner Novacek das fachliche Rüstzeug mit und legte nach der Praxis die Meisterprüfung ab. Er könnte Drechsler ausbilden, will sich aber keinen Lehrling antun. „Ich bin kein genialer Drechsler", übt er sich in Bescheidenheit, „ich hab's gelernt, wie man eben ein Handwerk lernt. Ich kann's gut, aber das kann jeder, wenn er es zehn Jahre lang macht."

Die Bedienung von Spindel und Klemmzangenfutter, die Arbeit am Reitstock und dem Bettschlitten sind also Erfahrungssache.

„Drechseln hat immer mit Symmetrie zu tun", sagt er und bezeichnet das Augenmaß als eines der wichtigsten Werkzeuge. Novacek verlässt sich eher auf seinen Blick als auf die Schublehre.

Holz ist für Werner Novacek ein besonderer Stoff, lebendig, immer voller Überraschungen: „Man weiß nie, wie es innen aussieht." Versteckte Fehler sind das leidige Problem aller Holzverarbeiter. Nach stundenlanger Arbeit tauchen sie auf, und schon heißt's: Zurück an den Start! Was bei Novacek erstaunlicherweise zu wachsender Zuneigung geführt hat: „Eine lebendige Arbeit mit allen Vor- und Nachteilen. Nahezu jedes Holz kann gedrechselt werden, vom weichen Balsa bis zum Eisenholz, jedes hat seine ganz eigene Persönlichkeit." Ein Fehlgriff an der Drehbank ist ausgeschlossen: „In der Zwischenzeit bin ich sogar so weit, dass ich jedes Holz schon an seinem individuellen Geruch erkenne."

... nach wenigen Minuten zeichnet sich die Form ab

▶ **INFORMATION:**
Drechslerei Franz Kottek, Nfg. Werner Novacek, 1060 Wien, Mollardgasse 85A/3, Tel./Fax 01/597 74 36

Das hölzerne Gebiss

Ein Rechenmacher aus den Eisenwurzen

Mitten in den Eisenwurzen werden in einer kleinen Werkstatt Holzgeräte hergestellt. Für die großen Hammerherren war Karl Riegler nie eine ernsthafte Konkurrenz. Deren Sicheln, Sensen und Hämmer wurden in die Welt hinaus geliefert. Der Rechenmacher hat für die nächste Umgebung gearbeitet. „1910 hat mein Vater damit begonnen", erzählt Herr Riegler, „in Hauslehen 47, zentral zwischen den Ortschaften Prolling, St. Georgen und Opponitz."

Die Kundschaft waren und sind Bergbauern. Ihre Felder sind durchwegs steile Leiten, die wenig tragen. Ein finanzieller Zuschuss soll die Plackerei nun wirtschaftlich machen. Früher hat man danach nicht gefragt. Man hat sich lediglich nach dem richtigen Werkzeug umgesehen,

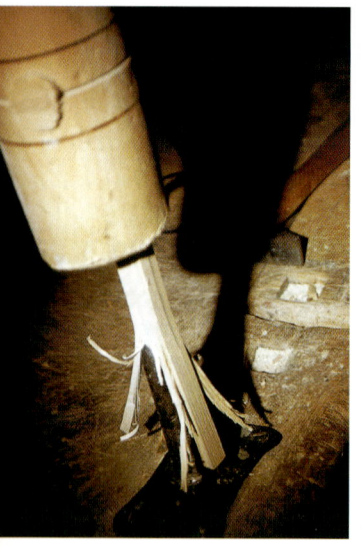

Die Rechenzähne werden geschlagen

wie nach den Rechen, die eigens für die abschüssigen Hänge konzipiert sind. Ihre Zähne stehen nicht senkrecht zum Stiel, sondern im steilen Winkel. Bis zu tausend Stück davon wurden von Franz Riegler und später von seinem Sohn pro Jahr hergestellt. Die Nachfrage war groß, zumindest in der Saison. Riegler junior: „Im Winter verkaufst keinen Rechen. Das war die Zeit für die Vorarbeiten."

Das Erste sind die Zähne. Vom Stamm einer guten Esche wird ein Stück abgeschnitten, wird gekloben, aus stehenden Ringen, längs deren Wuchs. Riegler: „Anders geht's nicht." Sie soll möglichst grobjährig sein: „Groß gwachsi, dadurch ist sie zäh, anders wär sie spröde", die Stücke werden durch ein spezielles Eisen geschlagen, sind damit erst einmal rund, und werden gut ein Jahr lang getrocknet.

Die Werkstatt ist längst mit Maschinen bestückt: keine Hoanzelbank, sondern technisches Gerät. „Die Bohrmaschine hat mein Vater 1910 gebraucht angekauft", lächelt Karl Riegler. Er spannt darauf die Führung ein, eine Vorrichtung, in der das Joch des Rechens fixiert wird: „Es ist aus Ahornholz, weil es leichter als die Esche ist." An einem langen Tag mit einem Halmrechen von zwei Meter Breite machen sich ein paar Deka bereits angenehm bemerkbar.

Der Stiel passt ins Zapfenloch, der Rechen ist fast fertig

Die Zähne werden mit einem kräftigen Hebeldruck gepresst, haben damit die richtige Stärke und lassen sich ins Joch einschlagen. Sie werden „gleichgeschnitten" und auf der Drechselbank gerundet. „Das Zuspitzen geht mit dem Spitzmesser", führt Herr Riegler weiter aus und zieht das Reifmesser mit der eigens aufgewölbten Mitte über die Zähne: „Hat mein Vater dafür gemacht. Jeder Rechenmacher hat seine eigenen Vordl – seine Vorteile."

Der Rechenstiel ist Fichte, und nur Fichte. Das Bäumchen sollte dafür „hinten geblieben" und möglichst noch im Wald dürr geworden sein, meint Herr Riegler: „Weil es dann wenig Sonne gesehen hat und recht feinjährig gewachsen ist."

Der Stiel kommt in das Zapfenloch, wird dort befestigt und mit zwei Drähten links und rechts verankert. Wie lange ein solcher Rechen hält? „Das kommt auf den Benutzer an", lacht Herr Riegler, „bei den einen halten sie ewig, die anderen brauchen jedes Jahr einen neuen Rechen."

Das Rechenmachen ist für Herrn Riegler zum Hobby geworden, genauso wie das Drechseln der Schüsseln aus buntem Obstbaumholz und das Herstellen von Hacken- und Sensenstielen oder, wie er es nennt, dem Sengswab mit den Mindeln, den Griffen. Den Gewerbeschein, der ihn zur Wagnerinnung zählte, braucht er nicht mehr. Wenn man im 77. Jahr ist, hat man sich den Ruhestand verdient. Zuletzt arbeitete er als Filialleiter des Lagerhauses, weil er vom väterlichen Gewerbe schon lange nicht mehr leben konnte. Aber die Leute bestellen und kaufen noch immer bei ihm. Er ist der Einzige, der sich noch auf das Rechenmachen versteht.

▸ **INFORMATION:** Holzgeräte & Drechselarbeiten Karl Riegler
3342 Opponitz, Hauslehen 106, Tel. 07444/75 14

Rosi hat die feinsten Finger

Die Bürstenmacher im Louis Braille Haus sind auf das Gefühl ihrer Hände angewiesen

Johann Patoczka arbeitet seit 44 Jahren als Korbflechter

„Schauen Sie, ob es das richtige Karterl ist." Friedrich Zorn übergibt seine Visitenkarte. Er ist Obmann des Österreichischen Blinden- und Sehbehindertenverbandes und Geschäftsführer der Blindenwerkstätten. Seit einem Unfall im Kleinkindalter ist er vollblind. Nach 37 Jahren Bundesdienst ist er in Pension gegangen. Das Amt des Obmanns übt er ehrenamtlich aus, für die Geschäftsführung gibt es eine Aufwandsentschädigung. Irgendwie schafft er es seit Jahren, seinen Blinden die Arbeitsstellen zu erhalten. Zorn: „115 Mitarbeiter an vier Standorten sind keine Kleinigkeit. Wir haben Masseure, Computerfachleute, aber das klassische Gewerbe für einen Blinden ist nach wie vor das Bürstenbinden."

Sie lernen es im Bundesblindeninstitut, und wenn es die Auftragslage zulässt, werden sie in der Werkstätte im Louis Braille Haus im 14. Wiener Gemeindebezirk als Bürstenmacher angestellt.

Es wäre für alle angenehmer, über einen erfolgreichen Betrieb zu reden. Man darf trotzdem nicht weghören, wenn gerade das Gegenteil zutrifft. Zorn: „Billige Industrieware hat uns die Kunden weggenommen. Die öffentliche Hand lässt immer mehr aus. Das Bundesheer, früher ein Großabnehmer, kauft überhaupt nicht mehr. Die Gemeinde Wien gerade so viel, dass das Kind einen Namen hat. Leben kann der Betrieb davon nicht." Als bittere Draufgabe ist die Abgeltung durch das Bundessozialamt weggefallen: „Bis 2002 bekamen Unternehmen 15 Prozent vergütet, wenn sie bei Behindertenwerkstätten gekauft und die Originalrechnungen vorgelegt haben."

Das eigene Geschäft, die Messen und Kirtage machen das Kraut nicht fett, trotz eines professionellen Warenkataloges und gezielter Werbung.

Es gäbe so viele gute Gründe, den nächsten Besen bei den Blinden zu kaufen. Den sozialen Aspekt stellt Herr Zorn voran: „Blinde haben sehr wenige Möglichkeiten im Berufsleben. In unseren Werkstätten können sie sich ein eigenes Einkommen erwirtschaften. Unsere Mitarbeiter braucht man nicht zu motivieren. Sie haben selber so viel Freude daran und so viel Engagement, weil sie wissen, dass es um ihren eigenen Arbeitsplatz geht."

Neben dem Herzen spricht Herr Zorn das Hirn an und wirft den Leuten einfach Gedankenlosigkeit vor: „Wer sich eine billige Bürste kauft, kann nicht rechnen! Eine von uns kostet zwar mehr als Industrieware, aber sie hält dafür ewig. Alles reine Handarbeit in bester Qualität. Zu achtzig Prozent Naturmaterialien wie Kokos, Fiber aus der Agave, Piassava, die Faser einer Palme, Rosshaar und Schweineborste, alles auf Holz und nicht auf Plastik."

Georg Lehner ist gelernter Bürstenmacher und betreut als einziger Sehender die 25 Blinden, die zurzeit angestellt sind. Er kann sich auf die Damen und Herren verlassen, die bei flotter Radiomusik an ihren Besen und Bürsten werken. Die Arbeit geht zügig voran, die Handgriffe sitzen. Lehner: „150 verschiedene Arten von Bürsten und Besen, auch Sonderanfertigungen wie Fußabstreifer werden in diesem Fertigungsraum hergestellt."

Büschel an Büschel reiht sich zur Bürste

Gabi, eine junge Frau, wird von den anderen zur Sprecherin ernannt. Sie soll beschreiben, wie man ein Büschel Fiber in die kleinen Löcher des Holzes praktiziert: „Es wird eine Nagelbürste, der untere Teil ist für die Handwäsche. Dort sind die Haare ein wenig länger als im Oberteil für die Nägel. Ich mache ein Schlingerl, ziehe es mit der Fiber durchs Loch, mache das Schlingerl wieder auf, nehme das nächste Büschel, muss genau so viel nehmen, dass es ins Loch hi-

Solche Mitarbeiter braucht man nicht zu motivieren

neinpasst. Wenn es zu viel ist, reißt es ab, wenn es zu wenig ist, fällt es heraus."

Draht wird durchgezogen, verknüpft und wieder durchgezogen. Sie muss kräftig anziehen, immer wieder, bei einer Bürste an die 174 Mal. Sieben bis acht Stück schafft sie an einem Tag. Die Rillen an den Fingern spürt sie nicht mehr, sagt sie.

Schräg gegenüber hält ein Mann ein breites Holz vors Gesicht, bestückt es mit sperrigem Reisstroh. Herr Lehner ergreift für ihn das Wort: „Er macht die Reisbürsten. Nicht, wie man glaubt, aus Reisstroh, sondern vom Stroh der Hirsepflanze." Der Mann merkt, dass von ihm die Rede ist: „Das ist grobe Männersache. Die Frauen haben die speziellere Arbeit, dafür bin ich zu patschert. Rosi hat die feinsten Finger."

Die Damen nehmen die Aussage mit einem kurzen Auflachen zur Kenntnis. Sie werden wissen, warum. Rosi hat eine Computerbürste in Arbeit, neben ihr ein Päckchen reine Schweineborste. Sie braucht nicht lange zu überlegen, mit einem Griff hat sie die richtige Menge: „Ich spüre, wie viel Haare ich in der Hand habe."

Sie ist von Geburt auf blind. Das Reden hält sie nicht ab von der Arbeit, die geht ganz von allein: „Ich kenne die Welt nur vom Hören. Das Sehen kann ich mir sowieso nicht vorstellen." Ein Büschel Borste nach dem anderen reiht sich zur Bürste, während sie von ihrem Alltag erzählt: „Supermärkte sind schon ein Problem. Von der

Führung her sollten die Blinden ein wenig mehr bedacht werden. Ich bin Kunde, ich zahle dafür und habe den Anspruch auf Betreuung. Ich mache hier ja auch Qualitätsarbeit und darf dafür von der Umwelt Rücksichtnahme erwarten."

Herr Lehner bestätigt: „Wichtig! Die Leute müssen das Bewusstsein bekommen, dass sie nicht auf Almosen angewiesen sind, sondern ein Recht auf vieles haben."

Rosi: „Wie beim Bankomaten. Da stellen sich die Sehenden oft blöder an als unsereins. Die haben ihren Code vergessen, wenn sie bei der Kassa stehen, und schauen dann, wenn wir Blinden damit bezahlen."

Von einer Ecke der Werkstatt kommt als Ergänzung: „Man muss im Geldbörsel nur Ordnung haben, ein System."

Herr Lehner: „Heben Sie einmal mit geschlossenen Augen Geld ab! Man ist hilflos, wenn man nicht lesen kann, was auf dem Bildschirm steht."

Eine Bürste ist fertig, fällt gezielt in den Korb, Rosi nimmt sich das nächste Holz vor: „Im Mobilitätstraining haben wir gelernt, wie man eine Straße überquert. Die meisten Sehenden wollen sich davor drücken, dass sie einem dabei helfen. Es ist ihnen unangenehm. Wenn sie nicht mehr auskönnen, reden sie irgendjemand anderen an oder schnappen einen wie irgendeinen Gegenstand."

„Oder lassen dich einfach mitten auf der Straße stehen, ist auch schon vorgekommen", ergänzt einer der Männer.

Diese Bürsten sind reine Handarbeit

Die Runde nickt, weil sie wissen, dass es unglaublich klingt. Sie erzählen von Autos, die auf dem Gehsteig geparkt sind, von Einkaufswagerln, die einfach auf der Gasse abgestellt werden, an denen sie sich das Schienbein anschlagen. Rosi fasst es in einem Satz zusammen: „Man hat das Gefühl, man ist nebensächlich."

Solange sie ihre Arbeit haben, sagen sie übereinstimmend, lässt sich damit leben. Vor der Werkstatt, auf dem Gang draußen, sagt Herr Lehner leise: „Leider wissen wir nicht, wie lange wir noch die Arbeitsplätze haben", und übt ebenfalls Kritik an der öffentlichen Hand: „Die Ausschreibungen sind eine faule Ausrede. Sie könnten ein Drittel Blindenware auch so kaufen."

In seiner eigenen kleinen Werkstatt sitzt Herr Johann Patoczka inmitten seiner Körbe. Er ist bester Dinge, stellt sich als Iwan der Schreckliche vor, zeigt die Wäschekörbe, die keiner innen so glatt hinbringt wie er, erzählt vom Ferienspiel, für das er das Glumpert von Peddigrohr angeschafft hat, und von den Damen, denen er angedroht hat, sie in seinem Wasserbottich einzuweichen. Er hat das Korbflechten ebenfalls in der Blindenschule gelernt, vor 44 Jahren. Er könnte schon in Pension gehen. „Aber die Freizeit ist ein teures Hobby. Als Nichtstuer möcht ich nicht stranden gehen und saufen. Konzerte und Theater, das könnte ich mir mit der jetzigen Rente nicht leisten. Deswegen bleibe ich, solange es möglich ist."

Und solange es Friedrich Zorn schafft, immer wieder die Öffentlichkeit auf seine Werkstätten aufmerksam zu machen, damit alle Mitarbeiter ein menschenwürdiges Leben führen können, trotz ihrer Behinderung. Herr Zorn: „Aber wenn nicht, dann wäre es eine Katastrophe, sozial und psychologisch. Es geht nicht ums nackte Überleben. Ein Blinder ist gesund, hat Energie."

▸ **INFORMATION:**
Blindenwerkstätten Louis Braille Haus, 1140 Wien, Hägelingasse 4–6, Tel. 01/981 89-0, Fax 01/981 89-105, www.braille.at

Schläger, Vertreiber, Modler und Rucker

Der Pinselmacher versorgt Künstler und Handwerker mit hochwertigem Streichwerkzeug

Es soll Leute gegeben haben, die konnten Zehntelgramm mit den Fingerspitzen unterscheiden. Rudolf Zavodsky erinnert sich an eine Arbeiterin, die Künstlerpinsel herstellte: „Sie hatte das feine Gefühl in ihren Händen. Es ist eine der Grundvoraussetzungen für unseren Beruf. Je älter man wird, umso weniger Gespür hat man. Als Pinselmacher brauchst du auch eine große Auffassungsgabe und den Blick für Materialien."

Wenn einer all das mitbringt, dann kann aus ihm ein guter Pinselmacher werden. „Das braucht aber Zeit. Drei Lehrjahre, drei Gesellenjahre und mindestens drei Meisterjahre."

Das war einmal, er selbst hat diese Ausbildungszeit noch durchlaufen. Rudolf Zavodsky nähert sich der Pension und wird den Betrieb an Tochter Susanne und Sohn Peter weitergeben. Er wird der letzte Bürsten- und Pinselmachermeister sein, der sich zur Ruhe setzt, denn sein Handwerk ist zum freien Gewerbe geworden: Seine Nachfolger drückten die Bank in der Berufsschule

Mit Spucke wird der Pinsel angespitzt

mit Fassbindern, Zimmerern und Tischlern. Susanne Zavodsky scheint sich in dieser Gesellschaft wie ein Fossil vorgekommen zu sein, zumindest meint sie verärgert: „Beim Holz werden alle ausgestorbenen Berufe zusammengewürfelt, bis zum Kammmacher."

„Mein Meisterstück war ein Dachsrasierpinsel", erzählt ihr Vater über die letzte Meisterprüfung. Er bedauert, dass der Nachwuchs ausbleibt: „Wir haben kein Image. Was ist schon ein Bürstenbinder?

Die Borsten werden in die Blechzwingen geklopft

Dass es eines der anspruchsvollsten Handwerke ist, glaubt ja niemand."

Der Spruch „Die saufen wie die Bürschtenbinder" drückt nach Meinung des Meisters die Geringschätzung für sein Handwerk aus: „Dabei war es notwendig zu trinken. Die Bürstenbinder haben vom Schwein die Borsten nur runterbekommen, wenn sie heiße Asche drauf gestreut haben oder Saupech. Das macht durstig."

Die Borste wird heutzutage aus China angeliefert, bereits gesäubert, gewaschen und gerichtet. Der Betrieb kann sich voll drauf konzentrieren, daraus gute Pinsel zu erzeugen.

Heikel ist ein Pinselmacher. Vom Rindvieh werden nur die Haare genommen, die auf dessen Ohren wachsen. Es macht einen Unterschied, ob sie blond sind oder braun, weil jede Farbe eine andere Qualität darstellt; genauso wenig ist es einerlei, ob sie vom linken oder vom rechten Ohr stammen, weil die eine Seite dem Herzen näher ist und die Haare damit kräftiger wachsen.

Im Künstlerpinsel, dessen feinster mit ein paar wenigen Haaren auskommt, steckt der Sibirische Marder. Zavodsky: „Vor zwanzig Jahren haben wir schon die Erderwärmung festgestellt. In Sibirien hat es doch an die zwanzig und mehr Minusgrade. Das Fell des Marders war deswegen dicht und die Haare fest. Mit der Zeit sind sie immer weicher geworden." Deshalb sind sie für einen hochwertigen Pinsel, dessen Spitze federn, springen muss, kaum mehr geeignet: „Die Japaner haben den Kunstmarder erfunden, eine Polyesterfaser, die heute besser entspricht als der echte Marder." Zur Bestätigung steckt der Meister die Spitze eines Kunsthaarpinsels in den Mund, befeuchtet ihn, prüft ihn kritisch und befindet hochzufrieden: „Damit können Sie die feinste Linie ziehen."

Künstlerpinsel, produziert in der Filiale in Litschau im Waldviertel, gibt es auf Bestellung nach wie vor von Hand gefertigt. Im Grunde kann jede Art von Malerbürste und -pinsel bestellt werden. Zwischen den Maschinen, die verlässlich ein Stück nach dem anderen automatisch zusammenstellen, ist noch genügend Platz für die Handarbeit. Susanne Zavodsky klopft mit sichtlichem Vergnügen genau abgewogene Büschel von Borsten in die Blechzwingen von handgemachten Pinseln.

Verlässliche Maschinen stellen alle Arten von Malerbürsten ...

Die Stiele der Pinsel werden in Oberösterreich gedrechselt und in der Firma mit dem Logo „Selekt" bedruckt. Meister Zavodsky: „Das ist unser Zeichen. Wir arbeiten für den Großhandel und dabei sehr viel für den Export."

Die Kunden, von denen die Firma hauptsächlich lebt, sind Maler und Anstreicher.

... und -pinseln zusammen

Für sie wird die Bürstenbreite traditionell in Zoll angegeben, und damit es keine Missverständnisse bei der Lieferung gibt, hat jeder Pinsel einen Namen: Rucker, Vertreiber, Flader- und Schlägerpinsel. Ein jeder Handwerker weiß damit sofort, wofür der jeweilige Pinsel eingesetzt wird.

In Baumärkten wird man Selektpinsel vergeblich suchen. Zavodsky kann und will nicht mithalten: „Wenn einer Billigprodukte haben will, dann nicht bei mir."

▸ **INFORMATION:**
Pinselfabrik Rudolf Zavodsky KG, 2344 Maria Enzersdorf,
Südtiroler Straße 27, Tel. 02253/220 20
Zavodsky Rudolf KG, 3874 Schönau bei Litschau,
Tel. 02865/212, E-Mail: office@zavodsky.at

Werkzeug der Beschaulichkeit

Eine erstklassige Pfeife wird nicht einfach hergestellt, sie wird geboren

Pfeifenraucher sind mitteilsame Zeitgenossen. Sie geben einander und jedem Außenstehenden von Herzen gerne Tipps für den richtigen Umgang mit dem edlen Rauchgerät. Ganz anders diejenigen, die Pfeifen herstellen, sie betreiben Geheimnistuerei, schlimmer als weiland die Alchemisten. Jeder von ihnen ist überzeugt, das Arcanum, den Stein der Weisen, den einzig wahren Weg zur Herstellung der perfekten Pfeife entdeckt zu haben.

„Ein einziger deutscher Pfeifenmacher bietet Kurse dafür an", weiß Hans Krenn ein Lied davon zu singen. Er war Pfeifenraucher und arbeitete sich Schritt für Schritt zum Pfeifenmacher vor; mangels professioneller Hilfe bestand die Lehre aus Schauen, Probieren und der eigenen Beurteilung seiner Werke mit dem kritischen Blick eines Pfeifenliebhabers. Seine Haupterwerbstätigkeit besteht in der Planung und dem Verkauf von Fertighäusern. Das Kreieren und Schneiden von Pfeifen ist nach wie vor Hobby und stellt doch für die abgemagerte heimatliche Branche eine enorme Bereicherung dar.

Die Lust am Selbermachen wurde durch einen Rohling, den er in einer Trafik erworben hatte, geweckt. Als gründlicher Mensch wollte sich Hans Krenn geradewegs dorthin begeben, wo das Pfeifenholz wächst. Der Urlaub führte nach Korsika und dort, nach vielem Fragen, zum letzten noch aktiven Coupeur.

„In einem Schuppen, wo es kaum eine Beleuchtung gab, habe ich ihn gefunden", erinnert sich Hans Krenn, „der Coupeur weiß, wie man die Knollen aus Wurzelholz zu Plateaus aufschneidet, in denen die optimale Maserung zu sehen ist. Diese Kanteln werden dann in einem Kupferkessel so lange gekocht, bis die Säuren und Gerbstoffe heraußen sind."

Die Baumheide, Erica arborea, ist eine Staude in den Macchien, den Buschlandschaften des Mittelmeerraumes. Sie wächst wild und bildet an ihren Wurzeln Knollen bis zur Größe eines Fußballs aus. Aus solchem Holz sind Pfeifen geschnitzt, die erstklassigen und damit zu Recht teuren Straight grain oder Bird's eye. Bruyère ist die klangvolle Bezeichnung dieses Holzes. Jede Knolle hat genügend Abfall zu bieten, wo die Maserung wirr durcheinander läuft oder sich ein Sandkorn versteckt hat und nur mehr Kitt oder Rustizieren, also Aufrauen hilft. Hans Krenn spricht von einer Lotterie: „Ein jedes Stück ist eine Überraschung. Beim Kauf des Holzes sehe ich nur die ungefähre Form. Was mich beim Schleifen erwartet, weiß ich nicht. Im letzten Moment kann die schönste Pfeife durch so einen Einschluss wertlos werden."

Zu Recht stellt er sich die Frage, wie ein einziger Mann in ganz Korsika es schafft, so viel Holz zu schneiden, dass in aller Welt nahezu jede Pfeife aus korsischem Bruyère bestehen kann.

Zurück in seinem Heim in Pressbaum, lässt sich Hans Krenn beim langen Studium der mitgebrachten Stücke vom Rauch einer seiner vielen Pfeifen inspirieren.

Das Holz wird angefeuchtet, damit die Maserung sichtbar wird. Aus diesen Linien ergibt sich für Krenn die ungefähre Gestalt der neuen Pfeife, die sich in leichten Variationen an klassischen Formen wie Pot oder Bent orientiert. An der Schleifscheibe wird die Rohform herausgeholt, und dann wird per Hand geschliffen und geschliffen, mit immer feinerem Papier. Dazu Krenn: „Alles Unnötige kommt weg. Was übrig bleibt, ist die Pfeife."

Wenn der Rauchkanal im Holm und der Brennraum fertig sind, wird das Stück gebeizt, damit es einen noblen Farbton erhält, und es wird mit Wachs poliert. Zuletzt wird das Mundstück zugeschliffen und eingepasst.

Eine Pfeife ist geboren. Sie wird getauft und der Gemeinschaft der Pfeifenraucher per *www.krenn-web.at* vorgestellt.

Hans Krenn legt großen Wert auf Details: Der Brennraum läuft zum Boden hin leicht zusammen, wird aber nie so eng, dass man mit dem Stopfer nicht mehr nachdrücken kann. Eine leidige Sache ist ein zu hoch an-

Hans Krenn, vom Pfeifenraucher zum Pfeifenmacher

gesetzter Rauchkanal. Bei Krenn wird darauf geachtet, dass er möglichst tief im Brennraum mündet und keine unverbrannten Tabakreste in der Pfeife verbleiben. Diese sind erstens feucht und schaden dem Holz, zweitens riechen sie alles andere als angenehm. Krenn fertigt Mundstücke aus Acryl, die auch nach Jahren keine Bissspuren zeigen. Ihm persönlich ist der natürliche Parakautschuk lieber, der zwar unansehnlich wird, sich zwischen den Zähnen aber wesentlich angenehmer als Kunststoff ausnimmt.

Pfeifenraucher sind vielleicht selber schon dabei gewesen, wenn um die Wette geraucht wurde. Nicht im Wirtshaus, wo man fallweise diesen Einruck hat. Nein, bei einem Wettbewerb im Langzeitrauchen. Hans Krenn hat bereits Preise eingeheimst, wenn es darum ging, drei Gramm Tabak möglichst lange in der Pfeife glosen zu lassen. Bis zu 500 Teilnehmer treffen sich regelmäßig zur Europameisterschaft. Auf Kommando werden 500 Pfeifen angesteckt, und 500 Rauchwolken steigen auf und vernebeln den Blick des Publikums auf die männlichen und weiblichen Athleten, die mit höchster Konzentration bis zu zwei Stunden und mehr den paar Bröseln Tabak blauen Dunst entlocken. Mit „Zeigen Sie Rauch!" überprüfen die Juroren, ob es in der Pfeife noch brennt oder ob der Teilnehmer bereits ausgeschieden ist.

Eine Straight grain ist geboren

„Ein Riesenspaß", sagt Krenn, „ich brauch dafür nicht üben. Aber richtige Profis, die eigene Clubmeisterschaften abhalten, trainieren das ganze Jahr über."

Zurück zu den Nichtrauchern, denen häufig das Verständnis für eine gute Pfeife fehlt: Für das ästhetische Äußere mögen die meisten noch Bewunderung hegen. Wenn das Ding zu rauchen beginnt, teilt sich eine Gesellschaft schlagartig in zwei Parteien. Die einen saugen mit ihren Nasen begeistert und dankbar den sanften Duft ein, der so viel angenehmer als Zigaretten- oder Zigarrenrauch riecht, die anderen beginnen lauthals zu lästern und fragen ungeniert, wo denn der Waldbrand sei. Der Pfeifenraucher muss selbst entscheiden, ob er seine Pfeife still und heimlich wieder erlöschen lässt oder ungerührt fröhlich weiterpafft. Der feinste Ort zum Pfeifenrauchen ist noch immer das eigene Wohnzimmer und der beste Schiedsrichter bezüglich der Raumnote eines Tabaks die eigene Familie.

Eine einzige Pfeife kann zur abendfüllenden Beschäftigung werden, die nichts anderes erfordert als die Bereitschaft zu guten eineinhalb Stunden reinen Rauchgenusses.

▸ **INFORMATION:**
Hans Krenn Tabakpfeifen, 3021 Pressbaum, Josef-Schöffl-Straße 12, E-Mail: pfeifen@krenn-web.at, www.krenn-web.at

Kein Wurm im Gebälk

Ein Wiener Sägewerk veredelt Altholz zum begehrten Exportartikel

Was hat ein Sägewerk in der Großstadt verloren? Üblicherweise wird das Holz dort geschnitten, wo es geschlägert wird, also im Wald!

„Genau das hat meinen Vater auf die Idee gebracht", lacht Rudolf Schuh, Sägewerksbetreiber in Wien-Atzgersdorf. „Er hat erkannt, dass in Wien ganze Wälder von Altholz schlummern."

Senior Kommerzialrat Rudolf Schuh war Holzhändler und von seiner Waldviertler Herkunft her durchaus mit der Waldwirtschaft vertraut. Seither stapeln sich auf dem Sägewerksgelände an der Atzgersdorfer Straße Balken und Dübelbäume, fallweise behauene Dachsporen und, weil es sich gefügt hat, gebrauchte Ziegel mit Firmenzeichen des 19. Jahrhunderts.

Rudolf Schuh: „Vorher gab es nur zwei Möglichkeiten, entweder die Deponie oder das Verheizen. Das eine kostet eine Menge Geld, das andere bringt nicht viel."

Dass für Altholz im Sägewerk Schuh ein ansehnlicher Preis bezahlt wird, hat sich schnell herumgesprochen.

„Ein gutes Geschäft für alle Beteiligten. Altholz ist hochwertig", behauptet Herr Schuh mit gutem Grund. „Ein Jahrhundert oder mehr ist es im Schatten getrocknet. Es war ja eingebaut. Die Spannung ist heraußen. Man kann deswegen sehr breite Fußbodenbretter erzeugen."

Als die Stadt im 19. Jahr-

Georg Schuh an der Altholzsäge

hundert rapide zu wachsen begann, wurde die Bauweise schlichter. Die Mauern, die sich bis dahin aus statischen Gründen mit jedem Stockwerk verjüngt hatten, wurden nun gleichmäßig hochgezogen. In die Außenwände wurden Balken gelegt. Für den Fall, dass einer abmorschte, wurden sie mit Dübeln verbunden. Einer hält so den anderen, und die Decke bricht nicht durch. Nägel, der Albtraum eines jeden Sägers, sind wenige drinnen, und falls doch, werden sie vor dem Schneiden sorgfältig gezogen. Bisher offenbar mit Erfolg, denn die Säge, an der Ing. Georg Schuh nunmehr in dritter Generation arbeitet, hat noch keine Scharte abbekommen.

„Ein Traum sind die handbehauenen Balken. Sie ächzen nicht mehr und sind mit ihrem natürlich gealterten Äußeren rein optisch ein Vergnügen", schwärmt Rudolf Schuh und erinnert sich an einen alten Mann in seiner Waldviertler Heimat: „92 Jahre war der und hat an einem Vormittag acht Dachsporen – Balken – aus den Stämmen herausgehackt. Zuerst hat er die Linien angerissen, mit einer Schnur, die in Ziegelstaub getaucht war, und am Schluss ist er inmitten von Scharten gestanden mit seiner breiten Hacke. Heute kann das niemand mehr. Schade, diese Kunst ist verloren gegangen."

Mit Maschinen wird die Struktur des Gehackten heutzutage imitiert, ein unzureichender Versuch, neue Balken antik aussehen zu lassen.

Rudolf Schuh: „Außerdem ist Wiener Holz nicht wurmstichig. Wir haben dafür eine Theorie."

Die Masse des Holzes, das der Bauboom im Wien des 19. Jahrhunderts erforderte, wurde von Fürst Schwarzenberg aus seinen Gütern im heutigen Tschechien geliefert. Aus den Wäldern wurde es über einen Schwemmkanal im oberen Mühlviertel zur Donau verbracht und von dort stromabwärts transportiert. Holzexperte Rudolf Schuh: „Wenn ich einen Baum schneide, beginnt zuerst die Wasser führende Schicht zwischen Rinde und Stamm zu faulen. Das erzeugt einen Duft, der den Käfer anlockt. Er geht ins sterbende Holz. Das Wiener Bauholz ist aber wochenlang im Wasser gelegen und hat diesen Lockstoff nicht entwickelt. Wir sind überzeugt, dass deswegen in unserem Holz kein Wurm drin ist."

Dass ihre Ware weltweit gefragt ist, braucht nicht weiter betont zu werden. In rustikalen Skihütten in Frankreich finden sich handbehauene Wiener Balken. Die Bretter aus Dübelbalken abgerissener Zinskasernen werden in die Gewölbe kalifornischer Weinkeller eingebaut oder von materialbewussten Tischlern in Holland und Deutschland in edle Möbel verwandelt. Rudolf und Georg Schuh unisono: „Die haben noch Gefühl für Holz. Die wissen noch, wie man Bretter aneinander fügt und verleimt."

▸ **INFORMATION:**
Sägewerk Ing. Rudolf Schuh, 1230 Wien, Atzgersdorfer Straße 255, Tel. 01/888 42 47

Stein

Berg des Lichts ...

In der Diamantschleiferei entpuppen sich unscheinbare Oktaeder als blitzende Brillanten

... nichts anderes heißt Koh-i-Noor. Seine Geschichte ist Tausende Male erzählt worden, wie ein Märchen, und nichts anderes ist ein Diamant. In seinen Facetten spiegelt sich alle Pracht, aller Glanz dieser Welt. Von einem Diamanten strahlt Macht auf die Menschen aus, ihr unterwirft sich Mann – und vor allem Frau. Das Gold seiner Fassung wirkt matt neben dem Feuer, das in ihm selber flackert.

Schon ist wieder Schluss mit der Träumerei. Aber ganz ohne Poesie wird man dem Diamanten einfach nicht gerecht. Sie ist der notwendige Vorsatz für das prosaische Handwerk, das aus matten Rohdiamanten funkelnde Brillanten schafft. Herbert Haas ist vorläufig der letzte Vertreter seines Standes in Wien, selbst schon ein alter Mann und allein in seiner Werkstatt, in der in guten Zeiten bis zu sieben Leute gearbeitet haben. Haas: „Sie sind alle in Pension gegangen und nicht mehr nachbesetzt worden."

Immer wieder wird der Stein geprüft

Er selbst hat die Diamantenschleiferei von seinem Onkel Julius Haas übernommen und will noch so lange, wie er kann, damit weitermachen.

Das Schleifen passiert heutzutage hauptsächlich in den großen Firmen in Antwerpen oder im Fernen Osten. Haas: „Dort wird der meiste Schmuck hergestellt."

Die Art und Weise, wie die Diamanten zu ihm nach Wien kommen, ist alles andere als spektakulär. Sie werden in Afrika in *pipes* abgebaut; *blue grounds,* Lagerstätten, gibt es im Kongo, in Ghana, Sierra Leone und in Südwestafrika. Abgebaut wird mit gewaltigem Aufwand. Um einen Stein von einem Karat zu gewinnen, werden an die

250 Tonnen Fels und Gestein gesprengt. An der Diamantenbörse in London werden gesiebte und sortierte Tranchen versteigert, von den großen Schleifereien erworben und an die kleinen weiterverteilt.

Herbert Haas holt aus dem Tresor ein weißes Briefchen, öffnet es behutsam und lässt den Inhalt unter das Licht der Schreibtischlampe kullern: „Das sind die Rohdiamanten, schöne, gleichmäßige Oktaeder." Ein solches unscheinbares trübes Steinchen ergibt zwei klare Brillanten. Die Kristalle werden mit einer Phosphor-Bronze-Scheibe in der Mitte durchgesägt: „Die breite Fläche wird die Tafel und erhält nur am Rand einige Facetten. Die Spitze wird gänzlich facettiert, damit der Stein das Feuer erhält."

Der Stein wird lange auf die rotierende Scheibe gehalten

Als Grundvoraussetzungen für einen guten Diamantschleifer nennt Haas ein großes Vorstellungsvermögen, eine ruhige Hand und vor allem Geduld. „Man kann sich keine Skizze machen, keinen Entwurf. Wenn ich den Stein für gut befunden habe, das heißt, er hat keine Fehlfarbe und keine Einschlüsse, dann wird er geschliffen. Wie man es sich vorstellt, so muss es gemacht werden."

Aus jahrelanger Erfahrung weiß er, welcher Schliff dem Stein am besten anstehen wird. Zur Auswahl stehen die Klassiker wie der runde Brillant, der längliche Smaragdschliff, die Marquise oder Navette wegen der Schifferlform, der Tropfen oder die stäbchenförmige Baguette. Haas: „Seit einigen Jahren wird der Princessschliff gewünscht, eine moderne Form."

Während er den Stein lange, lange auf die rotierende Scheibe hält, muss er ihn ständig beobachten. Haas: „Diamant schleift Diamant. Das heißt, ich nehme dazu entweder eine Scheibe, in der bereits Diamantstaub eingesintert ist, oder ich trage Diamantpaste auf die Scheibe auf."

Immer wieder wird der Stein geprüft, ob sich nicht bisher unentdeckte Einschlüsse zeigen, ob die Facetten richtig angeordnet sind. Nichts geht schnell, ein Diamant braucht seine Zeit, bis er zum Brillanten wird. Währenddessen erzählt Haas über alte Zeiten: „In den 1950er-Jahren hat man sehr viele Diamanten umschleifen lassen. Erstens waren die alten Schliffe nicht so exakt wie die heutigen, außerdem wollte man moderne Formen. Gearbeitet hat man damals aber nicht viel anders als jetzt. Im 16. Jahrhundert hat man schon Diamanten angeschliffen, halt nur die schönsten Kristalle. Heute wird alles geschliffen."

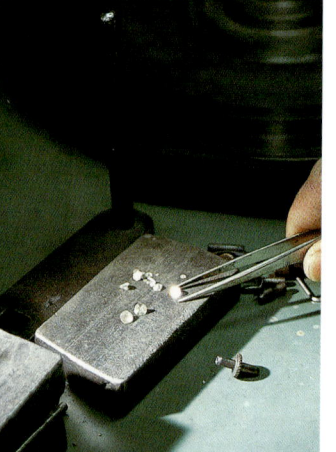

Bei kleinen Stücken ist der Preis, so meint er, eine Angelegenheit des Marktes: „Die Großen dagegen, die sprechen sich schnell herum, wie ein Lauffeuer. Sie werden ganz anders bewertet."

Freilich gibt es in seinem Beruf auch Risiken. Vor einem Überfall hat er keine Angst, wohl aber davor, dass ihm ein Diamant beim Schleifen zerspringen könnte. Der Stein wäre kaputt und die Arbeitsstunden wären umsonst an der Scheibe versessen worden. Riskant ist auch der Handel mit den Rohdiamanten. Geschliffen werden nur gute Steine, aber man sieht vorher nicht hinein. Seine Kunden haben es weit leichter, sie können sich mit der Lupe von der Qualität der Ware überzeugen.

Kaum einer seiner Diamanten hat mehr als ein bis zwei Karat: „Gemessen wird nach dem Samenkorn des Bockshorns, der Frucht des Johannisbrotbaumes. Ein Karat sind 0,2 Gramm und circa sechs Millimeter."

Aus einem unscheinbaren Oktaeder werden zwei feurige Brillanten

Allmählich zeichnet sich eine Facette ab, fängt einen Lichtstrahl auf und feuert ihn zurück. Über das Gesicht des alten Mannes huscht ein Lächeln: „Man freut sich ja selber dran. Wenn man einen solchen Stein hat, schaut man ihn sich an, denkt, dass er ganz gut ist. Man könnte noch etwas besser machen daran, oder das Feuer gefällt mir, wie es ist, dann bin ich zufrieden."

▸ **INFORMATION:**
Diamantschleiferei Julius Haas, Inh. Herbert Haas, 1070 Wien, Lindengasse 28, Tel. 01/523 53 24

Funkelnde Energie

Das Auge des Steingraveurs und Edelsteinschleifers ist unbestechlich

„Den Steinschleifer kennen die meisten, nicht aber den Graveur", meint Marcus Svarovsky. „Die Leute kommen von überall her, auch aus Amerika, dort kennen sie unser Handwerk überhaupt nicht. Deswegen muss ich immer erklären, was ich mache."

Von den Juwelieren wird man noch immer zum alten Ottokar Svarovsky geschickt. Er war ein Begriff für bestens geschliffene Steine. Nach dem Zweiten Weltkrieg hatte er sich in der Wiener Innenstadt am Rabensteig in einem ausgebombten Filmatelier eingemietet und in den Räumen mit Blick über die Stadt sein Atelier aufgebaut. Sein Enkelsohn Marcus hat bei ihm als Kind das Gravieren erlernt:

Das wichtigste Werkzeug ist die Lupe

„Das ist eher der Nebenberuf. Das Handwerk ist das Edelsteinschleifen." Nach der Pflichtschule, dem Besuch einer Sportschule und der amerikanischen Schule ging er bei einem ehemaligen Gesellen in die Lehre. Mit dem Tod des Großvaters war Marcus' Mutter auf sich allein gestellt. Deswegen legte Marcus im Eilzugstempo die Meisterprüfung ab: „Im Wifi, weil ich der Einzige dafür war." Mit 19 Jahren übernahm er den Betrieb als jüngster Selbstständiger Österreichs: „Mit zwanzig war ich gut, sehr gut wurde ich erst viel später."

Onyx, Smaragd, Malachit, Saphir, Rubin, alle Edelsteine außer Diamanten, dazu Schmucksteine wie Korallen, Opal und Achat werden von ihm bearbeitet. Geliefert werden sie auf völlig normalem Weg in kleinen weißen Packerln. Marcus Svarovsky wurde deswegen schon als Drogenhändler verdächtigt. Beschützt wird er vom treuen Akira, einem riesigen Belgischen Schäfer. An den

Geschliffen und graviert werden Steine bis zur Härte neun

Wert seines Werkstoffes hat er sich gewöhnt: „Am Anfang denkt man viel nach, wenn man einen Stein in die Hand bekommt. Jetzt weiß ich, wie ich damit beginne."

Der Stein kann roh sein oder bereits geschliffen und soll eine andere Fasson erhalten. Der Vorgang ist jedes Mal der gleiche: „Ich schleife ein paar Facetten, damit ich hineinschauen kann." Er dreht den Stein vor dem geübten Auge, das im kleinsten Bereich unbestechlich sein muss, und stellt fest, ob die Farbe stimmt, ob der Stein Einschlüsse aufweist, und findet die Stelle, wo die Tafel hinkommt. Svarovsky: „Man poliert diese Facetten aus, sieht, was man braucht und was man nicht braucht. Schmucksteine, die ohnehin nicht durchsichtig sind, werden brutal zusammengeschliffen. Alles weg, was man nicht braucht."

Steine können unterschiedlich stark gefärbt sein. Die intensivere Farbe kommt in den Unterteil. Svarovsky: „Dieser wird komplett facettiert, damit der Stein den Glanz bekommt. Je mehr Facetten, umso mehr Feuer. Wenn man zu viel erwischt, ist der Stein wieder tot."

Das wäre bei einem gut gewachsenen Stück eine Katastrophe. Für Fehler wird ohnehin immer der Schleifer verantwortlich gemacht: „Ein Stein kann an der Spaltbarkeitslinie splittern. Darauf muss ich aufpassen. Aber man schleift grundsätzlich so, dass nichts verloren geht."

Seine Aufgabe ist es schließlich, die Energie des Steines sichtbar zu machen: „Wenn ich ihm den richtigen Schliff verpasse, erzeuge ich ein Funkeln. Wenn da nichts wäre, würde der Stein auch nicht funkeln." Der Steinschleifer glaubt an diese Kraft. Unter dem Monitor seines PC liegt ein Rauchquarz, der regelmäßiger Wartung bedarf, damit die Energie erhalten bleibt: „Es ist wichtig, dass ein Stein immer wieder gewaschen und an der Sonne aufgeladen wird."

Gelegenheitskäufe stellen für Marcus Svarovsky kein Problem dar: „Die Echtheit eines Steines ist schnell überprüft. Ganz gemein ist das Anritzen. Bei der kleinsten Facette sieht man sofort, was los ist." Das Werkzeug dafür ist ein kleiner Stern, auf dem die verschiedenen Härten vertreten sind: „Rauchtopase werden gerne in Aquamarine umgefärbt. Wenn man auch die Farbe gut hinbringt, die Härte ist verräterisch."

Geschliffen und graviert werden Steine bis zur Härte neun, dem Rubin. Den Diamantsinter, Diamantsplitter vermischt mit Öl, stellt er im Mörser selbst her.

Seine Werkzeuge sind auf reine Handarbeit ausgelegt: Rädchensteinscheiben, die Rondierscheibe, die Schneidscheibe und die Diamantscheibe. Das Wasser, als notwendige Kühlung, wird beim Polieren mit der Hand draufgegeben.

Der Edelsteinschleifer macht die Energie des Steines sichtbar

Die Kunden des Edelsteinschleifers sind durchwegs Juweliere. Zum Graveur bringen auch Private ihre Steine für den Siegelring. Sie legen ihm das Familienwappen vor oder ihre Initialen; zuerst wird eine Skizze angefertigt, die dann auf den Stein übertragen wird. Im Gegensatz zum Steinschneider, der eine erhabene Gemme aus dem Stein arbeitet, wird beim Graveur das Motiv hineingeritzt. Das wichtigste Werkzeug ist dabei die Lupe. Unglaublich, wie fein manche Zeichnungen ausgearbeitet sind: „Jedes Detail: die Helmzier, Schild, Schildhalter, alles hat auf einer Fläche von 14 mal zwölf Millimetern Platz. Kein Stück ist alltäglich."

Die Kunden wollen es so, weiß der junge Meister: „Und so mach ma's! Es wird von der Oma an die Enkerln vererbt. Meine Arbeit ist für immer gemacht, ich mach kein

Gravuren aus der Hand des Meisters

Geschäft mehr damit. Aber der Stein hat ja auch lange zum Wachsen gebraucht. Wenn man jetzt drauf aufpasst, dann hält er ewig."

‣ **INFORMATION:**
Edelsteinschleiferei und Wappengraveuratelier Marcus O. Svarovsky, 1010 Wien, Rabensteig 1, Tel. 01/533 00 97

Blutstillende und geruchskillende Kristalle

Trotz der Fülle moderner Pharmazeutika gibt es noch die gute alte Alaunsteinfabrikation

Auf dem Dachboden, in Großvaters Rasierzeug, findet er sich noch. Neben dem Pinsel, dem Rasiermesser und dem Leder zum Abziehen liegt eine kleine rote Hülse aus Plastik. Deren Inhalt: ein weißes Etwas. Auf dem abgegriffenen Etikett entziffert man das Wort „Blutstiller". Richtig, da gibt es doch ...

Jeder Deostein ist handgeschliffen

Alaunstein: faszinierende Kristalle

„... liebe alte Herren, die das noch kennen und kaufen", leitet Tanja Priglinger die Vorstellung ihrer unscheinbaren Produkte ein: „Alaunstein, als Rasierstein, Blutstiller und Deostein."

Das Andenken an ihren Vater hat diese wundersame Nische in der erdrückenden Fülle moderner Pharmazeutika erhalten. Der Chemiker Kurt Wiechowski und dessen Kompagnon, der Physiker August Czapek, erzeugten und handelten unter anderem mit Rasierschaum, Zündsteinen und Chlorophyllseifen. Als sich eine günstige Gelegenheit ergab, kauften sie eine bankrotte Alaunsteinfabrik auf.

Nach dem Tod von Kurt Wiechowski sollte der Betrieb nicht aufgegeben werden. Die Mutter war allein nicht mehr in der Lage, ihn zu führen. Also musste die Tochter her. Tanja Priglinger wundert sich selbst über ihren kuriosen Einstieg: „Ich habe alles andere gemacht als produziert. Herumstudiert habe ich, Literatur gemacht. Skurril, ganz etwas anderes." Sie muss lachen, wenn sie daran denkt, wie aus der verbummelten Studentin von einem Tag auf den anderen eine Fabrikantin geworden ist: „Aber damit hat der Überlebenskampf begonnen. Es war nur mehr ein einziges Produkt da, der Alaunstein. Heimlich habe ich an der Rezeptur gearbeitet, weil der Apothekergroßhandel immer noch danach gefragt hat."

Tanja Priglinger hat es in das Marchfeld gezogen

Ihr Problem war das Gewicht der Blöcke, die im Produktionsablauf entstehen: „Früher hat es Angestellte gegeben. Ich war aber allein und musste deswegen eine Größe entwickeln, die mir ein Handling ohne fremde Hilfe ermöglichte. Denn je größer der Block ist, umso schöner werden die Kristalle."

Nach langem Experimentieren war die für den Einfraubetrieb geeignete Gussform entwickelt. Das Grundmaterial wird aus Deutschland angeliefert. Es entspricht den vorgegebenen Standards von DAB (Deutsches Arzneibuch) und ÖAB (Österreichisches Arzneibuch).

Kalialaun wird in einem Kessel mit einer bestimmten Wassermenge aufgekocht und in eine Form gegossen. Im Erstarren, das circa 48 Stunden dauert, bilden sich Kristalle. Die aggressive Mutterlauge, die dabei entsteht, wird entsorgt. Priglinger: „Die Kristalle selbst, es sind Tetraeder, sind das Mildeste, das man sich vorstellen kann." Sie werden mit der Hand weiterverarbeitet. Jedes einzelne Stück wird von Hand zu einem gleichmäßigen Quader geschliffen und in Zellophan verpackt.

Priglingers Deosteine leben lange, wenn sie nur richtig gepflegt werden: „Nach dem Gebrauch abwaschen und gut abtrocknen. Ja nicht ins Nasse stellen, das frisst den Stein an, er wird scharfzackig, und man kann sich daran verletzen."

Mit dem Aufkleben des Etiketts ist die Arbeit getan. Über einen deutschen Versand *(www.manufactum.de)* und in einigen Apotheken sind die Steine erhältlich.

Was die Anwendung betrifft, ist ihre Familie am Wort. Ihr Mann Dr. Wolfgang Priglinger, ein Philosoph, bestätigt die frappante Wirkung des Steines als Killer von Körpergeruch: „Man verwendet ihn auf der nassen Haut. Man schwitzt zwar trotzdem, was ja nicht ungesund ist, der Geruch wird aber unterbunden. Getötet werden nur die Bakterien, die für die Zersetzung der Buttersäure im Schweiß verantwortlich sind. Das Wirksamste bei Schweißfüßen."

Er hat erhoben, dass Alaunstein mit großer Wahrscheinlichkeit bereits für die Mumifizierung in Ägypten eingesetzt wurde: „Abgebaut wurde Kalialaun dafür in der Nähe von Troja. Später hatten die Römer beim Militär großen Bedarf an diesem Blutstiller."

Für Wolfgang Priglinger ist eine pilztötende Wirkung ebenfalls denkbar. Seine Frau geht in der Anwendung ein gutes Stück weiter: „Als innerliches Desinfizienz bei Magen- und Darmgeschichten könnte Alaunstein eingesetzt werden, eine tolle Geschichte!" Jedoch: Fragen Sie vorher Ihren Arzt oder Apotheker!

Block und Kupferkessel in der Hexenküche

Das Fußbad, das derzeit für den Versand entwickelt wird, ist in seinen Wirkungen verlässlich ausgetestet – ohne jedes Labor, wenngleich in der Firmenbezeichnung im Kleindruck von einem Laboratorium für Entwicklung und Erzeugung kosmetisch-pharmazeutischer Präparate die Rede ist. Frau Priglinger: „Ich habe schließlich eine große Familie, die es im Dauerversuch ausprobiert und für gut befunden hat."

Vor kurzem ist man aus Wien ins Marchfeld umgezogen, mit allem Drum und Dran. Die Firma Bioskin, Priglinger KEG, wurde auf einen Lkw verladen, mit Kessel, Schleifmaschinen und den Holzformen, und in einen ehemaligen Bauernhof in Straudorf übersiedelt. Tanja Priglingers Familie, bestehend aus ihrer Mutter, dem Mann, den vier Kindern, vier Katzen und einem lebhaften Hund, hat sich mit dem jüngsten Familienmitglied, einem etwa dreißigjährigen Pferd, schnell angefreundet.

Die neue Werkstatt ist noch im Aufbau begriffen, trotzdem wird bereits emsig darin gekocht. Frau Priglinger wirft energisch die langen Haare aus dem Gesicht und krempelt die Ärmel hoch: „Das ist der Block, und das ist der Kupferkessel. Das alles hat den Touch einer Hexenküche. Kein Stein wächst wie der andere. Es könnte nicht individueller sein."

▸ **INFORMATION:**
Bioskin Priglinger KEG, Tanja Priglinger, 2286 Straudorf 33,
Tel. 02214/82 82, Fax 02214/842 98

Keramik

Luxus der Behaglichkeit

Die Tendenz zu Kachelöfen, offenen Kaminen und Herden ist steigend

Uschi Mahrhofer hat den Überblick. Sie ist die Meisterin und Chefin einer Firma, an deren Spitze eine junge Frau eher ungewöhnlich ist. Frau Mahrhofer ist Hafnermeisterin und dafür verantwortlich, dass aus dem verwirrenden Gemenge aus Schamottziegeln und Kacheln ein Ofen wird.

„Räumliches Vorstellungsvermögen ist die wichtigste Voraussetzung für unseren Beruf", bestätigt die Hafnerin, die vom Beratungsgespräch über die Planung bis zum ersten Einheizen die Verantwortung trägt. „Ich muss mich an die Kleinfeuerungsanlagen-Verordnung halten. Die Emissionswerte müssen stimmen, die Seehöhe wird mitgerechnet und sämtliche Daten vom Haus, wie etwa die Kubikmeter, die beheizt werden. Gut, dass ich dafür ein Computerprogramm habe."

Ein rustikaler Herd auch für die Stadtwohnung

Der Ofen wird von außen nach innen gesetzt. Zuerst werden die Kacheln behauen, in früherer Zeit eine Plackerei, die mit einem Messer ausgeführt wurde. Man hat die Schneide angesetzt und draufgeschlagen. „Die typische Handbewegung der Hafner, ich hab's noch so gelernt", lacht Frau Mahrhofer, die längst mit einer Maschine die Schonung, den durch Brennen bedingten Vorsatz, wegzwickt. Mit dem Setzeisen wird eine Kachelreihe auf den Sockel gesetzt. Zwei bis drei Kilo wiegt das Stück. Die Zwischenräume werden mit dünnen Schamottplättchen ausgeschiefert, die hohle Kachel wird auf gleiche Weise ausgeplattet, und alles zusammen wird mit Lehm verschmiert. Damit sie nicht umfallen, werden die Kacheln mit der Hafnerzange ge-

Die Hafnermeisterin Uschi Mahrhofer

dornt, also mit Draht verbunden, oder geklammert. Auf die notwendigen Öffnungen wie Putz- und Heiztürl wird nicht vergessen, wofür
heutzutage die Flex sorgt. Aschenlade gibt es keine, sie ist nicht notwendig, weil das Holz ohnehin kaum Asche hinterlässt. Nach innen
werden die Schamottziegel gepackelt. Damit werden die Züge gesetzt, nach genau berechnetem Plan: Der Ofen soll ziehen und die
Wärme trotzdem einen möglichst langen Weg zurücklegen. Damit
sie gespeichert wird, bevor sie im Rauchfang verschwindet.

Frau Mahrhofer wischt sich die Hände an der Hafnerschürze ab:
„Staub und Schmutz gibt es genug. Einem Hafner, egal ob Frau oder
Mann, darf das nichts ausmachen. Es gehört einfach dazu zum Beruf."

Reih' um Reih' wächst der Bau, langsam bekommt der Zuschauer
eine Vorstellung davon, wie der fertige Kachelofen aussehen, wie er
sich im Raum behaupten wird. An seinem Gesicht hat sich das übrige Interieur auszurichten. Hat man sich fürs Rustikale entschieden,
passt zur Kuppel mit den weißen Halbkugeln nur ein Bauerntisch.
Sind die Kacheln einfach und streng, nimmt sich eine verspielte Sitzecke sonderbar aus.

Die Entscheidung für einen Kachelofen ist eine Lebensentschei-
dung, und die meisten Kunden sind dankbar, wenn sie Hilfe bei der
Wahl erhalten – auch das ist Teil des Hafnergewerbes: die Fähigkeit,
ein riesiges Angebot an Musterkacheln, die Vorstellungen des Käu-
fers und den zukünftigen Standort des Kachelofens auf einen Nen-
ner zu bringen.

„Ich habe noch nie zwei gleiche Kachelöfen gesetzt", sagt Uschi
Mahrhofer und verweist auf bemerkenswerte Referenzen. Nicht nur
prominente Sportler und Leute aus der Wirtschaft gehören zu ihren
Kunden: „Das Ehepaar Kirchschläger war ausnehmend angenehm.
Sie haben ihren Kachelofen bei uns gekauft."

Ob der Bundespräsident im Ruhestand auf das Ofenbankerl Wert gelegt hat, daran kann sie sich nicht mehr erinnern: „Aber die meisten Leute wollen eines. Das gehört einfach zur Gemütlichkeit dazu." Sie gerät ins Schwärmen: „Ein Kachelofen macht ein Haus richtig wohnlich, gibt ihm erst das entsprechende Flair."

Die Begeisterung an der Hafnerei hat sich bei ihr erst spät eingestellt, nach der Matura und einigen Semestern Betriebswirtschaft. Sie sattelte um, erlernte neben dem Studium das Ofensetzen und wurde Meisterin. Als ihr Vater 1995 überraschend verstarb, übernahm sie in dritter Generation den Betrieb, der derzeit vier Mitarbeiter beschäf-

Ein Kachelofen garantiert Behaglichkeit

tigt. In der Innung der Hafner, Fliesenleger und Keramiker setzt sie sich mit Engagement für ihr Gewerbe ein und hält auf Tradition: „Wir haben eine wunderschöne alte Innungsfahne, und die heilige Dreifaltigkeit ist unser Schutzpatron, aber fragen Sie mich bitte nicht, warum."

Begonnen habe die Geschichte des Ofensetzens, so meint sie, mit einem Rauchloch im Dach der Lehmhütte. Bis daraus die Kachelöfen geworden sind, war es ein weiter Weg. Zu manchen Zeiten waren sie in jeder Bevölkerungsschicht anzutreffen, später wurden sie zur Luxusheizung. In den letzten Jahren scheint die Nachfrage allgemein gesunken zu sein.

„Doch die Tendenz zu Kachelöfen ist wieder steigend", beurteilt sie hoffnungsvoll die Zukunft, „die Leute wollen wieder die gesunde Holzwärme, die lange anhält und so herrlich angenehm ist."

▸ **INFORMATION:**
Mahrhofer Kachelöfen, offene Kamine, Herde,
1160 Wien, Thaliastraße 124, Tel. 01/486 42 56, Fax 01/485 58 93,
E-Mail: mahrhofer@kachelofen.at, www.kachelofen.at

Verschämter Schein

Ein Gruß aus dem Biedermeier:
die Porzellanlithophanie

Die kleine Flamme eines Teelichtes genügt, um das unscheinbare Dufthäuschen in ein Bilderbuch mit pikanten Szenen zu verwandeln. Das übrige Licht im Raum sollte abgedreht sein, nicht nur der intimen Stimmung wegen. „Die Lithophanie lebt vom Licht und braucht die Dunkelheit, damit sie wirkt", fasst Karl Blumauer die Faszination seines Kunsthandwerks in einem Satz zusammen. Er ist Absolvent der Keramikfachschule in Stoob und als Modelleur in der Wiener Porzellanmanufaktur Augarten beschäftigt. Anfang der 1990er-Jahre haben er und Gottfried Zens, damals Betriebsleiter im Augarten, die beinahe vergessene Kunst wieder belebt. Gegründet wurde die Arbeitsgemeinschaft zur Fortführung und Weiterentwicklung handwerklicher Porzellantradition, kurz das Atelier ZB.

Das Wort Lithophanie ist griechischen Ursprungs. *Líthos* ist der Stein, und *phaíno* heißt nichts anderes als „ans Licht bringen, erscheinen lassen". „Möglicherweise wurden lange vor dem Porzellan bereits dünne Marmorplatten graviert, und es wurde damit der gleiche räumliche Bildeffekt erzielt", vermutet Karl Blumauer.

In Österreich dürfte die Hochblüte dieses kunstvollen Versteckspieles in die Zeit des Vormärz fallen. Porzellan war zum einen Aus-

Überschüssiges Porzellan wird aus der Form herausgedreht

druck bürgerlichen Wohlstands, zum anderen Symbol für den Rückzug aus der Öffentlichkeit und für die Verschönerung des unmittelbaren Lebensbereiches abseits der Überwachung durch die Obrigkeit.

1827 soll die Technik der Lithophanie erfunden worden sein, mit der Herstellung einer Porzellanmasse für Lichtschirme. 1828 hatte Georg Friedrich Christoph Frick (1781–1848) eine besonders transparente Lichtschirmmasse entwickelt. Das „Arkanum", die geheime Rezeptur, ist überliefert. Nur so viel: Wesentlich ist fein gemahlener und geschlämmter Speckstein. Meißen, Berlin und Worcester werden als erste Herstellungsorte angeführt.

Erotik, die sich erst ...

... im richtigen Licht offenbart

Am Anfang steht eine Gravur. „Mit allen möglichen Tricks wird dazu das Motiv auf eine geeignete Unterlage gebracht", spielt der Porzellanfachmann Blumauer das dafür notwendige grafische Talent herunter, „das größere Problem sind die Rechte an den Bildern. Deswegen verwenden wir gerne erotische Ansichten aus den 1930er-Jahren oder Repros von Gemälden. Früher haben sich die Manufakturen daran gemessen, wie nahe sie an eine Fotografie herangekommen sind."

Die erste Unterlage ist entweder eine Platte aus Gips oder Hartwachs, in der Regel mit Bleiweiß legiertes Bienenwachs. Blumauer: „Es hat die gleiche Wirkung wie Porzellan und wurde früher verwendet. Von hinten wurde die Platte beleuchtet, und dann wurde so lange aus ihr das Motiv herausgekratzt, bis es gepasst hat." Zuständig dafür war der Modelleur oder je nach Grundmaterial auch der Gipsschneider oder Wachsschnitzer. Heutzutage wird Kunstharz bevorzugt und von Gottfried Zens und Karl Blumauer mit Zahnarztwerkzeugen bearbeitet. Die Stellen, die später hell sein sollen, werden tief ausgekratzt, die dunklen Flecken bleiben erhaben. Dazwischen ergeben sich die Grautöne.

Von dieser Grundform werden immer wieder Gipsformen, die Matrizen, abgegossen. Sie haben absolut blasenfrei zu sein, bevor sie mit dem Schlick, der im Wasser gelösten Porzellanmasse, gefüllt werden. Gips saugt Wasser an, weswegen sich an der Form eine Porzellanschicht absetzt. Wenn diese drei bis vier Millimeter stark ist, wird die verbliebene Flüssigkeit ausgegossen. Mit einer Schablone wird das überschüssige Material herausgedreht und dabei das Porzellan an die Form gepresst, ein laut Blumauer wesentlicher Vorgang: „Würde man die Masse nur ein- und wieder ausgießen, hätte man zwar ein sehr schönes Relief, aber keine Wirkung."

Die gegossenen Formen trocknen zwei bis drei Tage, bis sie weiterbearbeitet werden. Blumauer entkleidet mit allergrößter Vorsicht einen der Lampenschirme von seiner Gipsform: „Sehr zerbrechlich!" Das vorläufige Erscheinungsbild erinnert an einen grauen Topf. Trotzdem müssen in diesem Zustand auch kleinste Fehler erkannt werden: „Ein Leck kann auftreten, also eine Luftblase. Ein Buckel ergibt später einen unschönen dunklen Fleck, und die Nähte, die zu stark herauskommen, werden verputzt."

Karl Blumauer beim Retuschieren

Alles Störende wird mit einem Skalpell retuschiert, das Stück kann gebrannt werden, zuerst mit circa 950 Grad Celsius. Blumauer: „Nach diesem ersten Brand ist es verglüht, man sieht nichts." Nach dem zweiten Brand wird das Porzellan wieder lebendig, je nach Brenntemperatur in warmen Brauntönen, die von Zens und Blumauer bevorzugt werden, oder in kühlem Schwarz-Weiß. Blumauer: „Der Grund ist das im Porzellan enthaltene Eisen, das unsere Lithophanien wie alte Fotos aussehen lässt." Entstanden ist damit Biskuitporzellan, was nichts anderes heißt als zwei Mal gebacken (vom Lateinischen *coquere,* kochen, dörren) oder (aus demselben Wortstamm) gebrannt *(coctilis).* Es ist nicht glasiert, die Oberfläche ist seidenglänzend, und die Konturen sind scharf.

Zens und Blumauer stellen mittlerweile auch glasierte Lithophanien her, aus Selbstschutz. Durch den Belag sind die Linien abgerundet und machen das Abkupfern durch eine bequeme Kollegenschaft unmöglich. Der Einsatz, den beide in die Wiedererweckung der Lithophanie eingebracht haben, ist dafür zu groß. Der Keramiker Blumauer erinnert sich mit Schaudern an die erste Zeit, als beim Öffnen des Ofens nichts als ein Scherbenhaufen zu sehen war: „Normalerweise muss beim Brennen alles gleichmäßig sein, damit es nicht reißt", und das ist bei einem Relief von Natur aus nicht gegeben. „Ein gutes Jahr haben wir herumgetüftelt, bis wir die richtige Technik und die passenden Mischungen herausgefunden haben." Mittlerweile strotzt man vor Selbstbewusstsein. Blumauer: „Wir treiben die Lithophanie zur Perfektion, mithilfe des Computers und mit ständigem Learning by Doing."

Das Publikum war von der Raffinesse dieser Spielerei begeistert, aber damit hatte es sich schon. Bei flachen Bildern kann der Rahmen mit der notwendigen Beleuchtung mehr kosten als das Kunstwerk selber. Damit die Suppe nicht teurer als das Fleisch wird, hat man die Produktion in der Hauptsache auf Ziergegenstände umgestellt, die keine großartigen Installationen benötigen. Blumauer hat diesbezüglich auf Weihnachtsmärkten und im Geschenkhandel Erfahrungen gesammelt: „Ideal sind Lampenschirme und Duftlampen." Die Gebrauchsinformation dafür ist denkbar kurz und verständlich: kaufen, aufstellen, Kerze anzünden und sich jedes Mal wieder überraschen lassen.

▸ **INFORMATION:**
Porzellanlithophanie, Gottfried Zens, Karl Blumauer,
1190 Wien, Heiligenstädter Straße 363 (Atelier),
Tel. 0699/19 25 23 24

Literatur:
Etymologie, Duden Band 7, Mannheim 1963 (Duden).
Wilhelm Gemoll: Griechisch-Deutsches Schul- und Handwörterbuch. München, Wien 1965 (G. Freytag).
Michael Petschnig: Der kleine Stowasser. Wien 1971 (Hölder-Pichler-Tempsky).
Karl-Heinz W. Steckelings: Leuchtender Stein. In: Photo Antiquaria, Mitteilungen des Club Daguerre (Sonderdruck, undatiert).

Das Geheimnis der Goldwaage

Das richtige Verhältnis beim Anmischen der Farben ist und bleibt das Geheimnis der Porzellanmalerin

Johann Friedrich Böttger war nach Sachsen gekommen, um Gold herzustellen. Bekanntlich sind derartige Versuche bis heute erfolglos geblieben, was auch Böttgers Auftraggeber, August der Starke, eingesehen haben dürfte. Der von ihm bestellte Alchemist, ein gewisser E.W. v. Tschirnhaus, war jedoch auf dem besten Wege, mit großen Brennlinsen Porzellan herzustellen. Nach dessen Tod entdeckte Böttger tatsächlich die richtige Mischung (1708/09). Er war letztendlich doch auf den Stein der Weisen gestoßen. Porzellan bedeutete zu dieser Zeit Gold im Überfluss. Bisher hatte man das feine Geschirr, benannt nach der weiß glänzenden Schale einer Meeresschnecke, um sündteures Geld aus China importieren müssen. Ab sofort wurde die gewaltige Nachfrage nach diesem Luxusgut von Sachsen aus befriedigt. Ab 1710 wurde in der Meißner Porzellanmanufaktur unter höchster Geheimhaltung des Rezeptes produziert.

Das Monopol, das die Chinesen bis ins 18. Jahrhundert halten konnten, blieb den Sachsen kaum acht Jahre. 1718 wurde in Wien im Augarten die zweite Manufaktur gegründet. Der Kaiser verlieh seinem Porzellan als Markenzeichen den unverwechselbaren Bindenschild. Bis heute hat sich die Porzellanmanufaktur gehalten, ist mit

Anita Baldia knüpft an die Tradition der Hausmaler an

den schimmernden Lipizzanern und den feinen, weißen Kaffeehäferln Teil unserer walzerseligen Identität geworden.

Anita Baldia hat im Augarten ihren Beruf als Porzellanmalerin erlernt und ist 16 Jahre lang geblieben, bis zur Geburt des zweiten Kindes.

„Ich komme aus einer Familie, in der immer Selbstständige waren", sagt Frau Baldia, die auf einen Vorfahren verweisen kann, nach dem sogar eine Gasse in Wien benannt ist: „Ferdinand Baldia war Baumeister und Gemeindeausschussmitglied in Ottakring."

Das „Arkanum", in diesem Fall das Wissen um die richtige Zusammensetzung der Farben, hat sie vom Augarten mitgenommen und mit ihrem eigenen Betrieb an die große Tradition der Hausmaler angeknüpft.

„Es gibt nicht mehr viele von unserer Art, und wir sind wie eine große Familie mit guten Beziehungen zur Manufaktur", beschreibt sie ihre Konkurrenz, die eigentlich keine mehr ist.

Als Künstlerin schafft sie Bilder, mit Motiven, die ihr am Herzen liegen: Marterln im Weinviertel – von dort stammt sie her – und Brücken aus ihrer zweiten Heimat Griechenland. Als Porzellanmalerin werden auch Reparaturen bei ihr in Auftrag gegeben, was sie weniger mag, und Ergänzungen von fehlenden Teilen eines Services. In diesem Fall ist ihre ganze Technik, ihr Wissen um die Farben und ihre Erfahrung gefordert, denn das Wesen jeder Porzellanmalerei ist die punktgenaue Wiederholbarkeit. Porzellan ist Handarbeit und

Das Marterl aus dem Weinviertel als Lieblingsmotiv

wird in einer für das elegante Ergebnis unerwarteten Monotonie hergestellt. Mit größtem Feingefühl und kunstfertiger Hand werkt in der Manufaktur eine Porzellanmalerin täglich und das jahrelang an einem einzigen Muster, an ein und demselben Motiv. Jedes Blatt einer Rose muss sich exakt und in der absolut gleichen Farbe an der Stelle befinden, wo es auf dem ersten Entwurf zu Maria Theresias Zeiten gesessen ist. Korrigieren ist unmöglich.

Der Scherben – wie das unschön klingt, aber so heißt nun eben ein gebranntes Stück weiß glasiertes Porzellan – wird vom Kunden selbst oder von Frau Baldia als Rohling besorgt.

„Fünfzig Prozent der Arbeit sind das Anmischen der Farbe", erklärt die Malerin bereitwillig, ohne jedoch auf das genaue Verhältnis derselben einzugehen. Das ist und bleibt Berufsgeheimnis. Nur so viel: „Es sind Metalloxydfarben, die beim Brennen einen chemischen Prozess durchmachen und sich verändern. Ich muss auf eine Menge von Umständen aufpassen, die alle die Farben beeinflussen können, und die Mischung darauf abstimmen. Sie reagieren sogar bei Schönwetter anders als an einem trüben Tag."

Die Porzellanmalerei führt über das Handwerk hinaus

Aufgetragen wird die Farbe auf die – bereits einmal gebrannte – Glasur und dann im Ofen bei etwa 820 Grad mit dieser untrennbar verschmolzen. Neben dieser so genannten Aufglasurmalerei gibt es die Unterglasurtechnik und seltener die Inglasurtechnik, wo Farbe und Glasur gemeinsam aufgetragen und miteinander gebrannt werden.

Anita Baldia hält sich an die Aufglasurtechnik. Sie liebt die klaren Konturen der Farben, die nur damit möglich sind. Ihre Motive führen über das Handwerk hinaus, sind zum guten Teil religiöser Natur, eine Möglichkeit für die Künstlerin, mit ihrer Arbeit zwischen Religionen und Weltanschauungen verbindend zu wirken.

▸ **INFORMATION:**
Porzellanmalerei – Atelier Anita Baldia,
1160 Wien, Lorenz-Bayer-Platz 15, Tel. 01/480 28 14

Zunehmend erdig

Keramikvariationen vom Raku- bis zum Grubenbrand auf Schloss Sachsengang

Aus der sommerheißen Eintönigkeit des Marchfeldes taucht man in die Allee ein, fährt im Schatten der Bäume an der Pferdekoppel vorbei, über die Zugbrücke durch das breite Tor in den Hof von Schloss Sachsengang. Zwischen blühenden Rosenhecken weisen Wächter aus Lehm und Stroh auf den Künstler hin, der in solch feudaler Umgebung den Kampf gegen die zunehmende Technisierung aufgenommen hat.

Georg Niemann hat an diesen Sonntag im Spätsommer Kinder eingeladen, sich an Ton, Farbe und Feuer zu versuchen. Freilich, seine Frau und die Mütter sind dahinter, dass den Kleinen im schöpferischen Übereifer nichts passiert. Die Ungeduld ist groß, bis der Brennofen, der draußen im Freien steht, endlich aufgemacht wird. Schließlich haben sie ihre kleinen Töpfe und Vasen drinnen stehen, und niemand weiß, was am Ende herauskommt, ein Häuflein Scherben oder schimmernde Keramik.

Georg Niemann, beschützt von einem seiner Wächter

„Für jeden von uns ist es spannend, nicht nur für die Kinder", weiß Georg Niemann aus eigener Erfahrung, „vom Aufwand her ist Raku unkompliziert. Die Brenntechnik wurde in Japan um 1600 in Kioto entwickelt. Das Ergebnis ist aber von vielen Zufällen abhängig."

Er hat den Ofen selbst gebaut und erreicht darin mit Holzfeuerung erstaunliche 1300 Grad. Üblicherweise wird der Ofen kalt gesetzt, das heißt, die Stücke werden hineingegeben, und erst dann wird angeheizt. Bei dieser Technik dagegen werden die Stücke in die helle Glut gestellt.

Nach zehn, zwanzig Minuten hat das Warten ein Ende. Mit langen Zangen dürfen die Kinder ihre Stücke aus dem Feuer holen. Zum Abkühlen werden sie in einen Haufen Heu gesteckt. Der beißende Qualm, der dabei aufsteigt, legt sich erst nach einer guten Weile. Die Kleinen haben sich davon nicht beeindrucken lassen. Man sieht es ihnen an, wie schwer es fällt, nicht in den Glutnestern im Heu zu wühlen.

Die Glasur, die zuvor auf den vorgebrannten Ton aufgetragen wurde, sollte nun feines Craquelés aufweisen. „Sie hat einen anderen Wärmeausdehnungskoeffizienten als Ton und weist nach dem Brennen die feinen Risse auf, was den Reiz des Rakubrandes ausmacht, weil man sich jeden Dekor erspart. Je einfacher eine Form ist, umso besser kommt diese Technik zur Geltung."

Irgendwann sind die Stücke so weit erkaltet, dass sie auch von Kinderhänden angegriffen werden dürfen. Wer hat das schönste Stück? Jedes ist gelungen, gottlob, es gibt keine Enttäuschung und keine verbrannten Finger.

In seinen Keramikkursen, die Georg Niemann auf seinem Schloss oder bei genügendem Interesse überall in Österreich abhält, hat man die Möglichkeit, archaische Techniken wie den Rakubrand, den Salz- und den Grubenbrand zu erlernen. Er selbst hat als Keramiker in Hallstatt die Gesellenprüfung abgelegt, hat eine Meisterklasse in Graz absolviert und sich 1988 zu seiner Mutter gesellt.

„Sie hat hier seit den 1960er-Jahren das Handwerk betrieben", erzählt Niemann, „damals war Keramik ein gutes Geschäft. Mit dem Spargel, dem Fertigrasen und den Zwiebeln waren die Bauern zu Geld gekommen und haben sich schöne Dinge geleistet. Sie haben das Kunsthandwerk anerkannt."

Rakubrand im wahrsten Sinne des Wortes

Den Kundenstock hat er von der Mutter übernommen und ausgebaut. Mit kleinen Festen und Ausstellungen versucht er Kontakt zu halten. Mit den Holz- und Naturbränden hat er die Nische gefunden, die ihm das Überleben ermöglicht, er ist aber nicht abgeneigt, auf besonde-

ren Wunsch herkömmliche Keramik zu fertigen. Er zeigt einen Milch-
topf für eine Sennerei im Zillertal, der in einer Auflage hergestellt wurde,
die für die Industrie zu klein, für ihn aber höchst ausreichend ist.

Als Werkstatt wird die ehemalige Bäckerei des Schlosses benützt.
Niemann: „Sie ist mehr als 400 Jahre alt. Das ganze Schloss, es ist das äl-
teste im Marchfeld und steht im Besitz unserer Familie, war ein riesiger
Wirtschaftsbetrieb. Die ganze Ortschaft hat dazugehört."

Seit 1999 entstehen hier neben praktischen Dingen so genannte
Barcodes.

Meines ist das schönste Stück!

„Ein Nichteingeweihter
weiß mit diesen schwarzen
Streifen auf den Etiketten der
Konsumgüter genauso wenig
anzufangen wie mit der Keil-
schrift ", versucht der Künstler den Sinn der exakt aneinander gereihten Stangen aus
dunkel gebranntem Ton zu erklären. „Hergestellt im Rauch-
rand, in einem der ältesten
Verfahren überhaupt. Als Kritik an der Vermarktungsin-
dustrie, die den Konsumenten
damit vom eigentlichen Lebensmittel fern hält. Niemand will mehr Blut sehen,
Fleisch ist sauber in Plastik
verpackt. Der Fisch soll einen
nicht mehr anschauen, am
liebsten haben wir ihn als
Stäbchen auf dem Teller."

Unter Insidern hat Georg Niemann längst einen Namen, als fan-
tasievoller Handwerker und als ambitionierter Künstler. Ob sich irgendwann der große Durchbruch einstellt?

„Noch bin ich im öffentlichen Raum nicht so gefragt, wie ich es
mir wünsche", räumt Georg Niemann ein und ist dennoch zuversichtlich: „Doch der Wunsch nach Erdigkeit wird mit zunehmender
Technisierung kommen."

▸ **INFORMATION:**
Keramik Design, Georg Niemann, 2301 Groß-Enzersdorf,
Schloss Sachsengang, Tel. 0650/941 64 77

Wohlbefinden in orientalischer Üppigkeit

Wachauer Keramik ist tonangebend im Wellnessbereich

Der Salzburger Kornelius Rotter war mit 16 am Scheideweg gestanden: Goldschmied, Glasbläser oder Keramiker. Die Wahl fiel auf den Keramiker, die für ihn geglückte Verbindung aus allen drei Berufen: das formlose Rohmaterial, wenn es auch weniger wertvoll als Gold ist, künstlerisch gestalten und mit der schimmernden Glasur zum Kunstwerk verbinden.

„So war es mir vorgeschwebt. Ich wollte ein großer Künstler werden", beschreibt Kornelius Rotter seine Lebensplanung, „aber Kunst verkauft sich schlecht."

Am Ende seiner Lehrzeit war er Baukeramiker, der sich mit der Töpferei selbstständig machte, unter der Devise: „Töpferln wird schon wer brauchen." Kachelöfen, die ihn viel mehr interessierten, wollte keiner von ihm haben, ganz einfach, weil er damals noch kein fertiges Stück vorzeigen konnte. Seine Töpferln waren anfangs ein recht einträgliches Geschäft, bis er mit dem Rechenstift feststellte, dass mit dem Preis der traditionsreichen bayerischen Konkurrenz nicht mitzuhalten war und zusätzlich der Markt mehr und mehr von Kunsthandwerkern überschwemmt wurde.

Üppige Formen für orientalische Bäder

Er war damals bereits in Niederösterreich, in der Nähe von Krems, sesshaft geworden. Der Genius Loci mag ihn zum Firmennamen „Wachauer Keramik" inspiriert haben. Für den Einstieg in den Wellnessbereich waren allerdings Kontakte mit einem Salzburger Architekten verantwortlich: „1980 habe ich meine ersten Erfahrungen im Bäderbau im Kurzentrum von Bad Hofgastein gesammelt", erinnert sich Rotter, den dieser Umstieg wieder ein Stück näher zu den künstlerischen Ambitionen seiner Jugend führte. „Ich bin wieder künstlerisch gefragt und gefordert. Die Bäder verkaufen sich in der ganzen Welt. Es gibt einen Boom zu besonders ausgestalteten Anlagen."

Bäderlandschaften erscheinen wieder als barocke Grotten und kommen so dem menschlichen Bedürfnis nach Rückzug, Geborgenheit und Entspannung entgegen. Umfang und Gestaltung sind keine Grenzen gesetzt, die Bandbreite reicht vom intimen Badezimmer bis zum hemmungslos durchgestylten Wellnessbereich eines Kurhauses.

Ein Renner ist laut Rotter derzeit Rasul, ein Schlammbad, das bereits im 9. Jahrhundert v. Chr. auf der Insel Lemnos angewendet worden sein soll. Der Badende wird in Schlamm verpackt, sitzt auf einer Bank aus beheizten Kacheln und lässt den Schlamm langsam an sich eintrocknen. Zu gegebener Zeit wird die Kruste mit Kräutern bedampft, der Schlamm wird weich. Behutsam wird er abgerieben und zuletzt mit einem warmen Wasserguss sanft abgewaschen. Die Umgebung, in der man sich der Prozedur unterzieht, scheint Tausendundeiner Nacht entsprungen.

Der eigene Pool, die beste Werbung

„Wir müssen den orientalischen Stil durchziehen", sagt Rotter, der darüber keineswegs unglücklich ist, „ich bin ein farbenfroher Mensch. Ich liebe helle, strahlende Farben."

Die Freude daran drückt sich deutlich in seinen Kacheln aus. Sie werden aus möglichst hellem, weiß brennendem Ton hergestellt, mit einem Schamottanteil um die 45 Prozent. Damit wird das Verziehen der Fliese verhindert, die Wärme wird besser gespeichert und den Farben bleibt ihre Leuchtkraft erhalten.

Gebrannt wird bei 1100 Grad. Bis es aber so weit ist, müssen die Fliesen, die Simse und die Dekorteile in die gewünschte Form gebracht werden. Die Fliesen werden geglättet, die Simse mit ihren Arabesken „am Strang gezogen" oder im Gipsmodell geformt, und alles, was der Fantasie an Dekor entspringt, wird auf der Töpferscheibe oder in Überschlagtechnik hergestellt. In reiner Handarbeit entstehen Früchte und wulstige Kuppeln, die nostalgische Kachelöfen und Wellnessbereiche zieren sollen.

Die Glasuren werden in einem genau berechneten Mengenverhältnis aufgetragen.

„35 Gramm wenigstens auf die Normfläche von 22 mal 22 Zentimeter", versucht Rotter dem Uneinge-

Meister Kornelius Rotter an der Drehscheibe

weihten den Arbeitsgang zu erklären: „Die Glasuren sind im Wesentlichen Metalloxyde, die in Verbindung mit dem Quarz des Tones den glasartigen Überzug ergeben. Durch das Metall wird der Schmelzpunkt gesenkt, was sich wiederum durch die Seeger-Formel – Seeger war ein Berliner Keramiker – errechnen lässt. Als Bindeglied, als Katalysator kommt zuvor Kaolin zwischen den Ton und die Glasur, die dann glatt ausschmilzt."

Auf einem Wagerl wird die getrocknete Ware in den Bergwagenofen gefahren. Damit der so genannte Scherben kein Häuflein Scherben wird, muss auf richtiges Aufheizen und Abkühlen geachtet werden. Zudem wurde der Ton im ersten Arbeitsvorgang einem Vakuum ausgesetzt, um ihn von eventuell verbliebenen Lufteinschlüssen zu befreien.

Die Arbeit der Wachauer Keramik ist weitestgehend erledigt, gesetzt werden die Fliesen mittlerweile von anderen Firmen.

„Es war rechnerisch einfach die bessere Lösung", ist Rotter überzeugt, „ich brauche meine Hafner, die Fliesenleger und Ofensetzer, nicht in der Welt herumzuschicken und erspare mir gleichzeitig die Reklamationen."

Die Mitarbeiterinnen, durchwegs junge Mädchen, haben ihr Handwerk gut gelernt. Es mag nicht immer leicht sein, mit einem Künstler als Chef auszukommen. Sie sind aber sichtlich bemüht, seinen Vorstellungen und Qualitätsansprüchen gerecht zu werden.

„Ich habe den einzigen Keramikbetrieb in Niederösterreich, der Lehrlinge ausbildet", stellt Rotter selbstbewusst fest, „in den letzten zwanzig Jahren waren es an die hundert Hafner und Keramiker, wobei die Burschen eher zu den Hafnern und die Mädchen zur Keramik tendieren."

Die Töpferei wurde gänzlich aufgegeben. Den Grund sieht Rotter in der Geldknappheit der Leute. Beim Kunsthandwerk wird als Erstes gespart, nicht aber an der Wellness. An Arbeit dürfte es also keinen Mangel geben, solange Kornelius Rotter vor Ideen überquillt.

„Anklänge an Pompeji!", nennt er das neueste Projekt: „Mein Vorbild sind dabei antike Bäder mit Fresken an den Wänden mit Bilderrahmen eben aus Keramik."

▸ **INFORMATION:**
Wachauer Keramik GmbH., Kornelius Rotter, 3494 Theiß,
Untere Hauptstraße 41, Tel. 02735/88 38, Fax 02735/88 38-18,
E-Mail: wachauer.keramik@aon.at, wachauer-keramik.at

Metall

Nicht die Asche hüten

Ein Denkanstoß von Walfrid Huber, Metallbildhauer, Schmied und Schlosser in einer Person

Mit der Zange holt er einen glühenden Stift aus dem Feuer, bringt ihn zum Amboss. Ein kurzer, prüfender Blick auf die glutgelbe Farbe des Eisens. Die Zange in der einen Hand scheint zu tänzeln, genau dort, wo der Hammer in der anderen herabfällt.

„Ein Schmied muss kein Bär sein", entschuldigt er lächelnd seinen Körper, der zwar muskulös und drahtig ist, doch Riese ist Walfrid

Walfrid Huber:
„Ein Schmied muss kein Bär sein"

Huber beileibe keiner. „Man braucht das Training, soll körperlich belastbar sein, damit man diese Arbeit tagelang durchhalten kann. Und vor allem, auf die Stellung beim Amboss kommt es an. Das Werkstück winkelrecht dazu und den Hammer parallel zum Körper. Nicht aus dem Handgelenk oder dem Ellenbogen schlagen! Aus dem Körper heraus, mit dem Atem. Von den Bauchmuskeln an muss der Körper arbeiten."

Das Abc eines jeden Schmiedes ist längst keine Selbstverständlichkeit mehr: „In der Kartause Mauerbach werden von mir Schlosser- und Schmiedemeister im Kunstschmieden unterrichtet, auch in diesen Grundlagen. Man möchte es nicht glauben, aber es ist notwendig."

Gemeinsam mit dem damaligen Leiter der Kartause Mauerbach hat Huber die Handwerkskurse in dieser Dependance des Bundesdenkmalamtes begründet.

„Irgendwann kommt jeder Schlosser und Schmied drauf, dass es mit dem Zuschneiden von Blech nicht getan ist. Sie richten sich wieder Feuer ein, werden wieder richtige Schmiede."

Walfrid Huber ist diesbezüglich ein „Studierter". Nach der Lehre als Schlosser holte er im zweiten Bildungsweg die Matura nach und absolvierte das Studium an der Akademie für angewandte Kunst in Wien. Die Bezeichnung Kunstschmied hört Walfrid Huber nicht gern: „Ich bin Metallbildhauer, der zufäl- lig die Schmiedetechnik beherrscht. Von meinem Beruf her habe ich mich in der Metallklasse beworben. Schmuck und Kleinkunst haben mich aber nicht inter- essiert. Deswegen bin ich bei den Bild- hauern gelandet, in der Meisterklasse von Professor Hans Knesl, einem Zeitge- nossen von Fritz Wotruba."

„Aufregende Reise" in Kollnbrunn

Beide sind Pirawarther, Knesl durch seine Geburt, Huber durch die Wahl sei- nes Wohnsitzes und seiner Arbeitsstätte: „Geboren und aufgewachsen bin ich in Salzburg. Nach Horn, wo ich im Gymna- sium war, und Wien bin ich hier hängen geblieben. Wenn ich jetzt wählen könn- te, ich bliebe da" – abseits von den großen Zentren der Schmiederei in den Eisenwurzen, mitten im Weinviertel zwi- schen den Weingärten, in denen ein pfeffriger Grüner Veltliner gedeiht und während des Gespräches für erfrischende Belebung sorgt. Walfrid Huber ist Künst- ler, sensibel, voller Fragen, die er für sich beantworten will. Die Arbeit hält den Kopf frei zum Denken, und er macht da- von reichlichst Gebrauch.

„1942 bin ich geboren, wurde Walfrid getauft, und jeder meint, das wäre wegen dieser Zeit damals. Hat aber nichts mit Walhalla zu tun. Walfrid ist der friedlich Waltende, ein schöner christlicher Name."

Kreuz für ein Grabmal

Er ist überzeugt, dass seine Branche Zukunft hat, vor der jedoch ein Berg von falschen Ansichten abgegraben werden muss: „Wir müssen eigent- lich das Rad neu erfinden, tausend Jahre Tradition überwinden. Die Architektur hat es uns vorgemacht. Eisen war ursprünglich eine Prestigesache. Wer Geld hatte, konnte sich Waffen und einen Harnisch leisten. Im Barock wurden die Bauwerke mit diesem schwer zu bearbeitenden Werkstoff dekoriert. Dabei ist es geblieben und hat sich bis zum Jugendstil gehalten. Ein Haus war nur schön, wenn es verziert war. Loos, Schindler und Hoffmann haben den Dekor zurückgenommen, zugunsten von Form und Funktion. Die Architektur war in dieser Richtung visionär, hat zu einer absolut eleganten Form gefunden, das Bauwerk selbst ist zum Ornament geworden, auf das nichts nachträglich appliziert werden musste. Erst nach dem Zweiten Weltkrieg hat man die Bauten ‚besserer Leute‘ wieder im Sinn der alten Kunstschlosserei ausgestattet, mit Zäunen und Fenstergittern. Eine Nostalgiewelle, die unreflektiert zum alten Dekor geführt hat. Jetzt läuft diese Nostalgiewelle aus, und wir müssen 800 Jahre, von der Romanik bis zum Jugendstil, hinterfragen. Wir müssen den Neubeginn erfinden. Wir leben mit Auto, Handy und Flugzeug, aber unsere Kollegen benehmen sich wie zu Maria Theresias Zeiten."

Walfrid Huber sieht sich als Kämpfer an zwei Fronten, mit nur wenigen Weggefährten: „Wir stellen uns also den Architekten. Die wollen, dass wir ihnen etwas zeigen, und wir können uns was überlegen. Und wir müssen die Schmiedekollegen dazu bringen, dass sie wieder anständig schmieden."

Dass wieder in alten Schmieden gearbeitet wird, dass man in nahezu folkloristischer Manier die große Vergangenheit der schwarzen Grafen beschwört, erscheint ihm im Hinblick auf die Probleme eines ganzen Berufsstandes rückwärtsgewandt: „Ja nicht die Asche hüten! Die Schmiederei nicht zur Show vermarkten!"

Kunst im öffentlichen Raum ist das neue Schlagwort, hinter dem sich gezielte Förderung eines künstlerischen Zeitgeschmacks verbirgt. Sein Beitrag ist die „Aufregende Reise", eine mehrere Meter hohe Eisenskulptur an der Bundesstraße in Kollnbrunn, als unübersehbares Signal für den Aufbruch: „Eine mutige, fetzige Geschichte. Sie wollten eine aufragende Figur. Aber der Platz ist lang, deswegen habe ich sie drübergezogen. Eine Reise ist für mich außerdem etwas Besonderes. Alles hat andere Dimensionen. Die Verpflichtungen und Gewohnheiten lösen sich auf. Wenn ich im Zug sitze, fühle ich mich leicht."

‣ **INFORMATION:**
Metallbildhauer, Schmied, Schlosser: Mag. Walfrid Huber,
Kurhausstraße 77, 2222 Bad Pirawarth, Tel. 02574/33 78

„Sie sind Bären da bei uns"

Eine Zeitreise zu den Werkzeugschmieden in Ybbsitz

In der Noth saß beinahe alle hundert Meter ein Schmied. So kärglich, wie es der Name dieses Grabens vermuten lässt, ist es dort beileibe nicht zugegangen. Mit der Noth ist lediglich das Tal des Prollingbaches von Ybbsitz hinaus Richtung Süden gemeint. In jedem der Hämmer wurde ein bestimmtes Werkzeug hergestellt, jeder Zeugschmied war hoch spezialisiert, auf Hacken, auf Schaufeln, auf Krampen. An die vierzig verschiedene Betriebe sollen es im 19. Jahrhundert gewesen sein.

Idyllisch ist die Schmiede nur von außen

Wie es zu dieser bemerkenswerten Aufsplitterung des Gewerbes kam, erklärt sich aus der Geschichte der Eisenwurzen. Das Provianteisen war ursprünglich eine Art Zwangsbeglückung: Jenseits der steirischen Grenze hatte man das Eisenerz, diesseits Nahrungsmittel und Energie. Wo Holz und Wasserkraft vorhanden waren, siedelten sich die Schmiede an und teilten untereinander das Gewerbe auf.

Ein gewisser Alois Schnabl erzeugte Reifmesser, nichts anderes als Reifmesser. Als er 1875 starb, kaufte einer seiner Schmiede den Betrieb: Emanuel Sonneck, gerade 22 Jahre alt. Sonneck Ges.m.b.H. heißt die Firma heute und ist noch immer im Besitz der Familie. Geschäftsführer ist Eduard Sonneck. Aus den Reifmessern ist das ganze breite Sortiment an Werkzeugen geworden, das in Baumärkten die Regale füllt.

Was sich in diesem Satz so selbstverständlich liest, ist in für heutige Verhältnisse mehrfacher Hinsicht geradezu sensationell. Erstens hat die Dynastie Sonneck als eine von ganz wenigen Familien in der

Branche überlebt. Die vielen anderen Schmiede in Ybbsitz und Umgebung sind entweder verschwunden, oder ihre Hammerhäuser sind in Museen und Schauschmieden umgewandelt worden. Zweitens sind diese Werkzeuge, die neben der in jeder Hinsicht billigen Industrieware ebenfalls zu einem enorm günstigen Preis angeboten werden, reine Handarbeit. Jedes einzelne Stück ist das Ergebnis einer Schufterei, die man selber erst einmal erlebt haben muss. Jeder Manager, der für seinen Werkzeuggroßmarkt vom Schmied wieder und wieder ein Sonderangebot herauspressen will, sollte hier zum Pflichtbesuch antreten müssen. Es wäre kein Fehler, wenn die Kunden vor dem Produzenten wieder mehr Achtung bekämen.

Unter dem ersten Hammer entsteht die grobe Gestalt

„Wir haben schon moderne Maschinen", teilt Eduard Sonneck bereits am Telefon mit, als ich mich nach seinem Handwerk erkundige. Es klingt beinahe entschuldigend. Von außen sehen seine Schmieden den anderen Hammerhäusern nach wie vor ähnlich. Sie liegen direkt am Bach, unverkennbar durch den breiten Rauchfang über der Feuerstelle. Drinnen arbeiten die Männer Hand in Hand. Einer an der Esse; er holt die hell glühenden Eisenrohlinge mit einer langen Zange aus dem Feuer und legt sie neben seinem Kollegen ab; der nimmt sie auf und hält sie unter den Maschinenhammer, wo ihnen in drei Schritten eine grobe Gestalt gegeben wird; das Eisen wird dabei von einer Form zur nächsten händisch weitergehoben; in exaktem Timing wird das bearbeitete Stück dem dritten Arbeiter übergeben, er ist an seinem Hammer für die Feinausarbeitung zuständig. An diesem Tag werden Sapien, oder, wie man in Niederösterreich sagt, Sappeln geschmiedet, ein Werkzeug zum Ziehen von Baumstämmen. Sie sind wenigstens nicht allzu schwer, circa ein Kilo pro Stück. Es könnten aber genauso gut Brechstangen sein, oder Steinspalthämmer, von

Eduard Sonneck, der Herr des Feuers

denen jeder einzelne an die zwölf Kilo wiegt. Beinahe unvorstellbar wird der Kraftaufwand, wenn die Pflockeisen dran sind. Diese sind so schwer, dass sie, lässt man sie fallen, ein Loch in den Wiesenboden rammen.

Eduard Sonneck bewundert die Leistung seiner Männer: „Sie sind Bären da bei uns. Es ist keine Kleinigkeit, wenn sie den ganzen Tag etliche Tonnen heben, die schweren Eisenstangen unter dem Hammer mit Gefühl hin und her drehen, bis die Form stimmt, dann lochen und härten." Der Schmiede- und Schlossermeister kennt jeden Arbeitsgang in seinem Betrieb, steht selber immer wieder an den Maschinen, um Verschiedenes auszuprobieren.

Die Schmiede arbeiten ungerührt in der nahezu unerträglichen Hitze vor der Esse und im dröhnenden Lärm. Man versteht kaum, was Eduard Sonneck erzählt: „Erst kürzlich ist einer nach 45 Arbeitsjahren in Pension gegangen. Mit 14 Jahren hat er bei uns angefangen und ist geblieben." Er blieb als einer der wenigen seinem gelernten Beruf treu, als die anderen – eigentlich verständlicherweise – sich veränderten und nach Deutschland auf den Bau auswanderten. An die dreißig Mitarbeiter sind derzeit angestellt. Eduard Sonneck: „In der Produktion, im Magazin, im Büro und die Vertreter. Vor dreißig Jahren waren es noch 120 Leute." Seine Vorfahren waren noch richtige Hammerherren, für ihn selber gilt dieser Titel nur mehr beschränkt: „Ich halte die Tradition auf meine Weise aufrecht. Ich versuche die Schmiede so lange zu beschäftigen, wie es noch möglich ist, nachdem überall geschlossen wurde." Beim derzeit herrschenden Preisverfall ist es nicht leicht, mit diesem Handwerk zu überleben. In Österreich gibt es zwar kaum mehr Konkurrenz, aber, so Sonneck, „wir sind ein Hochlohnland. Mit wahnsinnigem Tempo verschwinden die Arbeitsplätze aus Europa. Solange der Transport so billig ist, wird die Arbeitskraft keinen Wert haben." Beflügelt von flotten Begriffen wie Offshoring und Outsourcing kümmert sich kaum jemand um die volkswirtschaftlichen Auswirkungen. Interessant ist nur der eigene Säckel, der sich zumindest im Moment erfreulich prall füllt.

Eduard Sonneck hat den Betrieb deswegen auf Nischen ausgerichtet. Die Produktion, die Arbeit ist ihm wichtig. Als Händler, so sagt er, wäre er ersetzbar, weil sich größere und billigere als er finden würden. Handwerkliches Können und Ideen verschaffen ihm jedoch immer wieder neue Aufträge. So entstehen neben dem Werkzeug in der Gesenkschmiede Fechtklingen. Hightech wird dabei gekonnt mit herkömmlichen Arbeitsmethoden verbunden. Der Stahl, der dafür verwendet wird, wurde in der Weltraumforschung entwickelt. Die Testergebnisse sind mehr als befriedigend, meint Eduard Sonneck: „In einer Maschine wird die Klinge eingespannt und so lange immer wieder gebogen, bis sie bricht. Ein Degen muss zum Beispiel 7000 Biegungen aushalten. Wenn das Probestück erst bei 18.000 bricht, dann ist das Material in Ordnung."

Jedes Stück ist das Ergebnis einer Schufterei

Man ist heilfroh, wenn man dem Reich des Vulcanus wieder entkommen ist und durch die übrigen Stationen der Werkzeugherstellung geführt wird. Eine Hacke muss geschliffen und lackiert und zuvor vor allem gehärtet werden. Eduard Sonneck: „Wenn ich mit ihr im Winter gegen einen gefrorenen Baumstamm schlage, darf sie nicht zerspringen."

Und sie wird auch nicht zerspringen, ist er überzeugt, weil seine Leute Könner sind. Ein echter Schmied gilt bei ihm als Künstler, trotz der Eintönigkeit der Arbeit. Dies wird beim Ferraculum, dem Fest der Kunstschmiede, regelmäßig bewiesen. Eduard Sonneck: „An diesen Tagen wird in Ybbsitz auf Teufel komm raus geschmiedet." Seine Firma war 2004 beim Schauschmieden vertreten, mit Brechstangen: „Damit die Besucher eine Ahnung von unserer Arbeit bekommen."

▸ **INFORMATION:**
Sonneck Ges.m.b.H., Eduard Sonneck, 3341 Ybbsitz,
Hammerschmiedstraße 4, Tel. 07443/863 29-0, Fax 07443/866 31,
www.sonneck.com

Neue Chancen für alte Ornamente

Das Ziselieren wird zum „Zweithandwerk" von Schmieden und Schlossern

Männer im besten Alter sind wieder zu Lehrlingen geworden, zumindest für die Dauer dieses Kurses, in dem sie Treiben und Ziselieren erlernen sollen. Ihr Meister ist bereits Pensionist, ist aber einer der wenigen, die beide Techniken noch beherrschen. Was blieb ihm anderes übrig, als seinen Ruhestand zu unterbrechen!?

Das Treiben und das Ziselieren sind wahrscheinlich so alt wie der Gebrauch von Metall an sich. Die Punze, ein geeigneter Hammer und eine geschickte Hand genügten, um Pharaonenmasken aus Goldblech oder das Wappen in den eisernen Schild eines Ritters zu treiben. Die Museen sind voll von ziselierten Schätzen der Antike und des Mittelalters. Gäbe es im dritten Jahrtausend nicht die Kurse des Bundesdenkmalamtes in der Kartause Mauerbach, die beiden Handwerke wären womöglich selbst bereits Museumsstücke.

Josef Pötzelberger, einer der letzten Ziseleure

Die Männer, durchwegs gelernte Schmiede oder Schlosser, erweitern ihr Können um die Sparten Kunstschmieden und Ziselieren. In ihrem Berufsalltag arbeiten sie selbstverständlich mit Maschinen, um den wirtschaftlichen Anforderungen ihres Gewerbes gerecht zu werden. In den Werkstätten des ehemaligen Kartäuserklosters werden sie wieder zum Handwerk zurückgeführt – keineswegs zur Romantik, sondern zu den ungemein vielschichtigen Möglichkeiten, die sich damit im Metallbereich auftun. Für gediegene Handarbeit kann ein entsprechender Preis verlangt werden – bloß angewiesen sein darf man nicht auf dieses Einkommen.

Josef Pötzelberger ist derjenige, der die Herren in der Kunst der feinen Bearbeitung von Metallen, dem Ziselieren, unterweist: „Vier Berufe habe ich gelernt. Zuerst Spengler und Installateur. Als Kind habe ich schon Aschenbecher getrieben, so bin ich über einen Schulfreund zu einem Gürtler und Ziseleur gekommen. Die Arbeit war für mich ideal, hauptsächlich Einzelanfertigungen, zum Teil sehr künstlerisch. Weil mein Meister gestorben ist, habe ich in eine Lusterfirma gewechselt. Hat keinen Spaß gemacht, tagaus, tagein das Gleiche. Deswegen habe ich die Meisterprüfung abgelegt und mich selbstständig gemacht."

Die letzten aktiven Jahre haben ihn den Rückgang spüren lassen, weil, wie er meint, die Architekten gar nicht mehr wissen, dass man schöne Verzierungen auch mit der Hand machen kann – ein Umstand, dem gerade durch eine Institution wie das Bundesdenkmalamt abgeholfen werden könnte: Je mehr Leute die alte Kunst beherrschen, umso mehr kann sie wieder nachgefragt werden.

Zum Hammer gehört ein guter Stiel

Der erste Schritt zum Ziseleur ist demnach auch die Herstellung von ordentlichem, vielfältigem Werkzeug. Kaufen kann man es nicht mehr, wobei das Schmieden der Punzen und Treibhämmer für seine „Lehrlinge" ohnehin kein Problem darstellt. Wie Planierhammer, Schweifhammer, Tiefhammer, Einbahn-Hammer, Sickenhammer und Kornsickenhammer aussehen sollen, wurde von ihm in einem Skriptum aufgezeichnet, ebenso die Punzen, der Meißel, die Börteleisen und die geköpfte Faust.

Die Punzen werden selbst geschmiedet

Zum Hammer gehört ein Stiel. Pötzelberger: „Ideal ist dafür Dirndlholz, Eschenholz geht auch. Er muss so in der Hand liegen, dass er wie die verlängerte Faust wirkt."

Das Werkzeug liegt bereit, für zwei Arten des Ziselierens. Einmal ist es ein bereits fertiger Guss, der zu bearbeiten ist. Er wird lediglich nachzieliert, so Pötzelberger: „Der Grat kommt weg, die Züge in einer Figur werden herausgearbeitet. Jeder Guss ist ein wenig verwaschen, sagen wir dazu. Am Schluss soll er dem Modell möglichst ähnlich sein."

Für die andere Art steht in seiner Werkstatt eine Reihe von Ziselierkugeln bereit. Sie sind die Unterlage für das so genannte Treibziselieren, bei dem Buchstaben oder Reliefs in ein Blech hinein- oder, je nachdem, aus diesem herausgetrieben werden.

„Das Blech wird auf den Ziselierkitt gepickt, auf eine Mischung aus Bitumen, Kolophonium, Unschlitt, französischem Terpentin und Gips", erklärt der Meister und prüft die schwarze Masse, ob sie bereits die nötige Festigkeit besitzt.

Pötzelberger gibt kurze Anweisungen, wie der Schlag zu führen sei, und weist darauf hin, dass man aufpassen soll, damit das Metall nicht überdehnt wird und sich ein unerwünschtes Loch in der Kupferplatte auftut. Die Männer sind erfahren genug, um die Stärke des Bleches abschätzen zu können. Manche entdecken dabei ihr erstaunliches grafisches Talent, das bis dahin verschüttet war.

Ist die Form aus dem Blech erstanden, geht's ans Beizen und Färben der Metalle, an das Niellieren und Feuervergolden. Eisen wird brüniert, Kupfer gelb gebrannt oder Messing soll bronzefarben werden. Die Anweisungen dazu lesen sich streckenweise wie das Rezeptbuch eines Alchemisten (Schwefelleber zum Patinieren von Kupfer, Messing wird mit Schlipp'schem Salz braun, Stahl mit Bleizucker blau gefärbt), sind aber rein chemische Vorgänge, die den Ziseleuren seit Jahrhunderten geläufig sind.

„Heraustreiben kann man alles aus jedem Blech", sagt Pötzelberger, „Engerlköpfe, Löwen für den Türklopfer, die Tafeln an den Grabkreuzen und ein edles Schild über dem Geschäftseingang."

Das beschauliche Hämmern gibt ihm Zeit zum Nachdenken. Ein großer Teil der Arbeit stellt auch in diesem Handwerk das Restaurieren dar. Josef Pötzelberger versucht sich dabei in den Meister hineinzudenken, der das Original geschaffen hat: „Ich habe ein Stück vor mir, das mehrere Hundert Jahre alt ist. Wie könnte es mein Vorgänger gemacht haben? Wie kann ich ihm gerecht werden? Bei einem Barockornament muss ich mich in die Zeit des Barock hineinleben, und so weiter. Meine Ergänzung soll auf keinem Fall als Pfusch aus dem Gesamtbild herausfallen, aber sie soll auch erkennbar bleiben, als mein Anteil an diesem Stück."

▸ **INFORMATION:**
Josef Pötzelberger, Gürtler- und Ziseleurmeister, 3011 Purkersdorf, Tullnerbachstraße 44, Tel. 0676/414 54 12. Bundesdenkmalamt Kartause Mauerbach, Treib- und Ziselierkurse, 3001 Mauerbach, Kartäuserplatz 2, Tel. 01/979 88 08, E-Mail: mauerbach@bda.at

Literatur:
Josef Pötzelberger: Treib-/Ziselierkurs, Grundkurs. Undatiert, Bundesdenkmalamt Kartause Mauerbach (Hg.).

Das eiserne Glück

Für den sauberen Gang der Pferde ist der Hufschmied verantwortlich

Vera ist eine Haflingerdame und Gott sei Dank lammfromm. Die Blondine scheint die Pediküre – oder ist's eine Maniküre von Vorder- und Hinterhand?, egal – zu genießen, schaut hin und wieder gelassen nach hinten, um sich von deren Fortgang zu überzeugen. Die freundliche Stute gehört zum Bestand der landwirtschaftlichen Fachschule Edelhof bei Zwettl und wird dort im Schulbetrieb eingesetzt. Der Hufschmied Wolfgang Steindl hat sie zum Beschlagen aus ihrer Box holen lassen: „Sie hat angefangen zu schmieden, das heißt, sie will den Schmied."

Er weiß es deswegen so genau, weil er in seiner zweiten Funktion als Fahrlehrer mit ihr arbeitet. Das Gespannfahren gehört zum Lehrplan der Fachschule, aus der seit 1873 umfassend ausgebildete Landwirte hervorgehen. Beide, das Pferd und er, kennen einander bestens. Einen Arbeitsgang kann sich Wolfgang Steindl also ersparen: „Normalerweise lasse ich mir ein Pferd vorführen. Mit einem Blick sehe ich, ob sich Vorderhand, Rücken und Hinterhand harmonisch bewegen oder ob es relativ kurz im Quadrat steht und mit der Hinterhand auf die Vorderhand auffußt."

Jedem Pferdefreund sind die Ausdrücke des Schmiedes geläufig. Für den, der damit nichts anfangen kann: Wenn Vorder- und Hinterbeine zu wenig weit voneinander entfernt sind, tritt sich das Pferd mit den hinteren auf die vorderen Hufe. Steindl hat dafür die Lösung: „Das Eisen wird mit einer Zehenrichtung versorgt, dabei vorne leicht aufgebogen.

Für jedes einzelne Pferd muss der passende Beschlag gefunden werden, je nach Verwendungszweck schwere oder leichte, wenn nötig orthopädische Eisen. Traber und Galopper werden wegen der Gewichtsersparnis mit Aluminium oder Kunststoff beschlagen. Steindl hat den Blick dafür, welches Pferd welches Eisen braucht: „Das Wichtigste ist mir dabei das Vertrauen des Besitzers."

Er hat es sich in kurzer Zeit erarbeitet. Nicht nur die 25 Pferde am Edelhof sind in bestem Zustand. Hochzufrieden ist man mit seiner Arbeit beim Heeressportverein Allentsteig, und ein von ihm betreutes Trabergestüt hat bereits einiges an Preisgeld eingefahren. Erst vor einigen Jahren hat er mit dem Schmieden angefangen. Als Land- und Forstwirtschaftsmeister hatte er 1995 am Edelhof bei den Pferden zu arbeiten begonnen. Fünf Jahre lang war er nebenbei Gehilfe

Die Haflingerdame erwartet gelassen den neuen Beschlag

von Alfred Gerstbauer, einem gestandenen Huf- und Wagenschmied: „Täglich bin ich mit ihm mitgegangen, zu schwierigen Pferden, habe mir möglichst viel abgeschaut. Er war ein alter Haudegen. Monatelang habe ich bei ihm am Feuer aus Flacheisen die Hufeisen geschmiedet."

Eine Erfahrung, die ihm bei seiner weiteren Ausbildung, einem Lehrgang für Huf- und Klauenbeschlag in Stadl-Paura, zugute gekommen ist: „An unserer Feuerstelle wurden mit Abstand die besten Eisen geschmiedet. Auf den Glutstock in der Esse kommt es an, der Feuerball in der Mitte muss sauber sein, ohne Schlacke. Die Überreste vom Eisen lassen das Feuer verklumpen, und es gibt keine Hitze mehr."

Der Vollständigkeit halber seine bisher erworbenen Titel: Fahrlehrer 1999, 2002 Pferdewirtschaftsmeister, zuletzt Landesfahrlehrer im Landesverband für Reiten und Fahren.

Der geduldigen Vera wurden mittlerweile die alten Eisen abgenommen. Steindls Helfer, Toni Waldhäusl, hat mit dem Gurt eine Hinterhand angehoben. Mit dem Hufmesser, der Hufzwickzange und der Hauklinge wird der Huf beschnitten. Steindl hätte sich gewünscht, dass das Pferd zuvor regelmäßig durch ein Schlammbecken getrieben worden wäre: „Dann wäre der Nagel aufgeweicht, nicht so extrem hart." Die Hufraspel, eine überdimensionale Nagelfeile, entfernt die letzten Reste überschüssigen Horns. Braune und weiße Flächen werden sichtbar. Auf dem weißen, dem Weichhorn, wird später genagelt. Das braune, Sohle und Wand, ist Harthorn. Der Schmied entdeckt eine leichte Entzündung. Zwischen Huf und Eisen wird deswegen ein Stück Leder kommen, das macht den Tritt weicher.

Auf einer mobilen Werkstatt mit Gasfeuer werden die vorge-schmiedeten Eisen gerichtet: „Für den Warmbeschlag. A kaltes Eisen und a warmes Brot sind dem Schmied sein Tod."

Der Nagelfalz wird mit dem Falzhammer geformt, die Na-gellöcher werden mit dem Vorbeißer ins Eisen gepresst. Immer wie-der wird der Hammer abgesetzt, das Eisen prüfend hochgehoben und vor den kritischen Augen gewendet, bis Schenkel, Schuss, Steg, Nagelfalz, Zehenkapperl, Sohlen- und Bodenfläche entsprechen. Aus einer Distanz von gut zwei Metern zum hochgehobenen Huf hält Steindl das Eisen vor das Auge: „Damit sehe ich am besten, ob die Form passt." Beim zwei-ten Versuch hat das Eisen die gewünschte Form. Es wird auf den Huf gesetzt. Steindl: „Nicht aufge-brannt!"

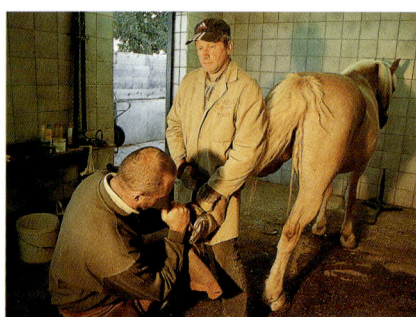

Die Hufe werden erst beschnitten

Duft der Erinnerung

Rauch steigt auf, das glühende Eisen verbrennt das Horn des Hufes. Im ersten Moment möchte man sich die Nase zuhal-ten, doch sollte man sich überwinden und sich dem Geruch aussetzen. Wer seine Kindheit in einem Dorf verbracht hat, wird unwillkürlich daran erin-nert, wie es war, wenn die Bauern mit ihren schwe-ren Zugpferden beim Schmied waren. So lange ist das noch gar nicht her, und trotzdem wird dieser Rauch zum Duft einer Er-innerung an längst Ver-gangenes. Steindl: „Alte Schmiede kommen zu mir herein, stehen mit feuchten Augen da und schauen zu. Der Geruch geht ihnen ab."

Bei all dem Gerede von der Vergangenheit kommen die Rosstäu-scher zur Sprache. Sie trieben einem hinkenden Pferd über dem ge-sunden Huf einen Holzspan ins Fleisch, damit es vor Schmerz gleichmäßig ging, oder machten mit einer in Wein getunkten Sem-mel aus einer Schindmähre ein feuriges Ross. Dem Schmied, der ge-

Die Form des Eisens passt!

rade das Eisen festnagelt, entlockt dieses Thema nur ein mildes Lächeln. „Freilich gibt's das noch. Wer nie ein Pferd besaß, der waß an Schas", bemüht er eine alte Redensart, die auf jeden Neuling anzuwenden ist. „Wer sein erstes Pferd kauft, bekommt mit Sicherheit eine aufgelegt." Es wäre ratsam, einen Fachmann wie ihn dabei zurate zu ziehen.

Auf die Hufe von Vera, die von all diesen Machenschaften glücklicherweise nichts weiß, kämen noch Schraub- oder Schweißstollen an die Enden der Hufschenkel, damit der Fuß genügend Halt hat und Fehlstellungen ausgeglichen werden. Weil der Schmied aber weiß, dass sie ohnehin gut bei Fuß ist, begnügt er sich mit Stifteln, die in vorgebohrte Löcher geschlagen werden.

Sein Gehilfe Toni bringt nun das Pferd wieder zurück in die Box, Steindl ist zufrieden, holt eine Schnapsflasche für den Umtrunk, der obligat ist, wenn einer das erste Mal beim Beschlagen dabei war, und überreicht ein Hufeisen. „Immer mit den Schenkeln nach oben, damit das Glück hineinfallen kann", lautet sein Ratschlag, „eine Tradition von den Alten. Für mich ist Glück, wenn ich einem Pferd nach dem Beschlagen zufrieden nachschauen kann."

▸ **INFORMATION:**
  Hufschmied Wolfgang Steindl, 3910 Zwettl, Edelhof 3,
  Tel. 02822/526 33, www.lfs-edelhof.ac.at

Wiedererwecktes Mittelalter

Der Plattner und die Männer im Eisen – eine lebenslange Beziehung

„Keine Spur davon, dass die Ritter hilflos waren, wenn sie vom Pferd gefallen sind", behauptet Ewald Tanzer. Er weiß, wovon er spricht: „Seit meiner Kindheit bin ich von Ritterrüstungen begeistert. Mit 15 Jahren habe ich die erste selber gemacht."

Ein Schulausflug auf die Burg Kreuzenstein hat die Faszination ausgelöst. Die eisernen Männer ließen ihn nicht mehr los, hielten ihn fest wie einen Knappen, der die Treue und Tapferkeit seines Herrn bewundert und seine ganze Kraft in dessen untadelige Ausstattung investiert. Ewald Tanzer ist längst in Pension. Der gelernte Metalldreher verbrachte sein Arbeitsleben im Dienst des Strafvollzuges. Der Keller seines Hauses in Mautern bei Krems wurde zur Werkstatt, in der im Laufe all dieser Jahre Rüstung um Rüstung entstand.

Ewald Tanzer hat das Plattnerhandwerk wieder erweckt

Zuerst wurde für den Eigengebrauch gehämmert, bis sich das Zeughaus in Graz, das zentrale Waffendepot der Steiermark, an ihn wandte. Im Museumsshop wurden seine Harnische verkauft. Dass ihn Mittelaltervereine und historische Gruppen vor allem in Deutschland recht bald entdeckten, war die logische Folge. Der Informationsfluss in diesen Kreisen funktioniert bestens. Eigenartigerweise finden die angeblich so hehren Ideale des Rittertums zu jeder Zeit ihre Romantiker. Man trifft sich wieder zu Turnieren und haut dort in Schaukämpfen aufeinander ein. Arbeit gäbe es also genug für den Plattner.

„Trotzdem bleibt es ein Hobby", sagt Ewald Tanzer, „es macht mir Spaß, bei Mittelalterfesten vor Publikum zu hämmern und hin und wieder auf Bestellung eine Rüstung zu fertigen."

Natürlich ist ein solcher Eisenanzug „maßgeschneidert". Blechplatten werden mit der Schere zugeschnitten und mit dem Kugelhammer auf dem Amboss in die gewünschte Form gehämmert. Tanzer: „Damals gab es eigene Blechschmiede, die mit großen Schwanzhämmern die Platten erzeugten." Geeigneten Ersatz bietet gewalztes Blech, das nur im Röntgen als solches erkannt werden kann.

An der Wand hängt die Kopie eines Stichs der Werkstatt eines Plattners. Diese Darstellung und das Studium der dürftig vorhandenen Literatur liefern die Theorie. Tanzer: „Ich musste erst recherchieren, wer und was die Plattner waren. Inzwischen ist das meiste bekannt. Ich kenne einige Namen und die dazugehörigen Siegel."

Seinen Forschungen zufolge hat sich der Plattner aus dem Helmschmied entwickelt: „Bis zum 13. Jahrhundert wurde zum Kettenhemd nur ein Helm getragen, von Rittern wie Knechten. Der Harnisch ist erst im 14. Jahrhundert aufgekommen. Arm- und Beinschienen wurden aufgenietet, bis um 1350 die bekannte Rüstung praktisch entwickelt war."

Maßgeschneiderter „Eisenanzug"

Leisten konnten sich nur Adelige einen solchen Panzer. Auf modische Ausführung wurde Wert gelegt: „Man erkennt den jeweiligen Zeitraum am Aussehen, zum Beispiel den Riefelharnisch aus dem ersten Drittel des 16. Jahrhunderts an den herausgetriebenen Leisten."

Voll Bewunderung steht man vor den schweren Bröckerln in den Waffenkammern der Burgen. Wer hat die Kraft, gut vierzig Kilogramm herumzuschleppen? Sie wurden lediglich zu Turnieren getragen. Im Kampf bevorzugte man verständlicherweise leichteren Schutz. Drei und mehr Millimeter betrug auch dort die Stärke des Brustpanzers. Armbrustbolzen und Pfeile, abgeschossen von Langbogen, sollten davon abprallen.

Landsknechte waren wesentlich einfacher ausgerüstet. Falls sie die Schlacht überlebten, mussten sie den eisernen Hut wieder im Zeughaus abliefern.

„Mit dem Dreißigjährigen Krieg und mit dem Aufkommen der Feuerwaffen war es für den Plattner vorbei", erzählt Ewald Tanzer. Das meiste muss er sich selber erarbeiten. Jeder Arbeitsschritt wird deswegen genau dokumentiert. Wenn er einmal entdeckt hat, wie ein Diechling oder ein Armkachel anzufertigen ist, wie eine Rennbrust geformt ist und was einen Visierhelm von einer Schützenhaube, eine Hundsgugel von einem Schaller (beides Helme) unterscheidet, wird es festgehalten. Seine historisch versierten Kunden sind diesbezüglich heikel, und vor allem könnte er es vor sich selber nicht verantworten, wenn auch nur ein Detail nicht dem Original entspräche.

Wie sich ein Ritter in der Rüstung gefühlt haben mag, hat er selbst erprobt. Die Behauptung, dass diese Herrschaften beweglicher waren, als man annimmt, beruht also auf eigener Erfahrung: „Wenn man auf dem Boden liegt, braucht man sich nur auf den Bauch zu drehen, und man kann ohne weiteres aufstehen und weiterkämpfen."

▸ **INFORMATION:**
**Plattner, Ewald Tanzer, 5312 Mautern, Beethovenstraße 5,
Tel. 02732/871 12**

Literatur:
Harry Kühnel: Bildwörterbuch der Kleidung und Rüstung.
Stuttgart 1992 (Alfred Kröner).

Alles, was Guß ist, das hält

Die Alt Wiener Gußwaren sind bereits zur Touristenattraktion geworden

Seitdem in jeder Wohnung die Wasserleitung installiert ist, hat sich's mit dem Tratsch an der Bassena aufgehört. Ein Stück Wiener Identität scheint damit verschwunden – zumindest der Tratsch. Die Bassena gibt's wieder, ganz so wie damals, dank der Nostalgie, die Wolfgang Drab mit seinem Gewerbe verbindet. Bei ihm entstehen seit 1990 wieder „Alt Wiener Gußwaren", wie auch sein Betrieb heißt.

„Ich bin kein gelernter Gießer", outet sich der junge Unternehmer als Quereinsteiger, „man kann sich selber alles beibringen, braucht aber jemanden, der einem die Feinheiten zeigt."

Dass er aus der Metallbranche kommt, der Urgroßvater Gießer in einer Lokomotivfabrik war und sein Ururgroßvater in Riga als Goldschmied gearbeitet hat, erfährt man erst später. Er sieht sich als Newcomer und ein wenig auch als Deus ex Machina für ein beinahe untergegangenes Handwerk. Eingestiegen ist er, wie er sagt, weil er selber auf der Suche nach einem Stück Guss war und ein Betrieb nach dem anderen vor seiner Nase zugesperrt hat.

Dass 300 Jahre alte Firmen von einem Tag auf den anderen eingegangen sind, hat ihn nicht abgeschreckt: „Von denen habe ich übernommen, was zu kriegen war, uralte Modelle, mit denen bin ich sogar zu einer Touristenattraktion geworden."

Tatsächlich finden sich mittlerweile die Alt Wiener Gußwaren in deutschen Wien-Reiseführern. Verkauft wird in der Stadt, produziert draußen auf dem Land, in der Nähe von Neunkirchen.

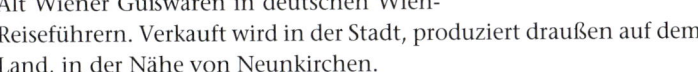

Wolfgang Drab mag das Verspielte, das Verzierte

Sein erster bedeutender Kunde war kein Geringerer als Friedensreich Hundertwasser. Ein Auftrag beim Steirereck ließ den Künstler auf den Handwerker aufmerksam werden. Der Wintergarten, den Drab für das Nobellokal fertigte, dürfte den Architekten derart beeindruckt haben, dass er ihn für sein benachbartes Hundertwasserhaus engagierte.

„Der Meister interessierte sich persönlich für die Arbeit", erinnert sich Drab, „nicht einfach. Obwohl Hundertwasser selbst die Zeichnungen gebracht hat, wollte er sie immer wieder verändert haben. Mir war's recht. Solange alles bezahlt wird, ist es mir wurscht, wie oft ich einen Guss machen muss."

Ihn stört lediglich die Kundschaft, die am fertigen Guss draufkommt, dass sie es eigentlich anders gewollt hätte, und dann ums Geld herumstreitet. Wolfgang Drab ist jedoch eloquent genug, um solche Auseinandersetzungen für sich zu entscheiden.

Die Bassena gibt es wieder

Genauso wenig kann ihn der Wunsch nach irgendeiner ausgefallenen Kopie in Verlegenheit bringen. Mit Plastilin kann jedes Original abgenommen werden, egal ob historischer Kandelaber oder prunkvoller Zaun. Die Umsetzung ist eine rein technische Frage, für deren Lösung die entsprechenden Fachkräfte zur Verfügung stehen.

Wird ein Wappen für das Gemeindeamt gewünscht oder ein heiliger Florian für das Spritzenhaus, hat der Gießer kunstfertige Formenschnitzer zur Hand – noch, denn, so Drab: „Leider ist auch dieses Handwerk im Aussterben. Ein Gussmodell muss entformbar sein, das heißt, es dürfen sich keine Linien überschneiden. Die Sandform besteht aus zwei Teilen, die nach dem Guss auseinander geklappt werden."

Für diese Form wird Kunstgusssand verwendet: „Quarz, fein wie Kaffeepulver, ein schlechter Wärmeleiter, der verhindert, dass das Metall während des Eingießens zu rasch auskühlt." Trotzdem muss der Modellbauer auf den Gussbaum achten, das System aus Hohlräumen in der Form genau berechnen, damit sich das Metall in der ganzen Form gleichmäßig verteilt. Die Art des Metalls wird vom jeweiligen Zweck bestimmt. Für einen Radabweiser tut's bereits eingeschmolzener Schrott, für ein feines Türschild sollte es zumindest Messing sein und Bronze für eine Statue.

Die zweite Möglichkeit, das Wachsverschmelzverfahren, ist wesentlich aufwendiger und damit teuer. Diese so genannte verlorene Form wird mit Silikon, früher mit Kautschuk, von einem Holzmodell abgenommen und mit Wachs ausgegossen. Das Wachs wird in Schamott eingepackt. Nach zwei, drei Tagen im Ofen ist der Schamott hart geworden und das Wachs herausgeronnen. An seiner Stelle kommt das geschmolzene Metall in die Form, die letztendlich zerschlagen werden muss, damit man an den Guss gelangt.

Die Kokille, eine vorgefertigte Eisenform, lohnt sich bei Auflagengrößen von mehreren Hundert Stück und ist für seinen Betrieb eher uninteressant. Drab ist auf Handformguss spezialisiert.

So duftig ein wohl geratener Guss, zum Beispiel eine Wendeltreppe, aussehen mag, so gewichtig sind deren einzelne Teile. Eine sorgfältige Berechnung der Statik ist deshalb Voraussetzung für die Haltbarkeit einer Eisenkonstruktion. Drab: „Gusseisen hält auf Druck mehr aus, anderes Eisen ist seitlich belastbarer. Balkone werden deswegen auf Gusssäulen gestellt, die Querverbindungen macht der Schlosser. Guss ist auch zerbrechlich, vor allem bei Minustemperaturen."

Eine Gedenktafel ist keinem Druck ausgesetzt, und der Guss ist daher die sicherste Methode, einen feierlichen Anlass oder einen großen Namen zu verewigen. „Alles, was Guss ist, das hält", ist Drab zutiefst überzeugt. Die schwierigste Arbeit für den Gießer wird dabei interessanterweise auf dem Schreibtisch erledigt: „Das Setzen, das Zeichnen, dauert oft Tage. Computerprogramme sind dafür gänzlich ungeeignet. Die Buchstaben müssen gepresst werden. Für den Guss werden sie auf eine Holzplatte aufgeklebt."

Eine Tafel, die anlässlich des Besuches des japanischen Kaiserpaares aufgestellt wurde, stellte ihn vor die zusätzliche Aufgabe, sich mit japanischen Schriftzeichen auseinander setzen zu müssen, an denen kleinste Unterschiede bereits immense Änderungen im Sinn ergeben. Aber Drab wollte den Auftrag partout, denn er stellte eine Herausforderung für ihn dar. Extreme Sachlichkeit ist nicht das Seine. Er mag das Verspielte, das Verzierte, das bis zum Jugendstil die Architektur und damit auch den Guss prägte. Aus dem Stadtbild Wiens ist der Guss nicht wegzudenken, zur Freude von Wolfgang Drab: „Man muss sich nur umsehen, unglaublich, wie viel und was alles gegossen ist." Es genügt ihm nicht, diese Begeisterung nur geschäftlich umzusetzen: „Ich habe Guss in aller Welt fotografiert und möchte zumindest im Internet ein Gusseisenmuseum einrichten."

▸ **INFORMATION:**
W. Drab, Alt Wiener Gußwaren, 1030 Wien, Rennweg 49,
Tel. 01/713 79 99, Fax 01/713 79 99-44, www.drab.at

Gegossene Natur

Wiener Bronzen sind längst weltweit begehrte Sammelobjekte

Die Sammlerbörsen boomen mehr den je. An die 14.000 Modelle stehen zur Auswahl, werden weltweit nachgefragt und zu tollen Preisen gehandelt. In Wien hat diese Miniaturenkunst ihren Ausgang genommen. Doch muss man aufmerksam suchen, um auf eine der letzten Werkstätten für Wiener Bronzen zu stoßen. Frau Ilse Fuhrmann in der Stolzenthalergasse im achten Wiener Gemeindebezirk hält das Handwerk in Ehren. Begonnen hat sie in den 1950ern, gemeinsam mit ihrem Mann, Diplomkaufmann Karl Fuhrmann.

Der Ziseleurmeister
Paul Gasper

„Der war davon gar nicht begeistert", erinnert sie sich, „er hat gesagt, dass wir nie die Bronzen brauchen werden. Das ist vorbei, hat er gemeint."

Als Gürtler- und Ziseleurmeister lagen ihm Grablaternen und Grabsteinschmuck näher. Er ist mittlerweile im Ruhestand, seiner Frau sind die Bronzen geblieben. Frau Fuhrmann ist präsent auf der Geschenkartikelmesse in Frankfurt, hat ihre Großabnehmer in den USA sowohl an der Ost- wie an der Westküste. Es tut ihr gut, wenn sie davon erzählt, wie die meisten Messebesucher ihre Koje frequentiert und sie wiedererkannt haben. „Oh, the lady who sells the Vienna Bronzes opposite the opera!" Das Geschäft gegenüber der Oper gehörte zwar nicht ihr, verkauft wurden aber ihre Bronzen.

„Jedes Stück ist ein Einzelstück", unterstreicht sie die Bedeutung ihrer Ware. Abgesehen vom Guss nach dem Modell trägt jeder weitere Arbeitsgang zur Individualität bei. Zur Hand geht ihr der Beste in der Branche, sagt sie und meint den Ziseleurmeister Paul Gasper. Mit feinen Instrumenten bearbeitet er den Rohguss, feilt den Figürchen die Grate ab, arbeitet verschwommene Linien heraus und fertigt das zumeist winzige Zubehör. Seine Motivation ist die Kreativität und damit die Verbindung zu den heutzutage großteils vergessenen Künstlern, die seit circa 1850 Modelle für diese Miniaturen geschaffen haben. Auf besonderen Wunsch könnte er selber Modelle herstellen. Gasper: „Wenn jemand seinen Hund in Bronze verewigt haben will, zum Beispiel. Ist aber sehr selten, weil es doch kostspielig ist und schwer zu kalkulieren."

Das Modellieren ist bei ihm zum Hobby geworden, genauso wie das Sammeln der Bronzen, eine Leidenschaft, die eins macht aus Beruf und Privatleben.

Der Prototyp ist der Erstguss, sofern er als Modell für eine Serie verwendet wird. Gasper: „Der Modelleur muss sich genau überlegen, welche Teile extra gegossen werden, wie sie am günstigsten montiert werden können. Jeder Teil, der angelötet werden muss, ist mehr Arbeit. Man braucht dazu viel Wissen und Erfahrung."

Schwer zu finden sind heutzutage Gießereien, die sich mit so kleinen Dingen wie den Bronzen abgeben oder überhaupt dazu imstande sind. Zur Auswahl stehen der Sandguss oder die verlorene Form, bei der eine Silikonform mit Wachs gefüllt wird. Dieser Abguss wird mit einer gipsartigen Masse ummantelt und erhitzt. Das Wachs fließt durch einen Kanal aus. Der Hohlraum wird mit Metall gefüllt, die Form zerschlagen, und übrig bleibt der Guss. Gasper zieht den Sandguss vor. Es entsteht weniger Schwund und damit für ihn weniger Arbeit.

Verschämte Erotik

Kaum anderswo zeichnet sich der Zeitgeschmack deutlicher ab als in den Bronzen: Menschen wurden als Tiere karikiert, wenn man keine andere Möglichkeit sah, den Unwillen gegenüber „denen da oben" auszudrücken. Der Teppichverkäufer und der Kamelreiter erzählen von der Begeisterung für den Orient Ende des 19. Jahrhunderts. In den Harems wurde erotische Freizügigkeit vermutet, die Fantasien wurden in raffinierte Mechaniken umgesetzt, die bei entsprechender Bedienung aus sittsamen Mumien nackte Mädchen zauberten. Namgreb war die verschämt verschlüsselte Signatur von Bergman(n), der damals bedeutendsten Firma. Das beliebteste Sujet dürften zu allen Zeiten aber möglichst naturalistische Tierdarstellungen gewesen sein.

Gasper: „Es war Volkskunst. Nahezu jeder Haushalt hat eine Bronze besessen. Die Leute hatten wenig Bilder, keinen Fernseher. An den Bronzen hatten sie etwas zum Anschauen, und reiche Kinder haben damit wahrscheinlich auch gespielt." – Wer konnte es ihnen übelnehmen, wenn ihnen ein ganzes, nahezu unzerbrechliches Katzenorchester, ein Hühnerhof oder eine Schar Singvögel zur Verfügung standen, alles Tiere und Dinge, die sie sonst nur aus der Ferne oder aus Abbildungen in ihren Kinderbüchern kannten. Heute wird's nicht anders sein, und wenn das teure Sammlerstück dann doch zu Bruch geht, wird es bei Fuhrmann fachgerecht repariert, und niemand merkt mehr den Schaden.

Mit dem Ersten Weltkrieg erfolgte der erste große Einbruch, der sich in den Notzeiten der 1920er- und 1930er-Jahre fortsetzte. Bronzen waren stets Luxus, den man sich nicht mehr leisten konnte und wollte. Gasper: „Die Figuren sind durchwegs aus Messing, weil es sich wesentlich besser für den Guss als Bronze eignet."

Der letzte Arbeitsgang ist das Bemalen. Meister Gasper könnte darauf verzichten, weil seine Arbeit damit weniger zur Geltung kommt. So will es aber die Tradition. Ein Spatz in Lebensgröße hat bis zum letzten Federchen wie ein Spatz auszusehen. Lediglich das Gewicht unterscheidet ihn vom federleichten Original.

**Ilse Fuhrmann,
kunstvolle Bronzen**

Frau Fuhrmann ist nicht zufrieden mit der Arbeit einer ihrer Malerinnen: „Das Gelbgrün und die ausgezirkelten Punkte auf der Eidechse gefallen mir gar nicht." Paul Gasper gibt seiner Chefin Recht: „Es schaut komisch aus. Aber im Tierlexikon gibt es fünf verschiedene Arten, welche nimmt man dann?" Mit Sicherheit liegt auch dieser Echse ein zoologisch nachgewiesenes Exemplar zugrunde. Gemalt wird mit Schellack, dem Sekret der Lackschildlaus, und mit Farbpigmenten.

Im Katalog haben alle gängigen Bronzen ihre Nummer und sind genau beschrieben. Was davon in nächster Zeit gefragt sein wird, ist aber schwer vorauszusagen. Frau Fuhrmann: „Einmal waren es die Katzen im Schlafrock, dann die Frösche, einer mag nur Jagdtiere, der andere lustige Sachen. Wir bieten alles, nur eines nicht: Unsere Figuren sind keine Nippes, wie man es oft hört, sondern kunstvolle Wiener Bronzen."

▸ **INFORMATION:**
**Wiener Bronzen, Karl Fuhrmann & Co. KG, Ilse Fuhrmann,
1080 Wien, Stolzenthalergasse 8, Tel. 01/405 43 93**

Haltbare Glückwünsche

Der traditionelle Zinnbecher hat mit moderner Technik ein neues Image erhalten

Wenn Falstaff, der Zecher aller Zecher, seinen Humpen leert, dann sollte der aus Zinn sein. Wo es zünftig hergeht, haben die schweren Becher noch ihren Platz. Wer aber sein Glas Wein mit Bedacht und Fachkenntnis schlürft, dem ist das silbrig schimmernde Metall ein Gräuel. Zinn ist nicht durchsichtig und verhindert damit die Beurteilung der Farbe des Weines, und außerdem, fragt sich der Weinverkoster, was sollen die üppigen Verzierungen an den Gefäßen? Der Inhalt an sich ist Genuss genug.

Ist also die steigende Qualität österreichischen Weines schuld an der Krise, in die das Zinn geschlittert ist? Das wäre zu einfach und ungerecht, denn Zinn ist wahrlich zu vielseitig, um es auf stilvolle Gelage zu reduzieren.

„Der röhrende Hirsch von rechts – im Osten Österreichs hält sich dieses Image hartnäckig", bestätigt Robert Hammerling die schwindende Nachfrage: „Schuld daran ist auch der Standort meines Geschäftes. Ich bin damit nicht glücklich."

Zinn Hammerling ist in den historischen Stadtbahnbögen im Ottakringer Teil des Gürtels etabliert. Die Wände sind auf beiden Seiten aus Glas. Geschäft und Werkstatt sind damit von Licht durchflutet. Der Verkehrslärm wird von Baumreihen auf beiden Seiten angenehm gedämpft. Trotzdem wäre Hammerling lieber in der Stadt drinnen, wo die Touristenströme vorbeiziehen. Zinn als Souvenir wäre garantiert ein Renner. Die Gussformen sind vorhanden.

Zinngeschirr für jeden Anlass

Fallweise werden sogar hundert Stück Aschenbecher nach der originalen Jugendstilform hergestellt. „Aber dann fürchten wir uns vor der eigenen Courage."

Der Fußwaschungsbecher war diesbezüglich ein Glücksfall. Am Gründonnerstag wusch der Kaiser traditionellerweise zwölf alten Männern die Füße. Sie wurden mit einem Zinnbecher beschenkt.

Eine der Gussformen ist zu Hammerling gelangt. Nach altem Brauch darf er als der letzte Wiener Vertreter dieses Handwerks die Becher herstellen.

Der Umfang von seinerzeit, als Zinn Hammerling als größtes Fachgeschäft der Welt über 300 Quadratmeter Verkaufsfläche verfügte und sich nur zwei Zinnausstellungen in der Welt mit ihm messen konnten, wird nicht mehr erreicht. Damals, in den 1980er-Jahren, war Zinn ein Muss im rustikalen Wohnzimmer, und Hammerling wurde zum Weltmeister der Kunstgravur: „In den besten Zeiten wurden 500 Weinfässer und 16.000 Becher verkauft." Schließlich war der Markt gesättigt: „Jetzt bin ich Kleinstunternehmer."

Ideen sind gefragt, sie reichen vom Weihnachtsschmuck aus Zinn bis zum EU-Teller mit den Symbolen aller Hauptstädte der Europäischen Union. Das Hauptgeschäft sind derzeit gravierte Becher. Treuer Abnehmer ist die Fußballmannschaft Rapid.

„Die Fans freuen sich, wenn sie die Unterschriften ihrer Stars darauf finden", strahlt Robert Hammerling, „und unsere Spezialität ist es, die Handgravur auf die Maschine zu bringen."

Seine Mitarbeiterin, die Graveurmeisterin Kerstin Ebner, fertigt die Zeichnung aus, bearbeitet sie mit einem Computerprogramm und steuert mit diesem die Maschine, die in kürzester Zeit aus einem Rohling den Fanbecher gestaltet.

Fanbecher werden maschinell graviert

Die gebürtige Kärntnerin hat ihr Handwerk in der Fachschule für Büchsenmacher in Ferlach erlernt und hat Spaß am Zeichnen. Sie erhält eine Vorlage vom Kunden, die sie ausarbeitet und umwandelt, damit sie gravurfähig ist. Wird der Vorschlag vom Kunden angenommen, steht der Produktion nichts mehr im Wege. Ihr Chef ergänzt: „Meistens bekommen wir nur ein Foto oder überhaupt nur eine Idee, die wir blumiger gestalten."

Die Glückwünsche zur Promotion, zum Firmenjubiläum und zum Sechziger lassen sich in jeder nur erdenklichen Form auf Tellern, Bierkrügen und dem Gehäuse einer Kuckucksuhr verewigen.

Der Guss der Rohlinge ist längst ausgelagert. Hammerling: „Zum Formenbauer. Der ist darauf eingerichtet." Ähnliches gilt für die Reliefs. Auch sie sind im Guss vorgegeben, sind aber Entwürfe der Firma Hammerling, wie zum Beispiel der Teller für die Wiener Linien. Auf ihm hat Hammerling alle Straßenbahnen und Autobusse, die je auf Wiens Straßen im öffentlichen Verkehr eingesetzt waren, auf diese Weise verewigt.

**Die Graveurmeisterin
Kerstin Ebner**

Eine andere Möglichkeit ist die Diamantgravur. Dabei wird nur das Material verdrängt, diese Technik kann als Rundgravur (an Bechern) oder als Flachgravur (auf Platten) angewendet werden.

Gravieren mit dem Stichel wäre ebenfalls möglich. Das Zinn wird dabei wie in einer Fräse in Spänen abgehoben. „Ein solcher Becher wird rundherum eingeschwärzt. Das sind so kleine Geheimnisse. Eine sehr aufwändige Arbeit. Die Diamantgravur dagegen hat den Vorteil, dass sie nicht mehr nachgearbeitet werden muss. Sie sieht in jedem Winkel anders aus. Es lebt richtig", schwärmt Hammerling.

Solch ungebrochene Begeisterung am Material hält ihn bei der Stange: „Angenehm, positiv, ein ehrliches Material wie Holz. Wenn die Rinde weg ist, dann kann man alles damit machen. Zinn ist leicht zu verarbeiten, sehr dauerhaft, nur hinunterfallen soll es nicht, dann gibt es eine Beule. Aber sogar die kann wieder gerade gerichtet werden."

**Zinn, angenehm, positiv,
ein ehrliches Material**

▸ **INFORMATION:**
**Zinn Hammerling, 1160 Wien, Lerchenfelder Gürtel 39,
Tel. 01/406 15 05, www.hammerling.at**

Windwacheln und Schatztruhen

In der Spenglerei und Gürtlerei Kyral ist Blech beileibe kein Blech

Familientradition wird jedenfalls groß geschrieben im Hause Kyral, der Kunstspenglerei und Gürtlerei im 15. Wiener Gemeindebezirk. 1914, unmittelbar vor dem Ersten Weltkrieg, machte sich Urgroßvater Wilhelm selbstständig, hatte die Spenglerei aber unseligerweise auf internationalen Verbindungen aufgebaut. Der Krieg nahm ihm die Selbstständigkeit und raubte zwei seiner Kinder. Sein Bruder und sein Sohn Ludwig I. kehrten wieder in die Selbstständigkeit zurück. Später gingen sie eigene Wege. Mitte der 1950er-Jahre übernahm Ludwig II. die Firma seines Vaters und übergab sie zuletzt wieder seinem Sohn Ludwig.

Der Großvater, Ludwig I., zählte zu den führenden Meistern seiner Gilde, war Lehrer in der Berufsschule und hat dem Enkel Dokumente seines Schaffens hinterlassen. Ludwig Kyral: „Viele meiner Kollegen kennen ihn deswegen noch. Er konnte komplizierte Zeichnungen anfertigen, für die Abwicklung, damit es genau passt." Er zeigt das Foto einer Baustelle: „Die Madonna der Kirche von Lanzendorf. Sie steht zwischen den beiden Türmen. Ganz aus Kupfer, vorn und hinten getrieben, besteht sie praktisch aus zwei Hälften, wie ein Schokoladennikolaus."

Bei der Weltausstellung in Brüssel gab es eine Goldmedaille für einen mächtigen Osterkerzenleuchter, und nach der Auflösung der Wiener Werkstätte ließ Josef Hoffmann in der Spenglerei Kyral Entwürfe ins Handwerk umsetzen. Kyral: „Wir kommen sicher aus dieser Tradition, und ich möchte nicht bestreiten, dass ich es im Kopf habe. Aber es ist sicher nicht meine Ambition, Wiener Werkstätte weiterzuentwickeln."

Jahrzehntelang waren Grablaternen ein einträgliches Geschäft, „bis die Arbeitszeit teurer wurde als der Rabatt, den Steinmetze mit einer Grablaterne abgegolten haben".

Ludwig Kyral blättert in vergilbten Papieren: „Kupferblech hat in den 1950ern vierzig Schilling gekostet, die Arbeitsstunde 16 Schilling. Heute kostet das gleiche Blech umgerechnet fünfzig Schilling, die Stunde aber 500 bis 600 Schilling."

Jedes Stückerl abgeschnittenes Blech wurde damals wieder zugerichtet und zum Weiterverwenden eingeschlichtet.

„Heute kostet das Einschlichten mehr als ein Stück neues Blech. Bei jedem Schnitt fließen die Minuten rein, und jede Minute kostet einen Euro", rechnet Kyral IV. Kyral III. ist es zu verdanken, dass der Handwerksbetrieb in all diesen Umwälzungen bestehen blieb: „Gott sei Dank ist es meinem Vater gelungen, das Geschäft rechtzeitig zu verlagern, zu Sonderanfertigungen, G'schichten, die über Architekten laufen."

Seit im Bauwesen, bemerkenswerterweise auch bei den Banken, jedoch das Geld knapp ist, sind auch Architekten selten geworden. Wo früher jede Filiale durchgestylt war, bescheidet man sich heute mit dem industriellen Angebot und erspart den Planern damit die Zeichnung und dem Bauträger die Kosten für Spezialisten. Der eigentliche Grund für das mangelnde Interesse an teuren Sonderanfertigungen ist für Ludwig Kyral jedoch rein menschlicher Art: „Wenn Leute viel Geld für etwas ausgeben, wollen sie damit auch ein bisserl angeben. Dafür ist ein Auto oder eine Uhr weit geeigneter als ein stilvolles Möbelstück."

Noch gibt es den Architekten, der eine gut verdienende Schicht bedient und Spezialaufträge bei Kyral in Arbeit gibt: „Seine Kunden sind im jüngeren Alter, haben die ganz coole Phase hinter sich, sitzen in coolen Büros, und wenn sie heimkommen, wollen sie es in einem Hauch Jugendstil gemütlich haben."

Ein anderer Teil der Aufträge sind Restaurierungen und Neuanfertigungen im Bereich der Galanteriespenglerei. Gemeint sind Wulste und Kronen auf Fassaden und Dächern, nicht jedoch Dachrinnen und Bauteile, wohl aber Balkone, hinter denen nie jemand eine Spenglerarbeit vermuten würde. Was aussieht wie Stein, ist oft nichts als hohles, gestrichenes Blech.

Ludwig Kyral bei der Treibarbeit

Die katholische Kirche ist der Firma treu geblieben. Das rundum gelungene Gotteshaus in der Donaucity wurde von der Gürtlerei Kyral ausgestattet, mit dem Tabernakel, einem Nirosta-Taufbecken und den liturgischen Geräten.

Die Firma steht damit zwischen Kunst und Handwerk, ruht aber auf dem festen Boden der wirtschaftlichen Realität. Bei allen kreativen Höhenflüge der Leitung müssen doch die Mitarbeiter bezahlt und die laufenden Rechnungen für Betriebsausgaben beglichen werden.

Seinen Zugang zur Kunst findet Wilhelm Kyral eher spielerisch im Material: „Ich probiere mit Blech. Formen entstehen dabei oft aus der Arbeit heraus." In gemeinsamer Arbeit mit Ehefrau Veronika ist eine Serie von Schatztruhen entstanden, von denen jede einer bestimmten Persönlichkeit aus der Zeit Kaiser Friedrichs III. und Ladislaus' Postumus zugeteilt ist. Kyral: „Sie zeigen alle Bleche, die im Betrieb verwendet werden. Messing. Kupfer, grünspanig, patiniert, Eisen, Bronzeblech und Zink, das eigentliche Spenglerblech, also hauptsächlich eben Buntmetalle."

Das Schatzkästchen mit Treibwerkzeugen in jeder Größe

Die Kreativität des Ehepaares Kyral wurde bestätigt: Die 13 Windwacheln „Sonne, Mond und Wind" bekamen 1992, die Schatztruhen 1995 Preise für gestaltendes Handwerk in Österreich. Das eigentliche Schatzkästchen der Firma Kyral ist aber nach wie vor der Schrank mit den ererbten Treibwerkzeugen in jeder Größe – Treibhämmer, Schlichtstöcke und Prelleisen. Sie alle sind notwendig, wenn es darum geht, eine der vielen Ideen ins Blech umzusetzen.

▸ **INFORMATION:**
Kunstspengler und Gürtler Ludwig Kyral, 1150 Wien, Goldschlagstraße 104, Tel. 01/982 01 99, Fax 01/982 23 05, www.kyral.at

Magische Verwandlungen

In den Händen des Metalldrückers und Gürtlers scheinen die Metalle zu zerfließen

„Zum ewigen Gedächtnis an das Regierungsjubiläum S. Majestät des Kaisers Franz Joseph I. erbaut im Jahre 1908 (...) für Werkstättengebäude und Volkswohnungen." Die Tafel am Werkstättenhof in der Mollardgasse im sechsten Wiener Gemeindebezirk erinnert an den Versuch, dem Gewerbe in der Großstadt Raum zu schaffen. Das Äußere des Baus ähnelt einer Fabrik, mit hohen Fenstern und kahler Fassade, doch wurden dort Handwerker angesiedelt, Kleinunternehmer, die legendären braven Steuerträger von Bürgermeister Karl Lueger.

Josef Seidl war einer der Ersten, die dero allerhöchste Gunst nützten. Zeitgleich mit der Eröffnung des Hofes ging seine Metalldrückerei in Betrieb. In dritter Generation betreibt Wilhelm Seidl ein Handwerk, dessen Existenz kaum bekannt ist, dessen Produkte aber allgegenwärtig sind.

„Alles, was rund und aus Blech ist und eine Form hat", erklärt der Meister in aller Kürze sein Metier. „Jeder kennt den Holzdrechsler. Unsere Arbeit ist ähnlich, auch die Dreh-, bei uns eben die Drückbank, nur das Material ist verschieden. Über einem Holzmodel wird eine Blechscheibe in die gewünschte Form gedrückt."

Gefühl und Bärenkräfte sind gleichermaßen notwendig

Die Produktpalette reicht von Kunsthandwerk bis zu technischen Artikeln. Der Scheinwerfer eines Oldtimers gehört ebenso dazu wie die Laterna magica für die Staatsoperninszenierung oder der Schwimmer für den Öltank. Vielfältig sind daher die Werkstoffe, zwar allesamt Bleche und dennoch grundverschieden wie Kupfer, Messing, Aluminium und Eisen.

Das Metall scheint butterweich zu sein

„Ein Metalldrücker muss Gefühl für Formen haben, Zeichnungen lesen können", weiß Seidl und verschweigt die Bärenkräfte, die trotz geschickter Anwendung der Hebelwirkung nötig sind. Eine Blechplatte wird in die Drückbank eingespannt, und während sie rotiert, mit der Rolle durch gleichmäßiges Vor- und Zurückfahren auf die Form gedrückt. Das an sich starre Metall fügt sich dem wohl dosierten Druck, scheint butterweich zu sein, wenn es entlang der Rolle in leichten Wellen davonläuft. „Alles Übung, ein Handwerk, das man erlernen kann", ist für den Metalldrücker das, was für andere wie Zauberei aussieht. Wilhelm Seidl beherrscht übrigens auch diese Kunst – er ist Mitglied der Vereinigung für magische Kunst Wien.

Der Drückstahl in der Hand des Metalldrückers hat 1908 nicht anders ausgesehen. Der Ausdruck Werkzeug mag dafür angebracht sein, für den Metalldrücker ist ein solches jedoch eine vorgefertigte Form. Seidl: „Für größere Auflagen zahlt sich die teure Herstellung eines Werkzeuges aus, zum Pressen und Tiefziehen."

Josef Seidl mit einem Holzmodel

Die Kraft der Hand kann so durch eine Presse ersetzt werden – ein seltenes Vergnügen allein schon wegen der Betriebsgröße, die für Massenanfertigungen nicht ausgelegt ist und diese mit Handkuss der Industrie überlässt.

Konkurrenz zwischen den wenigen verbliebenen Betrieben scheint an und für sich kein Thema zu sein. Die Handwerker sind einander in neidloser Freundschaft zugetan und sich wohl dessen bewusst, dass sie ausschließlich ausgefallene Kundenwünsche erfüllen, „als kleine Rädchen im großen Getriebe". Zu den Kunden zählen einerseits Firmen, sogar Maschinenfabriken selbst, die bestimmte Teile aus Blech brauchen, andererseits Künstler und Architekten, die naturgemäß Einzelstücke begehren. Mit diesem Teil der Klientel ist die Zusammenarbeit alles andere als einfach, doch der Meister hat ihre Marotten sogar lieben gelernt: „Der Architekt oder der Regisseur kommt mit der Zeichnung eines Beleuchtungskörpers, die von mir ins Metall umgesetzt wird. Die Herausforderungen, die Vielseitigkeit, das schätze ich an meinem Beruf."

Zum Fortschritt seiner Firma hat Seidl mit einer Erfindung beigetragen. Er hat eine so genannte Teilform ausgetüftelt, eine raffinierte Kombination aus einzelnen Hartholzteilen, die es ermöglicht, so genannte übergebogene Formen zu drücken.

Was sich nicht an der Drehbank erledigen lässt, wird mit dem Hammer geformt. Das zweite Standbein der Firma Wilhelm Seidl ist die Gürtlerei, feine Messingarbeit, mit der Fiakerleuchten, Servierwagen und Jugendstiluhren entstehen.

Beides zusammen, die Drückerei und die Gürtlerei, ergeben amtlich den Metalldesigner, eine Berufsbezeichnung, die den Meister keineswegs freut, ihn aber auch nicht stört, solange für Arbeit gesorgt ist. In seinem Personal, derzeit sind es einschließlich seiner Frau Doris drei Mitarbeiter, hätte sogar noch ein Lehrling Platz.

„Der Nachwuchs interessiert sich aber nicht für die Arbeit", bedauert Seidl, dessen

Die Teilform ist eine Erfindung von Josef Seidl

eigener Sohn nach der Lehre als Maschinenbauer andere Wege geht. Er hofft darauf, dass einer seiner Angestellten den Betrieb übernimmt, wenn ihn selber die Energie verlässt – darüber muss er sich allerdings noch lange keine Sorgen machen.

▸ **INFORMATION:**
Firma Wilhelm Seidl, Mollardgasse 85a/3/4/150,
Tel./Fax 01/597 10 41, E-Mail: w.seidl.metalldesign@aon.at

Kaffeekultur aus dem Waldviertel

Der Metalldrücker aus Waidhofen an der Thaya als Geheimtipp für Kuchlästheten

Vor einigen Jahren ist der Metalldrücker Rudolf Effenberger aufs Land gezogen. Er hat mit den Pferden seiner Lebensgefährtin auch den bald hundert Jahre alten Familienbetrieb aus Wien hinaus nach Waidhofen an der Thaya verpflanzt. Hat sich dieser Schritt gelohnt? Effenberger: „Für die Kunden war es kein so großer Sprung. Die Schlosser, Gürtler und Kupferschmiede lassen nach wie vor bei mir Sonderanfertigungen machen und kommen dafür zu mir heraus

Rudolf Effenberger an der Drückbank

oder werden von mir beliefert." Der Handwerker könnte zufrieden sein. Die große Hoffnung aber war im Reitstall gelegen, und die, so lässt er durchklingen, hat sich nicht in gewünschter Weise erfüllt: „Ich meine es nicht abwertend oder negativ, aber das Waldviertel hatte immer den Ruf einer armen Gegend. Heute ist es anders, aber die Mentalität ist geblieben." Die Leute schauen wie eh und je aufs Geld und lassen ihre Pferde eher bei den Bauern billig einstellen als in einem gewerblichen Reitbetrieb betreuen.

Ab 1908 wurde die Metalldrückerei von Rudolf Effenberger I. geführt, als Max Stadlers Nachfolger. 1938 hat Rudolf II. übernommen und 1988 die Firma seinem Sohn, Rudolf III., übergeben. Dass der Betrieb überhaupt noch existiert, führt Rudolf Effenberger auf ein kluges Zögern seines Vaters zurück: „In den 1980er-Jahren hätten wir uns auf moderne Maschinen umstellen müssen. Mein Vater war skeptisch. Die Anschaffung hätte Millionen (Schilling, d. A.) gekostet, die sich mit Sicherheit nicht gerechnet hätten." Die Auftragslage wäre kaum besser als jetzt. Wie in allen anderen Branchen hat sich auch das Gros der Metallproduktion ohnehin in Billiglohnländer verschoben.

Mit den Maschinen hat sich auch die Produktpalette erhalten. Abgesehen von Kirchengeräten, die kaum mehr nachgefragt werden, fertigt Meister Effenberger wie vor zwanzig und mehr Jahren exklusives Küchengeschirr auf den Drückbänken. Wahrscheinlich liegt es nur am Unwissen, dass ihm die noblen Clochen, die eleganten Formen für die Reisringe, die appetitlichen Metallschälchen zum Überbacken und die stimmungsvollen Schneekessel nicht aus der Hand gerissen werden. Kochen im

Orientalische Kaffeekultur aus dem Waldviertel

feudalen Ambiente ist gefragter denn je. Es ist unverständlich, wie auch nur eine der nostalgischen Maschinen in der Werkstatt still stehen kann. Der Hit im Hause Effenberger ist nach wie vor die Mokkakanne aus Kupfer, innen verzinnt und mit Holzstiel bestückt, in verschiedenen Größen und Ausführungen, sogar mit schwerem Boden für den E-Herd. So teuer sind die Dinge nun auch wieder nicht. In Anbetracht dessen, dass auf jedem Stück „Handgemacht vom Meister persönlich!" stehen könnte, sind sie fast geschenkt.

Rudolf Effenberger hat derzeit keinen Mitarbeiter, kommt mit den Aufträgen alleine ganz gut zurecht. Vom ersten Arbeitsgang bis zum letzten gibt es keine Hast. Mit Bedacht wird dafür von einem Streifen Kupferblech mit der Schlagschere ein Quadrat abgeschnitten. Der Meister lächelt entschuldigend: „Fast schon ein Museumsstück", und lässt den schweren Arm der Schere auf das Blech niedergehen. In der Rundschere mit der Handkurbel wird aus dem Quadrat eine kreisrunde Scheibe, die auf der Drückbank vor dem Futter eingespannt wird. Das Futter ist die Form, der hölzerne Model, aus Weißbuche oder Birnenholz – „weil es feinporig und hart ist". Effenberger streicht über das Futter und erzählt, dass er trotz einer beachtlichen Sammlung immer wieder in Verlegenheit gerät: Eine neue Form wird gebraucht. Für diesen Zweck wird die Drückbank zur Drechselbank umfunktioniert und die gewünschte Form gedrechselt. „Mein Vater hat die Meisterprüfung noch in der Drechslerinnung abgelegt", erzählt Effenberger, „danach hat man verwandte Berufe wie Graveur, Gürtler und den Metalldrücker zum Metalldesigner zusammengefasst."

Die Kupferscheibe ist eingespannt, der Meister lehnt sich gegen einen schmalen Balken, die Hinterla(hn).

Sorgfältig wird aus der stattlichen Reihe an der Wand der geeignete Drückstahl ausgesucht. Die Auflage an der Drückbank wird zum Drehpunkt eines Hebels, dessen Wirkung mit der Schere, einer Verlängerung, verstärkt werden kann. Mit so viel Kraft ausgestattet, presst das vordere Ende des Stahles das weiche Kupfer an das Futter.

Die Scheibe ist eingespannt, Kupferspäne fliegen

Der Rest sind Arbeiten wie das Ausglühen und das Stanzen. Durch das Drücken entstehen im Metall Spannungen, die sich durch entsprechendes Erwärmen lösen. Gestanzt wird auf der Handspindelpresse. Die glänzenden Mokkakannen werden außen mit der Tuchscheibe poliert, ihr Inneres wird verzinnt. „Mit diesen Kannen bin ich wahrscheinlich der Letzte, der von den Verzierungen bis zum Pressen des Schnabels alles selber machen kann", vermutet Effenberger, denn die Souvenirs, die aus der Türkei importiert werden, sind keine echte Konkurrenz. „Aber es ist bewundernswert, wie dort die Leute auf der Straße arbeiten, mit der Hand ziselieren und sogar heraußen verzinnen." Auch er genießt es, wenn ihm jemand bei der Arbeit zuschaut: „Unser größtes Problem ist es, dass niemand mehr eine Ahnung davon hat, wie etwas hergestellt wird. Wenn man sieht, wie etwas entsteht, könnte sich auch das Verständnis für das Handwerk heben." Der Meister hat das Handwerk an sich zu seinem persönlichen Anliegen

Eine stattliche Reihe von Drückstählen

gemacht. Das Geschäft spielt dabei die geringste Rolle. Als ein großer deutscher Versand an ihn mit dem Angebot herantrat, die Mokkakannen zu einem entsprechend niedrigen Preis anzubieten, lehnte er ab, aus Rücksicht auf seine Stammkundschaft: „Sie kaufen auch vieles andere bei mir und haben deswegen natürlich gute Konditionen. Wenn ich zum selben Preis dem Versand liefere, werde ich für meine eigenen Kunden zur Konkurrenz." In der Enge dieser Nische wäre eine Preisrempelei wohl das Dümmste, das sich die paar Überlebenden antun könnten. Effenberger erinnert sich an einen alten Fachlehrer in der Berufsschule, der damals schon vorausgesehen hat, was an handwerklichem Wissen verloren geht, unwiederbringlich: „Genauso wenig, wie man einmal irgendwo ausgestorbene Tiere wieder ansiedeln kann, weil sich das Umfeld verändert hat, kann man das Handwerk, wenn es einmal gestorben ist, wiederbeleben."

Der Meister spürt selbst, dass der düstere Mollakkord am Schluss nichts verloren hat und erzählt über seine Begeisterung für Geschichte, die bei ihm, wie sollte es anders sein, mit dem Handwerk engstens verbunden wird: „Das Metalldrücken ist eine alte Technik, die schon die Römer gekannt haben." Im Kreis der Historyfreaks hat er damit eine neue Klientel gefunden und fertigt für alle, die intensiv in die Geschichte eintauchen wollen, nach den exakten Vorbildern im Museum historisches Kochgeschirr an.

▸ **INFORMATION:**
Metalldrückerei, Rudolf Effenberger, 3830 Waidhofen an der Thaya, Mühlen u. Höfe Nr. 3, Tel. 02842/516 95

Geschichte auf der Fingerspitze

Im Comptoir der weltweit letzten Fingerhutfabrik ist die Zeit stehen geblieben

Internationale Kundschaft soll gleich auf den ersten Blick wissen, was sich in den Laden befindet: Mit *thimble* und *dé à coudre* sind sie beschriftet, enthalten also, wie Franz Groiss übersetzt, Fingerhüte – und zwar 10.000 Stück. „Wir wissen ganz genau, dass diese Musterstücke schon vor 1914 gemacht wurden. Einer der Brüder Settmacher war Schmetterlingssammler und verwahrte in den Kastln seine wertvolle Sammlung. Er ist 1912 gestorben, 1914 sind die Fingerhüte hineingekommen. Die Kunden haben nach diesen Mustern bestellt."

Der „Jubiläumsfingerhut" zum Neunziger von Franz Groiss

So hat es ihm einer seiner Mitarbeiter erzählt; dieser hat als Lehrling in der Metallwarenfabrik Settmacher die Laden selber eingeräumt.

In den 1940er-Jahren heiratete Franz Groiss, gelernter Ledergalanterist, in den 1863 gegründeten Betrieb ein und übernahm damit auch die Musterkollektion. Er hält eines der Hütchen hoch: „Jeden Monat sind 700.000 Stück davon nach Russland gegangen. 1903 wurde der Firma für die gute Zusammenarbeit das Diplom des österreichisch-russischen Hilfsvereines verliehen."

Doch nicht nur in den Osten, auch weit in den Süden wurden die Fingerhüte vertrieben. Ein Einkäufer aus Arabien, so erzählte es ihm der oben erwähnte Mitarbeiter, blieb allerdings aus, weil er, der unbedarfte Praktikant, dessen Turban auf den Kleiderhaken gehängt und somit entweiht hatte – ein unverzeihlicher Fauxpas.

An die hundert Arbeiter waren in der Metallwarenfabrik Settmacher, der Firma seines Schwiegervaters, beschäftigt. Franz Groiss hat-

Nach diesen Mustern wurde einst bestellt

te anfangs noch über dreißig Leute angestellt, „darunter viele Arbeitslose, die ich aufgenommen habe" –, bis die Arbeit weniger und weniger wurde: „Heute bin ich bemüht, aus den Beständen etwas Verkaufbares zu machen. Für die Schweiz stelle ich dazu noch Pfeifenbestandteile her, vor allem die Deckel aus Metall."

Die Werkstatt bleibt für Gäste geschlossen, über die Herstellungstechnik äußert sich Herr Groiss ausweichend, nur so viel verrät er: Die gezogenen Hüte werden randeriert, also mit dem Perlenmuster versehen, das beim Nachdrücken ein Abgleiten der Nadel verhindern soll. Sprüche werden draufgeprägt, Emailbildchen aufgemalt oder kleine Fotos aufgezogen. Groiss: „35 Arbeitsgänge, die man einem fertigen Fingerhut nicht ansieht. Die Kunst daran liegt in der Kleinheit."

Kunden und neugierige Besucher werden im Comptoir empfangen, einer nobel geschäftlichen Umgebung, die 1914 nicht anders ausgesehen haben mag. Der Firmenchef selbst ist durch und durch Gentleman, elegant und zuvorkommend plaudert er lebhaft über seine Fingerhüte und gewährt bereitwillig einen Blick auf seine Schätze. Man nimmt ihm sein Geburtsjahr nicht ab. 2002 hat sich Herr Groiss zum Neunziger einen Jubiläumsfingerhut gefertigt: „Auf der ganzen Welt gibt es keinen Menschen, der sich je ein solches Geschenk gemacht hat."

Damit hat er zweifellos Recht. Von Sammlern wurde ihm bestätigt, dass er der Einzige ist, der noch Fingerhüte herstellen kann.

Sie müssen es wissen, denn ihre Verbindungen reichen nicht zuletzt durch das Internet bis in den letzten Winkel der Erde.

Herr Groiss hat ein Herz für die Sammler und kann auf die stolze Summe von 3500 Euro verweisen, die einer seiner Fingerhüte bei einer Auktion erreicht hat. Der Grund dafür, so meint er, sei ihre Geschichtsträchtigkeit, und er tritt umgehend den Beweis dafür an: „Auf diesem Hut ist das Babyfoto des heutigen Anwärters auf den bulgarischen Königsthron, auf diesem da das Bild des früheren, aus ein und derselben Firma." Prinzessin Diana mit und ohne Baby, das holländische Königspaar bei der Hochzeit, der Tenno mit seiner Braut, immer wieder ein Fingerhut voll Regenbogenpresse.

Sammler kommen hier auf ihre Rechnung

„Es hat eine Konkurrenz unter den Damen gegeben, wenn sie sich zur Handarbeit getroffen haben. Jede wollte den schönsten Fingerhut haben. Deswegen ist diese Vielfalt entstanden", erklärt sich Franz Groiss die enorme Auswahl harmloser Eitelkeiten, „diese Konkurrenz ist aber noch lange nicht ausgestorben, sie lebt unter den Sammlern weiter."

Selbstverständlich wurde auch beim Umstieg vom Schilling auf den Euro beiden Währungen jeweils ein Fingerhut gewidmet, als eines der jüngsten Zeugnisse der Geschichte im Kleinstformat.

„Erfunden hat man den Fingerhut in der Steinzeit", denkt Herr Groiss, der für seine Fingerhüte zum Buchautor geworden ist und damit ein Standardwerk für die wachsende Zahl von Sammlern geschaffen hat.

„Ich habe für viele Frauenhände Fingerhüte gemacht, aber nie für eine bestimmte Frau", war stets sein Motto, „das ist auch der eigentliche Grund, warum ich immer noch arbeite, weil ich so vielen Menschen damit eine Freude machen kann."

‣ **INFORMATION:**
Brüder Settmacher, Metallwarenfabrik, Franz Groiss, 1140 Wien, Linzer Straße 80, Tel. 01/982 22 14

Das Firmenlogo im Weihnachtskeks

In einer Wiener Blechwarenerzeugung entstehen Keksausstecher wie zu Großmutters Zeiten

Die Frau an der Exzenterpresse lässt mit behändem Elan die Schwungkugeln über ihrem Kopf kreisen. Ihren Bewegungen kann man kaum folgen, so rasch verschwindet ein Blechplättchen nach dem anderen in der Presse, um als appetitliches Formerl für Nougatkonfekt wieder aufzutauchen.

Weil davon jedes Jahr Hunderte Stück verkauft werden, wurde um viel Geld ein so genanntes Werkzeug angeschafft, eine Form, mit der diese Nussschalen in Serie erzeugt werden können.

In einem simplen Keksausstecher steckt hingegen wesentlich preisgünstigere Handarbeit. Eine Kombination aus beidem ist die Form für die Linzeraugen. Eine ausgeklügelte Technik ermöglicht mit ein und demselben Apparat das Ausstechen sowohl ganzer Böden als auch der gelochten Oberteile.

„Sie sind unser Highlight", strahlt Robert Kapeller, Inhaber der Firma Heinrich Maier, Blechwarenerzeugung: „Bis zu 14.000 Stück werden davon jeweils verkauft, in den drei bekannten Größen."

Seit 1920 werden in der Kochgasse im achten Wiener Gemeindebezirk Keksausstecher und diverse Küchengeräte erzeugt. Ahnherr war Hermann Maier, gefolgt von seinem Sohn Heinrich. „Ich war

In dieser Presse entstehen Formerln für Nougatkonfekt

von Kind auf in der Firma und habe sie übernommen, als Familienbetrieb", erzählt Robert Kapeller. Die Frau an der Presse ist seine Mutter, an einer weiteren Maschine sitzt sein Bruder. Wenn nötig hilft
seine Lebensgefährtin mit, soweit ihr der Nachwuchs im Laufstall
eben Zeit lässt. Die Kleine, sie ist vielleicht zwei Jahre alt, wächst mit
der Arbeit ihrer Eltern auf und hat sichtlich Spaß an deren Geschäf-
tigkeit.

„In Wien sind wir die Einzigen in der Branche", weiß Kapeller.
Inländische Konkurrenz gibt es nur in Linz, „die andere in Tschechi-
en. Aber interessanterweise
gehen unsere Ausstecher
auch dorthin, genauso wie
nach Italien, in die Schweiz
und nach Ungarn."

Keksausstecher ist nicht
gleich Keksausstecher, und
mit Garantie wirkt sich die
Erzeugung des Gerätes auf
die endgültige Qualität des
Backwerks aus. Allein das
glänzende Blech, die Handarbeit und die Form, die
schon die Großmutter ver-
wendet hat, all das zeichnet
die Produkte der Firma Heinrich Maier aus.

„Nostalgie und Qualität
ist unser Motto", sagt Kapeller, und er setzt alles daran,

**Keksausstecher ist nicht gleich
Keksausstecher**

den Standard seiner Vorgänger zu halten. In der Freizeit
erarbeitet er Formen. Als die
Dinosaurier gefragt waren, entwarf er prompt einen Dino zum Ausstechen und für den Jahreswechsel ein Schweinchen.

„Dabei hab ich aufpassen müssen, dass das Ringelschwänzchen
und die Ohren breit genug sind, dass der Teig nicht in der Form
picken bleibt", erzählt er aus dessen Entwicklungsgeschichte. „Zum
Probieren nehme ich Plastilin. Wenn kein Fuzerl mehr in der Form
hängen bleibt, wird sie mit Zinn ausgegossen. Damit entsteht der
Model oder das Handmuster."

Aus einem Stück Eisenblech in der Stärke von circa 0,22 Millimeter wird ein Streifen geschnitten. Dieser wird an einer Seite gebörtelt,

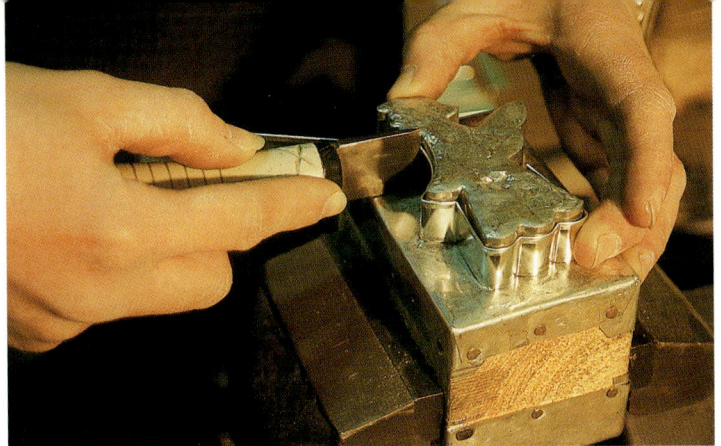

Ein Keksengerlausstecher wird geformt

über dem Model geformt und schlussendlich mit der Schweißma-
schine an zwei Punkten zusammengeheftet. Wenn hübsche Zacken
erwünscht sind, muss der Blechstreifen durchgeradelt werden, das
heißt, er wird durch zwei gezahnte Walzen gedreht.

Unmöglich ist damit keine Keksform. Papageienköpfe wurden
schon bestellt oder Muster für einen Kindergarten und sogar das
Logo einer Firma, als werbewirksames Weihnachtsgeschenk für die
treue Kundschaft.

Der Maschinenpark hat biblischen Charakter: Pflugscharen aus
Schwertern. Kanonen und Flakgeschütze aus beiden Weltkriegen waren zu Maschinen zur Herstellung von Keksausstechern umgegossen
worden.

Weihnachten, das Fest des Friedens, ist auch das Hauptgeschäft,
für das ein ganzes Jahr über gearbeitet wird. Abnehmer sind der
Großhandel und die Marktfahrer. Bei den Kirtagen verkaufen sich die
in durchsichtiges Zellophan säuberlich eingeschweißten Keksausstecher nach wie vor recht gut, im Winter sind die Krapfenstecher gefragt und das ganze Jahr über die Garnierspritzen. Obwohl jedes
Stück Handarbeit und damit ein Hauch von Luxus ist, versucht sich
Robert Kapeller nach Möglichkeit am Preis der billigen Konkurrenz
mit ihren maschinengefertigten Produkten zu orientieren: „Ich glaube nicht, dass es die Kunden interessiert, wie etwas gemacht wird.
Außerdem glaubt einem heutzutage ja keiner mehr, dass ein so gän-
giger Konsumartikel wirklich mit der Hand hergestellt wird."

▸ **INFORMATION:**
  Firma Heinrich Maier, Blechwarenerzeugung, Inh. Robert Kapeller,
  1080 Wien, Kochgasse 3–5, Tel./Fax 01/405 13 17

Die Ordenswerkstatt

Ein Blick auf die Herkunft von Großstern und Goldmedaille

Soeben ist die Lieferung aus der Galvanik zurückgekommen, eine Schachtel voll versilberter und vergoldeter Sterne. Ein eleganter älterer Herr wirft einen prüfenden Blick auf die Pracht, die im ersten Moment an einen Posten Christbaumschmuck erinnert. Kein Bundesadler, kein Band mit den Staatsfarben, so ein Ordensrohling hat wenig Feierliches an sich. Trotzdem ist der ältere Herr zufrieden. Sie sind in seiner Werkstatt in Wien geprägt, dann in der Außenstelle in der Steiermark im Galvanikbad mit Gold- und Silberglanz versehen worden und werden nun von seinen Emailleuren mit den jeweiligen Hoheitssymbolen vollendet.

Friedrich Orth verfügt über eine stattliche Ordenssammlung

„Wir sind die Einzigen in Österreich, die Orden und Medaillen emaillieren", sagt Friedrich Orth mit leiser Stimme. Die Kanzlei des Bundespräsidenten zählt damit zu den Hauptkunden der übrigens auch ältesten Prägeanstalt des Landes. 1840 ist als Gründungsjahr überliefert, als „Pittner Anton, Bef. (befugter, d. A.) Goldarbeiter, Laimgrube, Wienstraße 37 (heutige Wienzeile, d. A.)" ist der Betrieb 1846 erstmals erwähnt. 1848, im Jahr des Regierungsantrittes von Kaiser Franz Joseph, findet sich das nächste schriftliche Zeugnis, in dem Pittner bescheinigt wird, dass er „Unter anderem emaillierte und andere Bracelets von Gold und Silber und andere Fanthasie-Gegenstände" erzeugt. 1868 ist bereits von einer „Präge-Anstalt im G. (Gewölbe, d. A.) Kärntnerring 1" die Rede. Der Kaiser, dem Orden und Titel billiger kamen als die ordentliche Bezahlung seiner Beamten, dürfte ein verlässlicher Kunde gewesen sein und damit zum Aufstieg aus der Vorstadt ins Zentrum beigetragen haben. Zu dieser Zeit hatte bereits in gewisser Viktor Conradi den Betrieb übernommen. Als der 1892 starb, führte seine Tochter Therese Conradi den Betrieb weiter, ehelichte 1900 Friedrich Orth und ließ die Firma auf den Namen ihres Gatten umbenennen. Auch er starb früh, 1915. Sein Sohn Friedrich war erst 13 Jahre alt. Die Mutter führte die „Erste u. älteste Metall-Preß- u. Prägeanstalt mit elektrischem Betrieb" wieder alleine, bis diese von ihrem Sohn Friedrich Orth II. übernommen wurde.

Vertreter aller Regime und Machthaber schätzten die Produkte. Während des Zweiten Weltkrieges entstand hier das EK, das berühmt-berüchtigte Eiserne Kreuz. 1945 war der erste Auftrag eine Plakette mit Hammer und Sichel, gefolgt von der nahezu unüberschaubaren Vielfalt an großen und kleinen Ehrenzeichen der Republik.

„Fünfzig Jahre leite ich den Betrieb, kann ganz gut davon leben und dreißig Mitarbeiter ernähren", zeigt sich der nunmehrige Besitzer, Friedrich Orth III., mit der Gegenwart zufrieden. Sein Gewerbe lautet nun auf Pressen von edlen und unedlen Metallen: „Damit verbunden sind der Gürtler, der Galvaniseur und der Graveur", denn alle drei Handwerke sind bei ihm vereinigt, wenn es um die

Handarbeit in vielen kleinen Schritten

Herstellung einer Medaille geht: „Handarbeit in vielen Schritten."

Der Graveur schneidet das Modell, heute von einer EDV-gesteuerten Graviermaschine unterstützt, „früher mit dem Stichel mit der Hand. Ich hatte einen Graveur, der schneller graviert hat als er schreiben konnte." Gearbeitet wird in gehärtetem Stahl, der auf 1200 Grad erwärmt und in einem Ölbad abgekühlt wird, eine Prozedur, die dem Modell die nötige Festigkeit verleiht, um der hydraulischen Prägemaschine standzuhalten, die mit, wie Orth angibt, 700 Tonnen Druck die Vorlage in ein emaillierfähiges Metallblatt drückt oder den Rand diamantiert, das heißt, mit den Kerben versieht, mit denen die Lichtbrechung eines Brillanten imitiert werden soll.

Beim Emaillieren, dem letzten handwerklichen Arbeitsschritt, werden unter der Lupe mit feinen Pinseln winzige Bilder gemalt, eines nach dem anderen, immer absolut gleich. Die Farbe ist Glasstaub, der im Ofen auf das Metall aufschmilzt.

Bei billigeren Stücken mit weniger Ehre – von den goldenen und silbernen Verdienstzeichen abwärts – sieht das Protokoll kostengünstigen Lack vor. Wer am Opernball an seiner Frackbrust Lack statt Email tragen muss, sollte sich dennoch nicht zu sehr grämen. Auch diese Orden sind erstens verdient und zweitens handbemalt.

Trotz der Ordensflut, die Bund, Länder und Gemeinden ordern – wie wenig sich seit Kaisers Zeiten doch geändert hat –, könnte der Betrieb davon nicht leben. Erzeugt werden Plaketten für Parksheriffs, die Namensschilder von Krankenschwestern, alle Arten von sportlichen Auszeichnungen – Friedrich Orth: „Ja, freilich, beide Male die Medaillen für die Olympischen Winterspiele in Innsbruck, und dazu die Me-

Hydraulische Prägemaschine für Medaillen

daillen für etliche andere Welt- und Europameisterschaften in den verschiedensten Sportarten" –, zum Bedauern von Friedrich Orth jedoch seit 1999 nicht mehr die Abzeichen für den Maiaufmarsch der SPÖ.

Im angeschlossenen Geschäft behaupten sich eindrucksvoll Pokale in den Regalen. Sie werden angekauft, lediglich die kleinen Schildchen mit dem jeweiligen Bewerb und dem Rang werden in der Firma produziert. Als rechtschaffener Unternehmer macht er kein Hehl daraus, dass auch er aus dem Ausland zukauft, vor allem aus Fernost, wo seiner Erfahrung nach ausgezeichnete Qualität hergestellt wird: „Jeder hat einen Lieferanten in Taiwan."

Das Staatsoberhaupt braucht sich aber keine Sorgen zu machen, dass beim Empfang eines anderen Präsidenten diesem der Großstern des Ehrenzeichens *made in China* angeheftet wird. Auszeichnungen dieser Klasse werden ausschließlich bei Friedrich Orth produziert. Er selbst wurde auch schon mit einem von ihm hergestellten Orden geehrt. Kommerzialrat Friedrich Orth ganz leger: „Ich leg ja keinen Wert d'rauf", feierlich die Stimme hebend, „aber dank meiner Tätigkeit in der Kammer wurde mir das goldene Verdienstzeichen verliehen."

‣ **INFORMATION:**
Metallwarenfabrik Friedrich Orth, 1060 Wien, Bürgerspitalgasse 8, Tel. 01/597 61 24, Fax 01/597 61 24-36, E-Mail: friedrich.orth@orth.co.at

Schatzgräber im Bestandteillager

Die Werkstatt des Fahrradmechanikers als Bollwerk gegen die Wegwerfgesellschaft

Schlawiner ist der Name des Hasen, der in der kleinen Werkstatt von Wolfgang Brunner den sonnigsten Platz behauptet. Für alle anderen heißt's Bauch einziehen und auf Arme und Beine aufpassen, damit man nirgendwo hängen bleibt. Fahrräder sind nun einmal sperrige Gegenstände. Das Geschäft von Meister Brunner ist damit voll geräumt.

„1975 habe ich diesen Betrieb hier in der Degengasse übernommen", erinnert er sich. Seither wurden ungeachtet der beengten Verhältnisse eine ganze Reihe von Lehrlingen zu Allgemeinmechanikern oder Mechatronikern (Mechaniker und Elektroniker) ausgebildet.

Die Frage nach der wichtigsten Fähigkeit in seinem Beruf beantwortet der Meister mit dem vorerst rätselhaften Vergleich „Läusesuchen ist eine Großwildjagd" und meint damit: „Sorgfältig arbeiten und sehr genau schauen."

Die Leidenschaft für Fahrräder muss ansteckend sein. Dass Wolfgang Brunner davon befallen ist, wen wundert's. Genauso infiziert wurde Frau Rohrbeck, für Chef und Kundschaft nur die Frau

Frau Herta wurde von der Leidenschaft für Fahrräder angesteckt

Mechatroniker Wolfgang Brunner ...

Herta. Im zweiten Bildungsweg hat sie die Gesellenprüfung abgelegt und ist seit Jahren Sommer für Sommer zur Stelle, um Bremsen einzustellen, Schläuche und Reifen zu erneuern und Sättel festzuschrauben. „Selbstverständlich bin ich Radfahrerin", lacht sie und schnappt sich eines der Räder, „ich hab ja gar keinen Führerschein." Sie wuchtet das Fahrrad auf den Ständer vor sich. „Die Teufeln sind ja schwer, gehört alles gehoben", lässt die eher zarte Frau die Kundschaft wissen und schraubt energisch das Hinterrad aus dem Rahmen.

Die Leute bringen ihre Räder wieder zur Reparatur. Entweder sind es neue, teure Geräte, für deren Service sich eine Meisterstunde lohnt, oder es sind alte Räder, die bereits zu Sammlerstücken geworden sind. „Zum Beispiel das Waffenrad aus 1937", erinnert sich der Meister, „die Dame, die es gebracht hat, war im passenden Alter. Aber sie hatte eine bewundernswerte Kondition." Selbstverständlich gelang die Reparatur.

In den überquellenden Kartons, mit denen die Regale voll gestopft sind, ist wohl jedes gesuchte Ersatzteil vorhanden. Weggeschmissen wird nichts im Hause Brunner. Irgendwann wird es gebraucht.

„Vieles ist einfach nicht mehr lieferbar, auch bei neuen Typen", erklärt Meister Brunner seine Sammlung an Kotflügeln, Bremsbacken, Reifen etc. Er hat damit ein Bollwerk gegen die Wegwerfgesellschaft aufgebaut, mit der klaren Botschaft: Reparieren zahlt sich aus!

... liebt das Läusesuchen

▸ **INFORMATION:**
Fahrradmechaniker Wolfgang Brunner,
1160 Wien, Degengasse 37,
Tel. 01/485 57 32

Ein Hauch von Gold

An der Arbeit des Blattgoldschlägers hat sich seit biblischen Tagen wenig verändert

„Sie hämmerten das Goldblech dünn und schnitten es in Fäden, um sie in den blauen und roten Purpur und Byssus mittels Kunstwirkarbeit einzuarbeiten", so steht es im Buch Exodus geschrieben – eines der frühesten schriftlichen Zeugnisse für ein Handwerk, das seit Jahrtausenden besteht.

Peter Hofmann und sein Sohn Philipp sind zwei moderne Unternehmer, verantwortlich für einen Betrieb, der von Alois Wamprechtsamer, einem Vorfahren mütterlicherseits, 1906 als Blattgoldfabrik gegründet wurde.

Peter Hofmann: „Trotzdem sieht es in unserer Werkstatt aus wie in einem Museum – nicht nur weil sie in einem alten eingeschoßigen Haus im 14. Wiener Gemeindebezirk untergebracht ist."

Nur wenig hat sich an der Technik der Blattgoldherstellung seit den biblischen Tagen geändert. Die einzige moderne Maschine ist ein Federhammer, der allerdings

Peter und Philipp Hofmann: zwei Generationen, ein Handwerk

nur fürs Grobe verwendet wird. Der Rest ist Handarbeit, und bis dato reicht keine Technik an den von kräftigen Armen geschwungenen Hammer auch nur annähernd heran.

„Gold ist eben ein edles Metall, das mich immer wieder fasziniert", beschreibt Peter Hofmann seine langjährige Beziehung zu dem ihm alltäglichen Werkstoff.

Ein Kilo und dreißig Dekagramm werden davon zu einem Barren, dem Zain, geschmolzen. Dieser wird dreimal gewalzt, zu einem Band, gerade so dick wie Zeitungspapier (drei Hundertstelmillimeter).

Peter Hofmann: „Damit beginnt die eigentliche Arbeit des Gold-schlagens. Verwendet wird ausschließlich hochwertiges Gold mit mindestens 23 Karat." Also 985 Teile Gold und 15 Teile Silber.

Das Goldband wird in gleich große Quadrate geschnitten, die in der Quetsche – Spezialpapiere aus Lederabfällen – aufeinander ge-schichtet werden. Mit einer Lederhülle wird der Stapel aus 600 Blatt Gold und Papier zu einem Paket gebunden. Unter dem Federham-mer wird dieses so lange geschlagen, bis das Gold die Größe der Quetsche erreicht hat und fünf Tausendstelmillimeter „stark" ist.

Der leiseste Hauch wäre eine Katastrophe

Diese Folien werden wieder in vier gleich große Quadrate zerschnitten. Mit den Fin-gern ist nicht mehr viel aus-zurichten, die feinen Blätt-chen können nur mehr mit einer Holzpinzette angefasst werden. 1600 von ihnen werden in ein Lot, so heißt die Form, zwischen hitzebe-ständiges Spezialpapier ein-geschlichtet. Jedes einzelne Papierblatt wird dazu vorher mit Braunstaub, einem Anti-haftmittel, eingestrichen.

Noch einmal kommt der Federhammer zum Einsatz. Die breit geschlagenen Blätt-chen werden neuerlich ge-viertelt und in die Dünn-schlagform, circa 2000 Kunststoffblätter, geschlich-tet: „Früher hat man dazu Rinderblinddarm verwendet, etwas ganz Feines, dünn wie die Haut eines Frankfurter Würschtels."

Der Meister greift zum Hammer, einem Bröckerl mit gut elf Kilo-gramm. Gezielte Schläge gehen auf das in Leder gepackte Gold nieder – stundenlang, nach genauem Plan und ständigem Umdrehen des Pa-ketes, abwechselnd mit links und rechts. Die Muskeln des Goldschlä-gers sind an die Plackerei gewöhnt: „Wenn ich nach der Arbeit Tennis spiele, dann haben die Gegner vor meinem Aufschlag Respekt."

Das Ergebnis, Gold, so dünn, dass man hindurchsieht, wird von Frauenhänden weiterverarbeitet. Abgeschirmt von jeder Zugluft –

der leiseste Hauch wäre eine Katastrophe –, werden die Folien zugeschnitten und in die handelsüblichen Briefchen verpackt.

„Nur sehr geschickte Frauen sind dazu imstande", lobt Hofmann seine Mitarbeiterinnen, „sie greifen mit der Pinzette sehr vorsichtig zu. Eine falsche Bewegung, und das Blattgold wäre beschädigt."

Also, Luft anhalten, auch beim Hinschauen, so flüchtig erscheint das Gold! Der Abfall, kaum zu wägen, wird wieder in den Schmelztiegel gegeben.

Hofmann: „Das ist die Schwierigkeit an unserem Beruf, die Kombination aus großer ausdauernder Kraft und unheimlich großer Geschicklichkeit der Finger."

15 Mitarbeiter, davon zwei Meister, finden derzeit ihr Auskommen mit dem Gold. Hofmann: „Unsere Kunden sind Vergolder, Steinmetze und Kunstschlosser. Ein kleiner Teil wird in der Medizin verwendet. Die Blütezeit des Vergoldens ist vorbei. Es wird viel ausgebessert, aber nicht mehr restauriert. Es fehlt das Geld dazu. Im Jugendstil waren die Hausfassaden vergoldet, jetzt wird nur mehr drübergefärbt. Früher wurden die Bilderrahmen vergoldet, heute will man das Schäbige, damit es original und alt ausschaut."

Das Gold unter dem Federhammer

In Österreich gibt es nur mehr zwei Firmen, die Blattgold erzeugen, beide sind in Wien ansässig. In Europa sind es gerade noch zehn Betriebe. Junior Philipp hat sich dennoch, oder vielleicht gerade deswegen, entschlossen, nach Matura und Studium in vierter Generation die Firma zu übernehmen: „Ein Handwerker ist verliebt in sein Werkstück, anders als in der Massenproduktion."

Gold wurde ihm quasi in die Wiege gelegt, und damit auch der behutsame Umgang mit dem wertvollen Material – eine Eigenschaft, die dem Patron der Goldschläger, kurioserweise dem Lieben Augustin, gänzlich abgegangen sein dürfte.

▸ **INFORMATION:**
Alois Wamprechtsamer, Grabschmuck, Steinmetzbedarf,
Blattgoldfabrik, Peter Hofmann, 1140 Wien, Kendlerstraße 14,
Tel. 01/982 13 80, Fax 01/982 93 72, www.wamprechtsamer.at

Leben vom Barock

Der Vergolder und Staffierer lässt alten Glanz wieder erstehen

„Nach dem Krieg wurde alles neu gemacht. Weil alles hin war, hatten die Menschen Sehnsucht nach Schönem. Sie wollten nach dieser hässlichen Zeit etwas glänzen sehen", erinnert sich Hubert Bauer an die goldenen Zeiten seines Standes. „Wenn auch nichts da war, irgendwie wurde das Geld aufgetrieben, man hat gespendet, für die Orgel, für den Altar."

1943 fing er beim Kremser Meister Kuppelmüller an, ein Betrieb mit Tradition, die immerhin bis 1888 zurückreicht. Ende der 1950er-Jahre

Hubert Bauer hat sich der Kunst zugewandt

übernahm er die Firma. 1989 hat er das Handwerk seinem Sohn Markus überlassen und sich der Kunst zugewandt. Er hat in Krems ein Maleratelier eröffnet, was ihn aber keineswegs daran hindert, in der Werkstatt des Sohnes seine Erfahrungen als Restaurator einzubringen.

Auf den großflächigen Arbeitstischen liegen Heilige. Armselig sehen sie aus ohne ihre Sockel, von denen sie nach dem Hochwasser des Sommers 2002 arg ramponiert heruntergeholt wurden, und ihre Hände, die sonst gen Himmel weisen, zeigen ins Leere. Ihre Gesichter haben die Fassung verloren.

„Zuerst müssen sie repariert werden, falls nötig von einem Schnitzer", beschreibt Markus Bauer die ersten Arbeitsschritte, die den heiligen Herrschaften wieder Würde und Glanz verleihen sollen, „sie werden grundiert, geschliffen, graviert, mit einem Polus versehen und zuletzt vergoldet und poliert."

Für den Meister selbstverständliche Vorgänge, die dem Nichteingeweihten in ihren Einzelheiten durchaus seltsam erscheinen mögen: So erfolgt die Grundierung mit Kreide, die mit Hasenhautleim gebunden und warm aufgetragen wird.

„Wenn der Grund kalt ist, dann stockt er", erklärt Markus Bauer und erwartet dafür Verständnis seitens seiner Zuhörer, „verwendet wird dazu Champagnerkreide, Bologneserkreide oder idealerweise Bergkreide." Man nimmt die Details zur Kenntnis und überlegt, wie man an die Zutaten gelangen könnte, denn daheim wartet eine alte bemalte Truhe auf die Reparatur.

Den nächsten Arbeitsschritt, das Schleifen, kennt jeder Heimwerker. Das Gravieren hingegen ist wieder

Heilige in Erwartung ihres neuen Glanzes

Facharbeit. Bauer: „Die Ornamente, die durch das Grundieren zugemacht wurden, müssen mit dem Graviermesser nachgeschnitten werden."

Die nächsten handwerklichen Schritte sind abgestimmt auf den Vergolderstab, eine längliche Platte, auf der verschiedene Farbstreifen zu sehen sind, jede Farbstufe ist ein Arbeitsschritt. Auf den Grund, der mit Alkohol angenetzt wird, kommt gelber oder roter Polus. Polus ist Tonerde aus Armenien, aus dem das Poliment mit Eiklar oder Leim angemacht wird, natürlich ein Geheimrezept. Bauer: „Das ist der Glanz, bei dem die anderen fragen, wie wir das gemacht haben, dass es so gut hält."

Das Gesicht, die Hände oder fallweise auch Teile des Gewandes erhalten jeweils eine andere Farbe, die Fassung. Manche Vergolder führen daher den missverständlichen Titel „Fassmaler" in ihrer Berufsbezeichnung. Bauer: „Das Inkarnat, die Fleischfarbe, ist die Fassung. Sie kann blutig sein, also rot, oder blass, je nachdem. Die Kutte eines Mönchs ist braun, das Untergewand der Muttergottes rot und ihr Überkleid blau. Diese Sachen müssen stimmen."

Zurzeit wird an den Statuen mit Gold und bunten Farben gespart. Sie erstrahlen in schimmerndem Weiß, dem Polierweiß, einer Porzellanimitation. Nur die Krone oder das Attribut eines Heiligen sind dann golden. Wenn aber Gold verwendet wird, dann setzt der Vergolder seinen ganzen Ehrgeiz darein, dass die hölzerne Figur zuletzt tatsächlich wie ein Goldstück aussieht. Der Weg dorthin ist allerdings

Blick durch das Werkstattfenster

haarig im wahrsten Sinn des Wortes. Gearbeitet wird mit dem legendären Oachkatzlschwaf, dem Schweif des Eichkätzchens. Die jeweilige Stelle wird mit Branntwein angenetzt. Der Meister fährt sich mit dem Eichkätzchenschweif durch die Haare. Die statische Elektrizität hebt ein sorgsam zugeschnittenes Stück Blattgold, einen Hauch von Gold, auf. Mit gutem Auge wird es angeschossen. Mit einem Achat werden anschließend diejenigen Stellen poliert, die glänzen sollen, denn die gewünschte Tiefenwirkung kommt nur durch den Unterschied von Matt- und Glanzgold zustande.

Der Zuschauer ist Zeuge einer Branntweinvergoldung geworden, könnte sich auch mit Ölvergoldung, Waschgoldvergoldung, Zwischengoldvergoldung und dem wetterfesten Sturmgold vertraut machen.

„Aber nicht alles, was glänzt, ist Gold", lacht Meister Markus Bauer, „bei der Schlagmetallvergoldung trügt der Schein. Dabei wird Messing verwendet, eine wesentlich billigere Methode."

Die Menschen ließen sich dennoch zu allen Zeiten davon beeindrucken. Das Barock liefert dafür den schönsten Beweis. Die Leute kamen aus ihren armseligen Keuschen in die Kirche und waren vom Goldglanz geblendet. Sie mussten wohl oder übel eine Ahnung davon bekommen, welche Pracht sie nach den Erdentagen voller Müh und Plag im himmlischen Jenseits erwartete.

Gestützt wird die Herrlichkeit zumeist von mächtigen Marmorsäulen. Mit ein wenig Respektlosigkeit und einem kurzen Klopfen wird sich dahinter Holz offenbaren. Die Steinfarbe darüber wurde ebenfalls vom Vergolder angebracht, in seiner Eigenschaft als Staffierer.

„Abgebauter Marmor ist eher fad", verteidigt Markus Bauer den Trick, Holz in Stein zu verwandeln, „wir lernen, wie man mit einem Schwamm die Struktur erhält. Der Fantasie sind dabei keine Grenzen gesetzt."

Wem gewöhnliche Farbe oder Stein zu bieder waren, der bestellte für Statuen oder Säulen den metallischen Glanz einer Lüsterfassung. Auf echtem Blattsilber wird dazu Krapplack (roter Farbton) oder Pariserblau aufgetragen.

Trotz allen Glanzes sieht Markus Bauer die Zukunft seines Standes eher düster: „Der Vergolder stirbt aus." Mit dem freien Gewerbe sind die Maler und Anstreicher eine Konkurrenz geworden. Dazu kommen immer mehr Kleinrestauratoren von den Hochschulen. „Außerdem ist das Vergolden alles in allem eine Kreuzwehg'schicht'", beschreibt Markus Bauer sein Gewerbe, „deswegen kriegen wir mit der Zeit alle einen Buckel." Mit alle meint er seine drei Angestellten, seine Frau, die kräftig mit anpackt, und sich selber – und übertreibt damit maßlos. Noch ist keiner von ihnen in irgendeiner Weise entstellt.

Markus Bauer mit dem Vergolderstab

Viel eher spürt man den Spaß, denn alle miteinander an ihren barocken Heiligen haben.

▸ **INFORMATION:**
   Vergoldermeister und Restaurator Markus Bauer, 3500 Krems, Hohensteinstraße 68, Tel. 02732/815 87, E-Mail: vergolder@aon.at
   Prof. Hubert Bauer, Maler und Restaurator, 3504 Krems-Stein, Atelier: Kollmanngasse 1, Tel. 02732/837 68

Glänzendes Kleinzeug

Der Goldschmied Cardillac hat in Wien seinen Nachfolger gefunden

Meister Wilhelm Hadler holt mit behutsamen Fingern die winzige Violine aus dem Schaufenster. Eine Geige in der Auslage eines Wiener Innenstadtgeschäftes ist nicht ungewöhnlich, auch nicht ihre Farbe, solange der goldene Johann Strauß als lebendige Statue den Stephansplatz bevölkert. Was alles in der kleinen Geige steckt, wird erst dann offenbar, wenn Wilhelm Hadler zum Kolophonium greift und den Bogen daran reibt. Der ist nur eine dünne Nadel, die kaum zu sehen ist. Man hört seine Wirkung erst, wenn er über die Saiten gestrichen wird und aus dem Instrument feine Tönchen erklingen.

Ein Miniamboss in der Werkstatt des Goldschmiedes

Der Meister lacht kurz auf. Noch nach Jahrzehnten scheint es ihn zu überraschen, dass es tatsächlich funktioniert. Ernster Stolz kehrt in sein Gesicht zurück: „Mein Meisterstück. Ich habe mir dafür eine Geige gekauft und sie eins zu zehn in Gold kopiert." Kein Detail wurde ausgelassen oder übergangen. Die Saiten lassen sich sogar stimmen, ein Umstand, der nicht nur wegen der unglaublichen Kleinheit der Bestandteile beachtlich ist, sondern vor allem wegen der technischen Raffinesse. Bei den Wirbeln einer normalen Geige reibt Holz an Holz, der Zugkraft der Saite wird so Widerstand entgegengesetzt. Bei Gold, einem glatten Metall, fällt die Reibung weg, und trotzdem hält die Stimmung.

Bei der Frage, wie er das geschafft hat, endet die Mitteilsamkeit des Goldschmiedes. Er hat das edelste aller Musikinstrumente mit wertvollen Gold verbunden, das genügt. Seit er 1973 damit die Kommission anlässlich seiner Meisterprüfung beeindruckt hat, sind in seinen Händen unzählige Zaubereien dieser Art entstanden.

Nicht ungern lässt er sich mit Cardillac, dem Pariser Goldschmied aus der Erzählung „Das Fräulein von Scuderi" von E.T.A. Hoffmann, vergleichen. Einer wie der andere, Hadler und Cardillac, können sich nur schwer von ihren Meisterwerken trennen, wobei der eine beruhigenderweise feststellt: „So weit gehe ich natürlich nicht, dass ich meinen Kunden in der Nacht nachschleiche und ihnen den Schmuck wieder abnehme. Aber jahrelang hatte ich die Ware im Safe, und kein Mensch außer mir hat sie gesehen. Wenn ich ein Stück davon weggeben musste, war ich kreuzunglücklich."

Goldschmelzen

Da man allerdings von etwas leben muss, wird verkauft und nur ein Modell davon sicher verwahrt. In jedem davon steckt eine Idee, eine Erfindung, die sich mit denen seines berühmten Vorgängers durchaus messen könnte. Kunden bringen geschliffene Steine, was fehlt, wird von Hadler besorgt. Der erste Entwurf wird skizziert und besprochen: „Wobei nicht nur Frauen schönen Schmuck lieben. Mit Männern, die ihre eigene Vorstellung von einem Siegelring mitbringen, macht die Zusammenarbeit besonderen Spaß, weil sie von sich aus Ideen einbringen."

Nach vereinbarter Zeit wird dem späteren Besitzer ein Modell vorgeführt und bei Gefallen in Gold umgesetzt. Hadler schätzt die Dreidimensionalität: „Wenn ein Ring oder eine Brosche flach ist, schaut's aus, wir sagen so, wie draufg'stiegen."

Die Form, die sich im satten plastischen Aufbau aus Gold und Edelsteinen präsentiert, ist keineswegs endgültig. Hadlers Schmuckstücke sind wandelbar: „Wie der Klickring, der größenverstellbar ist." Weil's

Wilhelm Hadler mit einem wandelbaren Ring

klick macht, wenn man an einer bestimmten Stelle dreht oder drückt. Ein Ring, dessen Umfang veränderbar ist, mag noch erklärbar

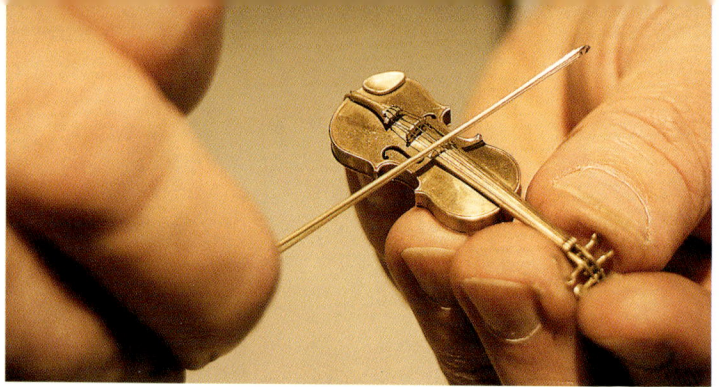

Das Meisterstück, eine Geige aus Gold

und bei dicken Knöcheln durchaus auch praktisch sein. Wenn sich aber der Anhänger einer Halskette auf geheimnisvolle Weise zu verwandeln beginnt, erinnert der Meister an einen Taschenspieler. Seine Augen sind immer gleichzeitig auf den Schmuck und auf das Staunen seines Publikums gerichtet, während er mit verhaltenem Lächeln mit einer kurzen Drehung statt des Berylls eine Reihe von Brillanten sichtbar werden lässt, als das Ergebnis eines genial versponnenen Erfindergeistes vom Schlage eines René Cardillac.

Falls einer der Entwürfe sehr viele kleine Brillanten vorsieht, dann kommt das Stück zum Fasser. Kaum jemand weiß, dass es neben dem Juwelier, der sich eher auf den Handel mit Schmuck und Uhren konzentriert, und dem Gold- und Silberschmied, so lautet die vollständige Berufsbezeichnung, die Hadler führt, noch einen dritten Beruf gibt, eben den Fasser, oder schöner gesagt: den Juwelenfasser, „diejenigen, die die Steine setzen", so Hadler. „Früher konnte man es als eigenes Handwerk lernen."

Hadler ist auch Jäger und führt so genannten Jagdschmuck im Programm. In Edelmetall gefasste Zähne von Wildtieren sind nicht jedermanns Sache. Üblicherweise sind die Grandeln und Ähnliches mit ernstem, schwerem Silber gefasst. Hadler hat mit der Tradition gebrochen: „Weil die Eichenblätter schon genug vergewaltigt wurden. Die Jäger schauen im ersten Moment ein wenig befremdet. Aber ihre Frauen sind begeistert, weil sie diesen Schmuck zu jeder Kleidung tragen können, nicht nur zum Dirndl." Er streicht über die in Gold gebetteten Reißer eines Fuchses: „So modern hat sie bisher noch niemand gestaltet."

‣ **INFORMATION:**
Goldschmied Wilhelm Hadler, Schmuckerzeugung und Design, eigene Erfindungen, 1010 Wien, Weihburggasse 22, Tel. 01/522 37 78, E-Mail: office@goldschmied-hadler.at, www.goldschmied-hadler.at

Geschätzte Komplikationen

Die exakte Zeit als Herausforderung für den Uhrmacher

Du hältst die Luft an, wenn die spitzen Enden der Pinzette das Zahnrädchen aufheben und es auf einer Welle platzieren. Ein falscher Atemzug, und die Arbeit einer Woche wäre verblasen. In diesem unscheinbaren Etwas – das Zahnrad ist kaum zwei Millimeter groß – steckt eine Reihe von komplizierten Arbeitsschritten. „Und bei einem jeden muss man aufpassen, dass man den vorigen nicht zunichte macht", sagt Christian Umscheid, nachdem er über die getane Arbeit ein Glashäubchen gestülpt hat. Als Zuschauer legt man die Lupe weg. Was eben noch groß genug zum Angreifen schien, ist jetzt in der Unübersichtlichkeit eines schimmernden Räderwerkes aufgegangen. „Ein ewiger Kalender", klärt Umscheid auf, „das Rädchen, das eben eingesetzt wurde, regelt die Schaltjahre, dreht sich also alle vier Jahre einmal um sich selbst."

Das Werk dieser Armbanduhr wurde ihm zur Reparatur überlassen, ebenso die Taschenuhr aus 1910, bei der unter anderem das Federhaus ein neues Lager bekommt.

„In erster Linie sind es Uhren von Audemars Piguet", die Stimme von Christian Umscheid wird um eine Spur feierlicher, wenn er auf diese Schweizer Manufaktur zu sprechen kommt: „Drei Monate habe ich dort gearbeitet. Ein Jahr wäre vorgesehen gewesen, aber der österreichische Markt hat bereits jemanden gebraucht."

Die Werkstatt des Uhrmachers

Mit Frau und Kleinkind war er von Herrnbaumgarten nach Le Brassus ins Vallée de Joux gezogen, nördlich von Genf, in die Heimat der ehrwürdigsten und teuersten Uhrenhersteller der Welt. Den Beruf des Uhrmachers hatte Christian Umscheid an der HTL in Karlstein im Waldviertel erlernt, erzählt er: „Musste aber alles vergessen, als ich bei Audemars Piguet angefangen habe. Man wird auf eine Arbeitstechnik eingestellt, bei der keine Fehler mehr passieren."

Das *atelier d'horlogerie,* zu Deutsch die Uhrmacherwerkstätte, die Christian Umscheid in Herrnbaumgarten aufbaut, ist eine verkleinerte Kopie der verehrten Schweizer Vorbilder. Er hat Parallelen zwischen dem nordöstlichen Weinviertel und dem Vallée de Joux entdeckt: „Die Gegend ist ähnlich. Nur stehen in der Schweiz anstelle der Bauernhöfe die Manufakturen" – in denen man den Wein aus Herrnbaumgarten zu schätzen weiß, der sich in Preis und, so Umscheid, auch in Qualität wohltuend vom schweizerischen Angebot abhebt.

Die Bohrmaschine für die Koordinaten

Was hingegen die Freundlichkeit der Menschen angeht, ortet er im Weinviertel einigen Nachholbedarf: „Man hat mich nach ein paar Tagen in der Schweiz gefragt, warum ich so finster schaue. Ich war es nicht anders gewöhnt. Wen man dort auch trifft, jeder ist freundlich. ‚Bonjour! Bonjour!', heißt es. Man hat mir von allen Seiten Hilfe angeboten, weil unser Kind damals erst einige Wochen alt war."

Christian Umscheid hat das Lachen ins Weinviertel mitgebracht und versucht seine Mitbewohner damit anzustecken. Während der Arbeit sollte der Uhrmacher allerdings nicht gestört werden. Diesbezüglich wünscht er möglichst schweizerische Zustände: „Du bekommst dort deinen Tisch, das Licht und das Werkzeug. Die Uhrmacher sitzen im Spalier, jeder vor seinem Fenster. Du lernst die Wertschätzung für den Blick dort hinaus – und für andere Handwerke. Nach ein paar Tagen bemerkst du es: Der Tisch, an dem du sitzt, ist vom Feinsten. Ein alter Tischler hat ihn gefertigt, er kostet auch viel Geld und ist gleich schön wie die Uhr, die du auf ihm machst."

Von außen unterscheidet sich das Haus von Christian Umscheid durch die vielen gassenseitigen Fenster von den eher verschlossen wirkenden Höfen der Weinviertler Nachbarn. Was drinnen vor sich geht, ist für die Dorfleute wenig interessant. Die Arbeit des Uhrmachers spielt sich in einer anderen, tausendmal kleineren Welt als der ihren ab. Sie wird erst in vielfacher Vergrößerung offenbar: Mit freiem Auge betrachtet, sieht der Anker einer Taschenuhr wie das Fühlerpaar eines kleinen Käfers aus, unter der Lupe sind bereits Gegengewichte und Gabel zu erkennen. Unter dem Mikroskop scheint es sich um einen völlig neuen Gegenstand zu handeln. In die Fühler sind geschliffene Rubine eingearbeitet, die Gabel ist innen poliert, und am gesamten Anker sind alle Kanten angliert, das heißt, sie wurden mit einer feinen Feile abgeschrägt, oder ihre scharfen Grate wurden gebrochen. Umscheid: „Die Arbeit des Uhrmachers wird damit noch gar nicht sichtbar. Die Bombierung der Zapfen ist für das Verhältnis von Impuls und Auslösung verantwortlich. Je feiner das alles gemacht ist, desto länger hält die Uhr."

Christian Umscheid an seinem Arbeitstisch

Der Maschinenpark ist im Wachsen. Die Zahnradschneidemaschine muss erst voll funktionsfähig gemacht werden, bereits im Einsatz ist die Hochpräzisionsbohrmaschine für die Koordinaten, die Löcher in der Platine, an denen, sehr grob gesagt, die verschiedenen Wellen eingesetzt werden. Mit Lupe und nadeldünnem Stichel wird an der handlichen Drehmaschine gearbeitet.

Im wahrsten Sinne des Wortes hängt der Uhrmacher an seinem Arbeitstisch, mit den Armen breit aufgestützt, direkt vor den Augen das Werkstück. Für den Besucher wird die Balancierwaage aufgebaut. Auf zwei scharf geschliffenen Rubinklingen wird die Unruh waagrecht eingehängt. Mit dem Härchen eines Pinsels wird sie in Drehung versetzt. Der Meister weiß genau, wo er etwas wegnehmen muss, bis dieses Rädchen an jedem beliebigen Punkt stehen bleibt, als Zeichen, dass die Unruh (oder der Balancier) bestens ausgewogen ist.

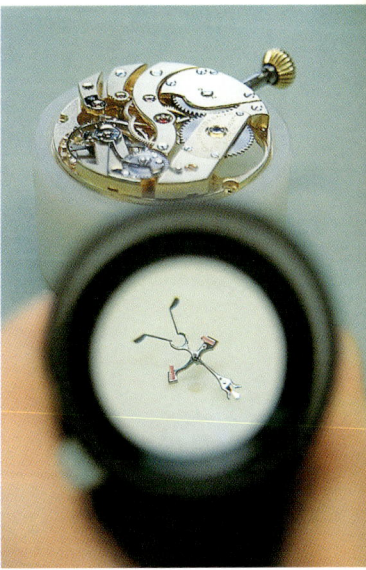

Der Anker einer Taschenuhr

Die Einrichtung seines eigenen Ateliers wurde bereits zu einem guten Teil fertig gestellt. Was immer wieder neu geschaffen werden muss, ist die Ruhe. Umscheid: „In der Schweiz ist es undenkbar, einen Uhrmacher bei der Arbeit anzureden. Es gibt kein Telefonieren, nichts. Jeder hat seinen Walkman und seine Musik. Wenn einer den Stöpsel im Ohr hat, darf er nicht gestört werden. Draußen könnte die Welt untergehen, man würde es herinnen nicht einmal bemerken."

An diesen Arbeitsplätzen werden sündteure Uhren zusammengestellt. Umscheid zeigt den ewigen Kalender: „Er hat einen Pfad, auf den du durchwanderst. Wenn ein Schritt daneben geht, funktioniert die Uhr im Finish nicht, und die Arbeit war umsonst." Durch rigoroses Einhalten dieser Arbeitsmethode ist praktisch auszuschließen, dass eines der winzigen Teilchen verloren geht oder bei der Montage beschädigt wird. „Was sich keiner leisten kann, der einmal bei Audemars Piguet im Spalier gesessen ist und dort gearbeitet hat", umschreibt Christian Umscheid seine Aufnahme in den Hochadel des Uhrmacherhandwerks.

Die einzelnen Bestandteile der Uhren werden von den jeweiligen Spezialisten geliefert: „Als Ergebnis der Industrialisierung. Begonnen hat die Uhrmacherei für Kleinuhren in England." Und das Nürnberger Eierlein? „War meiner Meinung nach nicht das Vorbild, weil es mit einer Taschenuhr nicht viel gemeinsam hat."

Die Balancierwaage

Die ersten ernst zu nehmenden tragbaren Chronometer wurden Teil für Teil jeweils von einem Meister gebaut. Als die Schweizer ihre Uhrenfabrikation industrialisierten, war der Einzelne mit einem Schlag nicht mehr konkurrenzfähig. „Um 1840 sind die Grundplatinen, die Federhäuser, die Zahnräder und die Zeiger in eigenen Ateliers gefertigt worden. Sie sind an Sammelpunkten abgegeben und dem Fabrikanten geliefert worden", erzählt Umscheid aus der Erfolgsgeschichte schweizerischer Uhrmacherei. „Man versteht es erst, wenn man bedenkt, dass für jeden Teil ein eigenes Werkzeug angefertigt werden muss." Umscheid zeigt dazu ein glatt ausgedrehtes Stück Messing: „Ich habe es speziell für dieses Federhaus angefertigt", eine flache Kapsel, deren Zähnchen am äußeren Rand kaum zu sehen sind. Mit einem leichten Fingerdruck und einem sauberen Klick schnappen sie in die Ausnehmung des Werkzeuges: „Jetzt ist das Federhaus fixiert, und ich kann daran arbeiten", er schaut auf, lächelt, „und schon ist dieses schöne Werkzeug wieder unbrauchbar, weil das nächste Federhaus sogar von derselben Uhrenmarke um einen Tausendstelmillimeter größer oder kleiner ist."

Selbstverständlich wird die Arbeit bezahlt. Wer eine Uhr von Audemars Piguet sein Eigen nennt, bringt gerne das Geld für eine fachgerechte Reparatur auf. Für die Güte der Arbeit bürgen zwei Namen. Erstens der des Uhrmachers, der bei einem Pfusch sofort seine Reputation verlieren würde, und zweitens der des Erzeugers, der einen ungeschickten Uhrmacher niemals weiterempfiehlt. Christian Umscheid ist *réparateur* oder *rehabiliteur,* „der an alten Uhren Bestandteile zubaut, dass sie wieder picobello funktionieren."

Umscheid ist auch Uhrmachermeister und gilt bei seinen Schweizer Freunden als Meisteruhrmacher: „Weil ich auch richtig eine Uhr bauen kann. Wobei derjenige, der sie nur repariert, dort überhaupt nicht weniger hoch angesehen ist. Es wird nur streng getrennt, weil es eine völlig andere Arbeit ist." Christian Umscheid selbst fertigt Uhren wie vor der Industriellen Revolution. „In meinem Kopf steht eine fertige Uhr", lässt er geheimnisvoll anklingen, „alle ihre Einzelteile sind in vielen Uhren zu finden, in jeder Uhr, die ich irgendwann repariert habe."

Eine Uhr zu bauen heißt ein Jahr Arbeit ohne die Gewähr, dass die damit angelaufenen Kosten je gedeckt würden. Die Vorbereitungen für ein absolutes Unikat sind jedoch getroffen. Der Name seiner Nummer eins: Montre exact. „Genauigkeit, das ist meine Komplikation", eröffnet der Meister seine Pläne von einer Kleinuhr mit einer optimalen Ganggenauigkeit. Complications sind mit komplizierten Zusatzmechanismen bestückte Standarduhren: zusätzliche Zeiger, Schlagwerke oder astronomische Anzeigen. „Obwohl es für einen Uhrmacher nichts Schöneres als solche Komplikationen gibt, wird meine Uhr das alles nicht haben", grenzt Umscheid sein Vorhaben ein, „aber sie wird als Armbanduhr so exakt sein wie vor hundert Jahren die Taschenuhren. Um 1900 hatte man Gangwerte, die man heute erst erreichen muss." Man möchte es nicht für möglich halten, aber mechanische Armbanduhren um viele Tausend Euro dürfen bis zu sechs Sekunden pro Tag ungenau sein und sind damit eigentlich kostspielige Statussymbole. Im Gegensatz dazu wird man Christian Umscheids Uhr wieder als Chronometer benützen können, denn auf der jüngst erworbenen elektronischen Reguliermaschine wird sich der Kunde mit eigenen Augen davon überzeugen können, dass seine Uhr in jeder Lage präzise die Zeit anzeigen wird.

▸ **INFORMATION:**
Werkstätte für Uhren (atelier d'horlogerie), Christian Umscheid, Tel./Fax 02555/240 08, E-Mail: christian.umscheid.atelier@aon.at

Die Jäger haben ihre Freude ...

... an der gelungenen Zusammenarbeit von Büchsenmacher, Schäfter und Graveur

Ein älterer rundlicher Herr betritt das Geschäft. Er sieht sich um. In den dunkelbraunen Regalen stehen die Gewehre, eines schöner als das andere. Keines von ihnen scheint ihm zu konvenieren. Der Büchsenmacher lässt ihn eine Weile gustieren, bis er ihn nach seinem Begehr fragt. Mit deutlich französischem Akzent stellt sich der rundliche Herr als Botschaftsangehöriger vor. Er werde demnächst

Der Büchsenmacher Martin Kruschitz

eine Reise nach Kanada unternehmen und bräuchte dafür ein Gewehr. Für welche Art von Wild, für Elch oder Hirsch? Für keines von beiden, sondern zur eigenen Sicherheit, falls ihm ein Bär begegnet, gegen den er sich verteidigen muss.

Auch ihm wird bei Martin Kruschitz geholfen. Viele seiner Kunden suchen bei ihm jedoch den Handwerker. In Wien und Umgebung gibt es nicht mehr viele, die sich die Arbeit an einer Büchse antun. Kruschitz: „Reparaturen und Montagen, das sind die Aufträge. Die alten Herrschaften geben ihre Waffen weg, Liebhaber kaufen sie und lassen bei mir zum Beispiel ein neues Zielfernrohr aufsetzen. Auf dem Gebiet der Optik hat sich in den letzten Jahren das meiste getan."

Das Handwerk selbst ist alt und voller Traditionen. Martin Kruschitz ist Meister und bildet einen Lehrling aus, seinen eigenen Enkel. Zwei Lehrbuben gibt es in ganz Österreich. Denen könnte aber die Zukunft offen stehen, meint Kruschitz: „Für diejenigen, die übrig bleiben, gibt es genug zu tun. Etliche sind nach Amerika gegangen und dort erfolgreich."

Er selber ist schon sechzig Jahre alt, hat im Hinterkopf den Gedanken ans Aufhören, aber sehr weit hinten. Dazu ist er seinem Handwerk zu sehr verbunden, und er ist überzeugt, dass es eines der schwierigsten ist: „Zehn Jahre braucht einer, bis er Büchsenmacher ist." Die eigene Ausbildung wurde in Ferlach absolviert, in wesentlich kürzerer Zeit.

Ohne dieses Zentrum der Büchsenmacherei geht nichts in Österreich. Seit 1878 werden an der „k. u. k. Fachschule für Gewehrindustrie", wie die Schule damals hieß, Büchsenmacher und Schäfter ausgebildet. Die Familie Kruschitz selbst stammt aus Kärnten, hat ihre Wurzeln in Ferlach. 1938 wurden in Wien Geschäft und Werkstatt eröffnet.

„Büchsenmacher ist ja ein allgemeiner Begriff", definiert Kruschitz seinen Beruf, „er macht das System,

Zwei Mal dieselbe Waffe ...

den Lauf, die Mechanik und das Schloss. Dann gibt's den Schäfter und den Graveur." Der derzeitige Graveur ist wie er selber Absolvent der Fachschule in Ferlach: „Aber ein Künstler. Die Schäfter und die Graveure sind an und für sich unzuverlässige Leute. Wenn einer auf ein Bier geht, und in Ferlach geht man bei der Arbeit auf ein Bier, dann weiß man nicht, wann und ob er zurückkommt."

Die Kopie, die der so Gescholtene von einem Gewehr aus 1939 angefertigt hat, lässt jeden Ärger vergessen. Das Blumenmotiv wurde nach einer Zeichnung, datiert mit „9.2.39", perfekt auf eine neue Waffe übertragen. Jäger sind in diesem Punkt ausgesprochene Ästheten. Der Schaft besteht aus Walnussholz und soll eine möglichst feine Maserung zeigen. Daran schließt die Ornamentik der so genannten Systemseiten an. Mit feinem Stichel lassen sich ganze Jagdszenen auf wenige Quadratzentimeter gravieren. Wie immer man dazu steht, des Weidmanns Auge leuchtet angesichts solch handfester Romantik auf seiner Büchse, die ihm, wie es in diesen Kreisen heißen mag, auf seinen einsamen langen Pirschgängen eine treue Begleiterin ist.

Gefeit ist vor solchen Anwandlungen niemand. Kruschitz weiß aus jahrzehntelanger Erfahrung, dass es beim Jagen keine Grenzen weltanschaulicher Art gibt: „In jeder Farbe wird geschossen, egal ob Rot oder Schwarz, und auf jeder Seite gibt es Leute, von denen die Jagd abgelehnt wird."

Einig ist man sich jedoch, wenn es um die Abgrenzung zum militärischen Waffenwesen geht: „Alle Bezeichnungen, die von uns verwendet werden, haben eine andere Bedeutung als beim Militär."

... und doch so verschieden

Neben dem Basküle, so heißt der Verschlusskasten, verschafft auch der Wunsch nach einem neuen Lauf dem Büchsenmacher Arbeit. Die Rohlinge werden in Ferlach hergestellt, also gehämmert und gezogen, und, wie Kruschitz andeutet, gnädigerweise auch an Kollegen außerhalb von Kärnten geliefert. Vom Büchsenmacher werden sie in äußerster Präzisionsarbeit gefräst und eingepasst.

Zuletzt wird die Büchse vom Meister beschossen. Die Waffe muss zwei Schüsse mit wesentlich höherem Druck als in der üblichen Verwendung überstehen.

„1932 ist dieses Gewehr beschossen worden", sagt Kruschitz mit Bewunderung für die Arbeit eines alten Wiener Büchsenmachers, die in allen Punkten dem kritischen Auge standhält, „die Gravierung ist fein, der Schaft schön gemasert und der Basküle in Ordnung." Es wird also kein Problem darstellen, den Kundenwunsch zu erfüllen und aus dem historischen Stück ein modernes Jagdgewehr zu zaubern.

▸ **INFORMATION:**
**Büchsenmacher Martin Kruschitz, 1090 Wien, Kolingasse 17,
Tel. 01/317 71 73**

Textil

Weben mit der Lochkarte

In der Waldviertler Etikettenweberei begegnet man den ältesten Computern der Welt

„Industrieweg eins! Die Industrie sind wir, eine Nummer zwei gibt es nicht" – das ist leider keine Übertreibung. Ernst Mras hält mit der Waldviertler Etiketten-Weberei einsam die Stellung, als letzter Zweig einer verblühten Textilindustrie. Die schmucklose Halle steht auf einer leichten Anhöhe am Rande von Groß-Siegharts, allein, als wäre sie von der Ortschaft ausgestoßen. Das Auto davor trägt ein Wiener Kennzeichen. Ingrid und Ernst Mras sind Gegenpendler.

Ernst Mras an einem Entwurf für die Lochkarte

„1947 hat Rudolf Schiler in Wien die Firma Grainer-Gobelin gegründet", knüpft Ernst Mras den Faden zu den Anfängen der Firma. „Geführt wurden Abzeichen, Etiketten, gewebte Lesezeichen. Bei der Firma Adensamer in Groß-Siegharts hat man sie in Lohnarbeit weben lassen. 1962 ist es mir gelungen, die Tochter des Herrn Schiler zu heiraten. Ich hatte ja nur studiert, Jus. Aber dabei lernst nix. In Abendkursen habe ich mir die Sachen angeeignet, die ich wirklich im Betrieb gebraucht habe."

Als die Firma Adensamer ihren Schwerpunkt auf die Färberei verlegte und die Weberei einstellte, war der Quereinsteiger aus Wien zur Stelle: „Die Leute wären arbeitslos geworden. Beim Bürgermeister hab ich um ein Fleckerl Land angefragt. Die Webstühle waren da und der Webmeister Robert Pietsch. Er ist mit den Stühlen mitgegangen. Ein großartiger Mensch, ich habe so viel gelernt von ihm."

1972 wurde die Halle aufgestellt, und die Webstühle samt Bedienungspersonal wurden übersiedelt. Die noble Wiener Adresse in der

Mariahilfer Straße wurde in der Folge aufgegeben. Mras: „Mein Schwiegervater hatte trotzdem seine Freude dran."

Mag sein, dass es die wunderschönen hölzernen Webstühle waren, die den alten Herrn versöhnten, oder die Technologie, die sich seit ihren Anfängen kaum verändert hat. Joseph-Marie Jacquard, ein französischer Seidenweber, erfand 1805 die nach ihm benannte Maschine, mit der das mechanische Weben kompliziert gemusterter Stoffe möglich wurde. Mras: „,Hurra, Hollerith[1] hat die Lochkarte erfunden', heißt es. Stimmt nicht! Angeblich hat er Jacquard nicht ge-

56 Kett- und 32 Schussfäden pro Zentimeter

kannt, aber der war hundert Jahre vor ihm dran. Unsere sind die älteren Computer."

Die riesigen Holzgestelle werden tatsächlich von Lochkarten gesteuert. Die Weberinnen brauchen sich nur um den reibungslosen Ablauf des Webens zu kümmern. Sie bewahren in dem sich unentwegt bewegenden Gestänge und in der dichten Menge gespannter Fäden den Überblick und bemerken es sofort, wenn ein Fehler auftritt. Ein Faden kann reißen oder eine Spule auslaufen. Hoch über ihren Köpfen läuft das Endlosband mit aneinander gehefteten Karten. Herr Mras versucht den verwirrenden Mechanismus zu erklären: „In einer Reihe sind dort

Der imposante Aufbau eines Jacquard-Webstuhls

immer 16 Nadeln. Sie fahren auf die Karte hin und schauen, ob sie ein Loch finden. Die Nadel, die durchgeht, zieht einen Faden in die Höhe, und das Schifferl schießt durch die Ketten. So wird am ganzen Stuhl immer der sechste Faden angehoben – watscheneinfach."

Allerdings nur für ihn, weil er sozusagen der Programmierer ist. Die Software erstellt er in seiner Eigenschaft als Dessinateur; er muss sich überlegen, wie ein Muster umgesetzt werden kann. Ein Kunde bringt ihm den Auftrag für einen größeren Posten, sagen wir, Borten für ein Dirndlkleid. „Ein gutes Beispiel, unsere Bänder auf den Zillertaler Dirndln sind in Europa einzigartig. Es könnten auch Webetiketten in bester Taftqualität sein", lobt der Bandlkramer seine Ware. „Wir sind die Einzigen, die noch im Wiener Feinstich arbeiten, eine feine Einstellung, 52 oder 56 Kettfäden und 32 Schussfäden pro Zentimeter."

Der Entwurf wird auf Millimeterpapier gezeichnet. Mras: „Zeile für Zeile, Farbe für Farbe, immer mit dem zeichnenden Faden und dem Grund dazwischen." Auf einer Schlagmaschine mit 16 Tasten wird die Zeichnung auf die Lochkarte übertragen und dabei ums Sechsfache verkleinert. Die ganze Prozedur verschlingt enorm viel Zeit und erfordert größte Genauigkeit. Verständlich, dass Aufträge willkommen sind, für die bereits die Karten existieren. „Unser Schatz sind Tausende Zeichnungen", darf sich Ernst Mras eines wohl ausgestatteten Archivs erfreuen.

Die Beschaffung des geeigneten Materials wird allmählich zum Problem. Die Kettfäden und die zeichnenden Fäden für die Brochéweberei müssen aus Deutschland und Belgien importiert werden.

Um die Weberei zu betreiben, genügen derzeit fünf Leute: „Mehr brauch ma net. Wenn du groß bist, spürst die Konkurrenz. Über den Umsatz können wir kein Geschäft machen." Mit Billigbietern kann die kleine Weberei im Waldviertel ohnehin nicht mithalten. Eines kann sie aber: „Qualität liefern. Ich wüsst keinen, der so was macht. Wir arbeiten hauptsächlich im Export, nach Norwegen, Süddeutschland, Italien, Frankreich, Japan, in kleinerem Umfang in die USA. Hauptkunde ist die Textilindustrie, in Österreich die Trachtenindustrie, aber die große." Für die Staatsoper wurde schon gearbeitet und für Adlmüller. Kleidung von Format ist mit Waldviertler Etiketten ausgestattet. Ernst Mras: „Die Donkosaken haben in Groß-Siegharts gesungen, und auf ihren Kasacks haben sie unsere Bänder gehabt. Wir sind ganz gut eingeführt."

▸ **INFORMATION:**
Waldviertler Etiketten-Weberei, Ingrid und Ernst Mras,
3812 Groß-Siegharts, Industrieweg 1, Tel. 02847/25 20,
Fax 02847/842 01, E-Mail: borten@etikettenweberei.at,
http://etikettenweberei.at

---

[1] Hermann Hollerith, amerikanischer Ingenieur, entwickelte bei der amerikanischen Volkszählung 1890 das H.-Lochkartenverfahren (Brockhaus Enzyklopädie, Bd. 10, 19. Auflage, Mannheim 1989, F.A. Brockhaus).

Die kreative Kraft der Muße

Wie zu Kaisers Zeiten entstand auf einem Peitschen-webstuhl der Wanddamast von Schloss Schönbrunn

Er nennt sich Seidenweber, und man weiß nicht, ob er damit bescheiden untertreibt oder sich ein Adelsprädikat zugelegt hat. Heinrich Hetzer steht am Webstuhl, schuftet wie vor 150 Jahren, stundenlang, täglich. Nur unmerklich wächst der Stoff auf dem Warenbaum.

Heinrich Hetzer schuftet wie vor 150 Jahren

„Es ist wie Radlfahren, manche machen es gern", deutet er die schweißtreibende Tätigkeit als sportliche Herausforderung, „man muss langsam genug anfangen, damit man acht Stunden durchhält." Die Tritte, bei denen jeweils 25 bis 28 Kilo zu bewältigen sind, gelten der Jacquardmaschine. Sie sitzt mächtig auf dem Webstuhl oben drauf. Gesteuert wird sie von einem breiten Lochstreifen und steuert ihrerseits über ein dichtes Gewirr von Fäden, genannt der Harnisch, das Fach. Dadurch wird bestimmt, welche Kettfäden oben und unten zu sein haben, wenn der Schütz, von der Peitsche angefeuert, mit dem Schussfaden durchsaust und Faden für Faden das Muster – Granatäpfel und eierförmige Fantasiefrüchte – entsteht.

Verwirrung ist in diesem Moment keine Schande. Ein Jacquardwebstuhl kann nur einigermaßen begriffen werden, wenn man vor ihm steht und mit geduldigen Worten jeden einzelnen Bestandteil in seiner Wirkungsweise erklärt bekommt. Heinrich Hetzer ist darin Experte, einer der ganz wenigen, die mit den alten Arbeitsmethoden noch vertraut genug sind, um sie mit modernster Technik verbinden zu können: „In der Spengergasse in Wien habe ich Textil studiert.

Meine Lehrer haben mir Textilkultur mitgegeben." Der Rest ist ererbt. Seit 1650 lassen sich in seiner Familie Weber nachweisen. Im Aufgang zur Werkstätte hängen ihre Porträts, Textilfabrikanten, die auf ihren Spross, den Seidenweber, herunterschauen.

Wie kommt es, dass der Techniker Heinrich Hetzer seine Tage am Webstuhl verbringt? „Mein erstes Projekt war die Brokatellmaschine, ein Alt-Wiener Seidenwebstuhl. Ich habe sie gebaut, um dem dumpfen Nichtstun in der Arbeitslosigkeit auszuweichen." Heinrich Hetzer war leitender Angestellter in Textilfirmen: „Zwei Mal hat ein Betrieb über meinem Kopf zugesperrt." Seit 1995 ist er selbstständig

Die neue alte Damast für Schloss Schönbrunn

und will sich nicht damit abfinden, dass die inländische Textilbranche wie die Maus vor der fernöstlichen Schlange erstarrt. Spezialproduktionen sind seiner Meinung nach die Lösung. Bei einem Tischler, der zuerst einwandte, davon keine Ahnung zu haben, ließ er nach Zeichnungen einen Peitschenwebstuhl bauen. Seitdem wird in Waidhofen an der Thaya wieder gewebt wie in alten Tagen.

Die derzeitige berufliche Situation: Dipl.-Ing. Hetzer erfüllt einen Lehrauftrag in Linz, ist WIFI-Trainer und bildet Lehrlinge in einem Betrieb in Krems aus. Das ungeheure fachliche Wissen, das wie auf Knopfdruck aus ihm heraussprudelt, ist damit noch längst nicht gefordert. Ein guter Teil davon steckt im jüngsten Produkt seiner Firma, im Wanddamast der Zimmer von Kronprinz Rudolf im Schloss Schönbrunn. Nach Entdeckung der Seidentapete wurde der Experte Hetzer verständigt: „Es war die Originalbespannung. Sie ist zerfallen wie eine Mumie." Hetzer meinte, man könne den Stoff doch originalgetreu nachweben. Den Auftrag dazu bekam er im Jahr 1998.

Zwischen zwei Glasplatten wurde eine der mürben Stoffbahnen gesichert und das Muster abgenommen. Wochenlange Analysen folgten, Literatur wurde gewälzt und ein eigener Webstuhl gebaut. Gemeinsam mit der Textilrestauratorin von Schloss Schönbrunn und den Fachleuten des Bundesdenkmalamtes wurde der exakte Farbton der Neuproduktion festgelegt: „Ein Problem, weil die Farbe genau mit der alten übereinstimmen musste. Es war am Anfang nicht klar, ob man die gesamte Bespannung oder nur einen Teil erneuern würde." In der Werkstatt im ersten Stock seines Hauses wurden unter tatkräftiger Mithilfe der Ehefrau 6640 Fäden in ebenso viele winzige Litzen eingefädelt, bevor mit dem Weben begonnen werden konnte: „Mehr als zwei Meter am Tag sind bei 54 Zentimeter Breite, das sind drei Viertel Wiener Ellen, nicht zu machen."

Im Sommer 2001 waren die ersten zwei Bahnen fertig gestellt, zur Abgleichung wurden sie mit Stecknadeln neben dem Original befestigt. Alles passte „wie angegossen", schreibt Hetzer in einer Zusammenfassung dieses erfreulichen Moments.

Das Projekt Kronprinz-Rudolf-Stoff wurde erfolgreich beendet, das Zimmer hat „neue alte" Tapeten. Zum einen wurde damit ein Beitrag zur Erhaltung der Wiener Seidenwebkultur geleistet, zum anderen ein neuerlicher Beweis dafür geliefert, dass man auch vor übermächtiger Konkurrenz nicht unbedingt das Feld zu räumen braucht. Arbeitskräfte müssen nicht um jeden Preis billig sein, meint Hetzer: „Der Stoff war damals sehr teuer, und vor allem, man hatte Zeit. Die großen Dinge sind immer dann entstanden, wenn die Menschen Zeit hatten." „Speed kills" ist seiner Meinung nach ein Rückschritt in die Raubtiermentalität. Der Mensch musste sich von Anfang an in aller Ruhe überlegen, wie er mit Geschicklichkeit überleben konnte. Das 20. Jahrhundert ist für Heinrich Hetzer das Beispiel, wie man es nicht machen soll, und er versucht, dieses Anliegen seinen Schülern weiterzugeben: „Schauen Sie, dass das 21. Jahrhundert wieder kreativ wird!"

▸ **INFORMATION:**
Seidenweberei, Dipl. HTL-Ing. Heinrich Hetzer, 3830 Waidhofen an der Thaya, Anton-Kainz-Straße 11, Tel. 0664/230 07 13, Fax 02842/537 17, E-Mail: heinrichhetzer@hotmail.com

Einlegen, Richten, Anschlagen

Handarbeit in reiner Form zeichnet die Weberei und Seilerei Gembinski aus

„Wir wollen uns die Automatisierung nicht leisten", ist keine Entschuldigung, sondern das Firmencredo von Franz Gembinski. „Billigangeboten begegnen wir mit absoluter Handqualität."

Rund um Pöchlarn hat sich eine von Großmärkten durchwachsene Industrie angesiedelt. Äußerlich unterscheidet sich die Betriebsanlage der Weberei und Seilerei Gembinski kaum von ihren Nachbarn. Nichts deutet darauf hin, dass im Inneren des schlichten modernen Gebäudes die Zeit stehen geblieben ist, damit ausgefallene Kundenwünsche erfüllt werden können.

Großvater Franz Gembinski kam aus dem Seilergewerbe, erwarb hier 1924 einen Schuppen und begann in einer der wirtschaftlich härtesten Zeiten mit dem Ausbau seines Betriebes. Sohn Franz sattelte auf das Weben um, behielt aber in weiser Voraussicht die Seilerei. Seit damals sind auf den alten mechanischen Webstühlen unzählige Meter von Kokosläufern entstanden. Franz III. Gembinski ist mittlerweile der Einzige im Land, der in der Lage ist, den roten Teppich *made in Austria* zu liefern. Kokosläufer sind sein Hauptgeschäft – und das ruiniert er sich selber, wie er lachend meint: „Wenn ich zum Beispiel ein Schloss damit ausstatte, werden erst unsere Kinder wieder ins Geschäft kommen, so lange halten sie."

Die Fleckerlteppiche werden noch per Hand gewebt

Geliefert werden alle Arten von Teppichen und dazu der passende Handlauf, der auf der Seilschlagmaschine hergestellt wird. Frau Elisabeth Gembinski ist die Innenarchitektin der Firma. Sie besucht die Kundschaft, unterstützt sie bei der Auswahl von Form, Art und Farbe des Teppichs. Die Hilfe wird zumeist dankend angenommen, schließlich ist die Anschaffung eines langlebigen Bodenbelages eine gewichtige Entscheidung, die das Wohngefühl vieler Jahre beeinflusst.

Dass Fleckerlteppiche immer weniger gewünscht werden, hat man bei Gembinski zur Kenntnis genommen. Früher waren diese bunten Teppiche in der Wohnung allgegenwärtig, vom Badezimmer bis zur rustikalen Sitzecke. Auf Bestellung werden sie nach wie vor produziert.

Keine Faser darf herausschauen

Während sich Lisette, die eine der beiden Töchter im Hause Gembinski, an der Buchhaltung zu schaffen macht, ist ihre Schwester Natascha in der Werkstatt verschwunden. Zu finden ist sie in der Weberei.

Man glaubt es nicht, bevor man es nicht mit eigenen Augen gesehen hat. Natascha sitzt an einem Webstuhl, der aus dem Museum stammen könnte, aus einer Zeit lange vor der Industriellen Revolution. „Mit Maschinen könnte dieses Material nicht gleichmäßig verwoben werden", rechtfertigt ihr Vater den Einsatz von Uralttechnik, „und außerdem ist der Webstuhl extrem umweltfreundlich. Das Einzige, was hier Strom braucht, sind die Glühlampen."

Einen dieser Gurtenwebstühle hat sein Großvater einst erworben und als Modell für die anderen genommen. Früher brachten die Leute ihr Alttextil, abgetragenes Gewand oder Bettüberzüge. Aus verständlichen Gründen ist man bei Gembinski davon abgegangen, diese Stoffe zu verwenden; verarbeitet wird ausschließlich neues Wollmaterial, meistens Reste aus Webereien. Der Fleckerlteppich wurde damit endgültig von seinem Armeleut'-Image befreit.

Energisch schiebt die junge Frau eine lange Nadel, den Schützen, durch die Kettfäden. Üblicherweise saust das Schiffchen durch das Webfach. Die Stoffbänder sind dafür aber viel zu dick. Sie werden deswegen auf die hölzerne Nadel gewickelt und müssen bei jedem

Franz Gembinski setzt auf ein langes Teppichleben

Durchgang eingelegt werden. Während die eine Hand die Nadel aus dem Fach zieht, wird mit der anderen der eingelegte Stoff, der Effektfaden, mit dem Webblatt angeschlagen und gerichtet, immer im gleichen Rhythmus mit den Schäften, deren Auf und Ab mit dem Fuß bewerkstelligt wird. Ist ein Stück Fleckerlteppich fertig gewebt, muss nachgearbeitet werden. Nicht einmal das automatische Nachziehen der Kettfäden ist bei dieser Technik möglich. Die zierliche Person wuchtet einen Stein, das Gewicht, vom Kettbaum und dreht an einer Kurbel. Unter kräftigem Knacken der Mechanik wickelt sich das fertige Gewebe über den Brustbaum auf den Abzug oder Warenbaum und zieht von hinten durch die Litzenaugen in den Schäften freie Kettfäden nach.

Der Mann, der auf dem Webstuhl neben Natascha die Nadel schwingt, ist kaum älter als diese. Er ist einer der zehn Angestellten der Firma Gembinski, und ihnen allen ist durchwegs der Spaß an der Handarbeit anzusehen. Wer kann schon von sich behaupten, dass er – und das ist hier kein Widerspruch in sich – auf historischem Gerät exklusive Produkte für den modernen Alltag erzeugt.

▸ **INFORMATION:**
GEFRA Kokoswerk, Weberei und Seilerei Gembinski Franz,
3380 Pöchlarn, Lerchenstraße 30,
Tel. 02757/22 45-0, Fax 02757/22 45-33, www.gembinski.at

Verfilztes Handwerk

Wollwerk, Textilwerkstatt und Handweberei sind in der Obermühle unter einem Dach vereint

Kautzen ist ein kleiner Ort im Waldviertel, nah an der Grenze zu Tschechien gelegen. Dieser Knotenpunkt esoterischer Kraftlinien soll bereits Außerirdische angezogen haben. Ob die mit dem Filzpatschen, die in der Obermühle erzeugt werden, etwas anfangen können, sei dahingestellt – alle anderen, die noch mit beiden Beinen auf der Erde stehen, finden dort sicher das Passende.

„Im 16. Jahrhundert war es eine Getreidemühle, aber man weiß nur wenig darüber", versucht Robert Preissler die wechselnde Geschichte der Obermühle zusammenzufassen, „im 19. Jahrhundert war es ein Gasthaus, ab 1890 eine Weberei, anschließend eine Knopfdrechslerei, die irgendwann mit Sack und Pack und sogar mit der Belegschaft nach Russland ausgewandert ist. Ein jüdischer Unternehmer hat ab 1928 Frotteewaren erzeugt, ist aber von den Nazis enteignet worden. Nach dem Krieg hat seine Tochter den Betrieb wieder zurückbekommen und ihn von London aus weitergeführt. Jahrelang ist von hier aus die Königliche Britische Marine beliefert worden, bis 1982."

Hermann Ebner am Handwebstuhl

Was der Grund für das Ende des Betriebs war, weiß Preissler nicht. Er hat die Obermühle in der Konkursmasse entdeckt und 1989 mit der Herstellung von Matratzen begonnen.

Der Platz könnte nicht einsamer liegen. Von der Straße taucht man auf einem besseren Forstweg in den Wald hinab zum Bach, nach Tiefenbach. Die Baustelle, denn als solche bietet sich die Obermühle auf den ersten Blick dar, darf einen nicht abschrecken. Preissler ist bemüht, immer wieder attraktive, zu ihm passende Betriebe zur Zusammenarbeit in der Obermühle anzusiedeln – bislang ist er der Einzige, der durchgehalten hat: „Ein problematischer Standort. Wir haben keine Laufkundschaft. Deswegen soll der Besuch interessant sein, und deswegen wird erweitert."

Ein Buffet mit biologischen Getränken und ökologischen Schmankerln fügt sich ebenso gut in dieses Konzept wie der Weber Hermann Ebner, der wie zu Maria Theresias Zeiten an seinem Handwebstuhl arbeitet. Gegen einen kleinen Unkostenbeitrag darf der Besucher darüber staunen, mit wie wenig technischem Aufwand aus der Wollflocke ein Filzteppich wird. Von einem Museum ist man den-

Gefilzt wird die Wolle bereits per Maschine

noch weit entfernt. Das Handwerk soll vielmehr einen mehr als zeitgemäßen Gedanken vermitteln. Hermann Ebner fasst ihn in einer Frage zusammen: „Wer schaut heutzutage noch, woraus ein Gewand besteht?" Er selbst trägt einen grob gestrickten wollenen Pullover: „Ich will mir kein Plastiksackl anziehen!" Damit ist klar, worauf die Obermühle gebaut ist: auf den Glauben der jungen Leute in die von ihnen erzeugte Qualität. Preissler, ein gelernter Kleidermacher, bestätigt: „Eine Matratze habe ich für mich gesucht. Habe aber nichts Entsprechendes gefunden. Aufgrund meiner eigenen Erfahrung mit dem Textil habe ich mich nach Naturfasern umgesehen und bemerkt, dass so etwas nicht billig ist." Also stellte er sich selber eine Matratze nach seinen Vorstellungen her: „Was nicht leicht war. Ich hatte keine Ahnung von Schafwollvlies und Latex, dem Naturkautschuk." Das Geschäft ist dennoch angelaufen und kann mittlerweile als lukrativ bezeichnet werden. Die Matratzen aus der Obermühle haben sich herumgesprochen. Sie werden individuell angefertigt, nach den persönlichen Bedürfnissen der Kunden: „Körpergewicht, Schlafgewohnheiten, eventuelle Allergien, das alles wird bei der Zusammenstellung bedacht."

Hauptbestandteile sind leicht gefilzte Schafwolle, Kokosmatten und Naturkautschuk, eventuell Rosshaar und pflanzliche Fasern.

Um nichts weniger persönlich sind die Teppiche, die von Hermann Ebner gewebt werden. „Darauf muss man aber warten können", schickt er voraus, „auf dem Kettbaum sind an die hundert Meter Material, und es dauert seine Zeit, bis man das herunten hat." Mit zügigen Handbewegungen schießt er den Schützen, das Schifferl, mit der Peitsche durch die Kettfäden. Die Schnellschützenlade war bereits eine revolutionäre Weiterentwicklung des Webstuhles, früher musste das Schiff mit der Hand durchgezogen werden.

Die beiden Handwerker entschuldigen sich beinahe dafür, dass in der Obermühle diverse Arbeitsgänge von Maschinen ausgeführt werden. Die Fäden werden mit der Zwirnmaschine gedreht, und die Wolle wird mechanisch genadelt: In alten Tagen wurde das Vlies per Hand gekämmt und dann verfilzt, heute bringen die Bauern gewaschene Wolle. Sie wird kardiert, also in der Maschine gekämmt, damit die Fasern sauber ausgerichtet sind.

Im nächsten Arbeitsgang werden die nun geordneten Fasern von einem dichten Nagelbrett miteinander verfilzt.

In Workshops, man kommt auch in der Obermühle nicht um diesen Ausdruck herum, wird die Kunst des Handfilzens gezeigt. Mitzubringen sind: Kernseife (Hirschseife), drei alte Handtücher, Karton (oder eine alte Schachtel), Maßband, Schere und Schreibzeug. Mit heißem Wasser und der Seife lassen sich durch beständiges Reiben die Wollfasern verdichten, sodass sie zuletzt den bekannt festen und

Robert Preissler fertigt Matratzen individuell an

widerstandsfähigen Stoff ergeben. Angeblich wurde das Filzen von den Mongolen erfunden. Sie sollen das Vlies, statt es zu reiben oder zu nadeln, mit ihren Pferden durch die Steppe geschleift haben. Das Andenken an die Väter des Filzens ist eine Jurte im Garten der Obermühle.

Dass aus dem Filz Patschen und Hüte genäht werden, ist keine Überraschung. Dass daraus aber Schmuck und Spielzeug entstehen kann, ist den Künstlern zu verdanken, die das Waldviertel zu ihrem Refugium erkoren haben. Sie haben den Filz als ausdrucksstarkes Material für ihre Arbeiten entdeckt. Seminare zu Human Design, Klang und Improvisation und Geobiologie dürfen nicht fehlen.

Die Obermühle hat sich so einen Touch des Alternativen erhalten und recht geschickt mit unaufdringlichem Marketing verwoben.

▸ **INFORMATION:**
Obermühle, Robert Preissler, Hermann Ebner, 3851 Kautzen,
Tiefenbach 21, Tel. 02864/28 78-18, Fax 02864/28 78-14,
www.obermuehle.at

Modernes Design in uralter Technik

Ein echter „Waldviertler-Teppich" ist gewebt und nicht geknüpft

„Möchte doch jeder Fabrikant, der für die wechselnden Moden arbeitet, innigst überzeugt sein, dass keine Mode von den Konsumenten hervorgerufen wird, sondern von dem genialischen Fabrikanten", wurde ihr einstens ins Stammbuch geschrieben. Geholfen hat's nicht. Die Textilindustrie hat sich Ende des 20. Jahrhunderts aus Groß-Siegharts verabschiedet und zum Andenken diesen Spruch im örtlichen Museum zurückgelassen.

Aus dem Milldom, den tausend Häusern, von denen Graf Ferdinand von Mallenthein Anfang des 18. Jahrhunderts träumte, sind zwar nur 250 geworden, der Grundstein für ein Textilzentrum war damit im Ortsteil Neugebäu aber gelegt. 1719 war die k.k. priv. Orientalische Compagnie gegründet worden, vom Kaiser mit dem Monopol zum Handel und der Verarbeitung von Baumwolle ausgestattet. Graf Mallenthein bot der Compagnie an, in seinem Herrschaftsbereich Spinnereien sowie eine Kattun- und Tuchmanufaktur einzurichten.

Nach dem Niedergang der Compagnie betrieben Bandlkramer ihre Verlage, verteilten die Arbeit in die Häuser und schickten die Bandltrager in die Welt hinaus, zumeist gen Osten, bis Ungarn und weiter bis Russland. Der Mann mit dem Bauchladen, dem breitkrempigen Hut und dem Stockdegen wurde zum Symbol des Bandlkramerlandls.

Im 19. Jahrhundert kam die Textilindustrie nach Groß-Siegharts. Aus den Manufakturen wurden Fabriken mit dampfbetriebenen Maschinen. Eine Zweigstrecke der Franz-Josefs-Bahn besorgte den raschen Transport von Kohle und Ware. Waren die ersten Arbeitskräfte aus Schwaben geholt worden, setzte man nun auf eine gediegene Ausbildung der Arbeitskräfte in der eigenen Textilfachschule. Die Schule wurde geschlossen, weil ein Betrieb nach dem anderen einging, und ist nunmehr das TBZ, das Technologie- und Bildungszentrum.

Die ärmliche Grenzregion Waldviertel hatte einen Aufschwung erlebt, weil die Arbeitskräfte nur bescheidene Forderungen stellten, Kinderarbeit war keine Seltenheit – Hauptsache, man überlebte. Die Abwanderung großer Teile der Textilindustrie in die Billiglohnländer in Fernost, wo Arbeitsbedingungen herrschen, die jedem Käufer eines Leiberls die Schamesröte ins Gesicht treiben müssten, wurde der Waldviertler Textilindustrie in jüngster Zeit zum Verhängnis. Welchen Preis die Arbeitskräfte für den Aufschwung bezahlen, diese Frage durften sich früher die Waldviertler Textilarbeiter genauso wenig stellen wie heute die Menschen in Fernost.

So wird die Geschichte den Besuchern im Textilmuseum von Groß-Siegharts erklärt. Eingerichtet ist dieses in einer Bandfabrik, die vor noch gar nicht so langer Zeit ihre Pforten geschlossen hat. Man legt Wert auf die Bezeichnung „lebendes Museum". Von der Gestaltung her mag das zutreffen. Ein ganzes Weberhaus wurde drinnen aufgestellt, mit seiner dürftigen Einrichtung, die einen Eindruck von den armseligen Lebensumständen dieser Zeit vermittelt, und mit einem Webstuhl, auf dem bei Führungen gearbeitet wird. Trotzdem bleibt es ein Museum und zeigt eine Vergangenheit, die alles andere als lebendig ist.

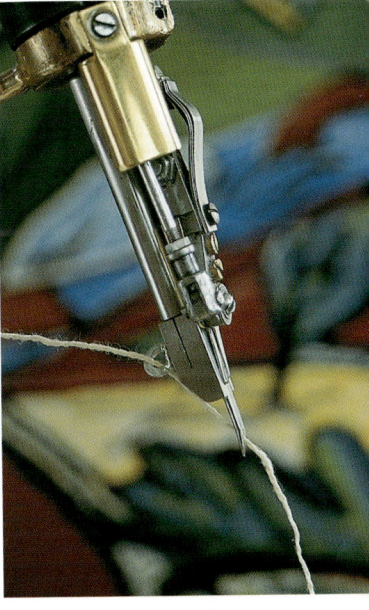

Rudolf Friedrich ist ehemaliger Textilarbeiter und nun als Gemeindebediensteter für das Museum zuständig. Er ist einer der wenigen, die sich ein Stück der Geschichte in die Gegenwart gerettet haben. Er war zunächst in den Teppichwerken beschäftigt, verließ diese aber und fasste mit einer ehemaligen Kollegin den Plan, nach der Schließung des Betriebes in welcher Form auch immer die Teppichstickerei fortzuführen.

Bis 1988 waren die Teppichwerke aktiv. „1992 habe ich eine Stickmaschine ergattert, sie heimgeführt und repariert", erzählt Rudolf Friedrich aus den Anfängen seines eigenen Betriebes. „Auch die Wolle, man braucht dazu eine ganz bestimmte Qualität, habe ich aufgetrieben, und 1993, knapp vor Weihnachten, war der erste Teppich fertig. Er hängt noch in der Werkstatt, unverkäuflich und unbezahlbar."

Der Versuch, die alten Vorlagen weiterzuverwenden, erwies sich als wenig erfolgreich und war für ihn keineswegs zufrieden stellend. Friedrich schwebte ein typisches Waldviertler Muster vor. Aber was ist typisch waldviertlerisch? Ein Wettbewerb in der Hauptschule brachte die nötigen Ideen. Die Fantasie der Kinder lieferte Blau-Gelb für Niederösterreich, Bäume, Ähren und Mohn, alles Zutaten, mit denen es ein echter „Waldviertler" ohne Weiteres mit einem Perser aufnimmt. Die Modeschule Hetzendorf steuerte weitere Entwürfe bei. Im Kopf von Rudolf Friedrich festigte sich die Philosophie vom modernen Design in uralter Technik.

Die Teppichstickmaschine wurde um 1900 entwickelt

Da jeder Teppich mit einer Maschine gestickt wird, ist die Methode durchaus nicht uralt, sie geht auf eine Entwicklung aus der Zeit um 1900 zurück. Im Vergleich zu industrieller Massenproduktion ist trotzdem jedes Stück nach wie vor Handarbeit, davon ist Friedrich überzeugt: „Der Entwurf, egal ob ein Foto, ein Gemälde oder ein Wappen, wird von mir mit der Hand gepaust, gerastert und vergrößert. Die Konturen werden mit einem Eisenstift gestochen, dabei muss ich sehr genau sein. Mit einem Reibbrett wird Farbe durch die kleinen Löcher gedrückt. Damit habe ich die Linien auf der Unterlage. Jede Farbe hat dort eine Nummer, nach der wird dann gestickt."

Die Motive werden von Rudolf Friedrich vorbereitet ...

Das Sticken ist die Angelegenheit von Getraud Permoser, der einzigen Angestellten des Waldviertler Teppich-Stickers. Den Rest der Belegschaft stellt die eigene Familie.

Gearbeitet wird fast ausschließlich auf Bestellung. Die Lieferzeit beträgt mehrere Monate. Über den Daumen gerechnet stecken je nach Muster zwanzig bis fünfzig Arbeitsstunden in einem Quadratmeter Teppich. Verwendet werden ausschließlich natürliche Grundmaterialien: „Hundert Prozent Baumwolle als Kettmaterial, hundert Prozent Schafwolle zum Sticken, hundert Prozent Flachs für das Leinen. Der Schussfaden muss große Festigkeit haben. Er trägt den Flor, die Wollfäden, die wie U-Hakerln daranhängen."

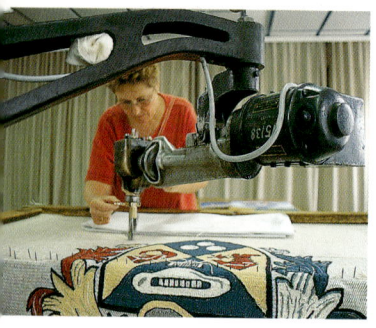

... und von Gertraud Permoser gestickt

Das Ergebnis ist ein ungemein haltbarer Teppich, ein nahezu rein österreichisches Produkt. „Leider bekommt man nicht mehr alles bei uns", bedauert Rudolf Friedrich, „vielleicht bin ich ein Phantast, weil ich als Kleiner nicht viel bewegen kann. Aber wenn es geht, schau ich drauf, dass ich nichts importieren muss."

▸ **INFORMATION:**
Waldviertler Teppich-Sticker Rudolf Friedrich, 3812 Groß-Siegharts, Schloßplatz 2, Tel./Fax 02847/30 00

Karpfen ohne Haut

Oder: Yupitaze, das Fischtextil aus dem Waldviertel

Morgengrauen an einem Fischteich im Waldviertel. Oktober, die Luft ist feuchtkalt, nach und nach treffen die Leute ein. Aus dem Kofferraum tauchen hüfthohe Stiefel auf, wasserdichte Jacken, Wathosen und feste Hüte. Vom Teich ist nur eine große Lache übrig, nur graubrauner Schlamm.

Rudolf Schuh ist der Teichwirt am Sägeteich bei Reitzenschlag. Er begrüßt die Helfer. Es geht ans Abfischen. Er hat heraußen übernachtet: „Drei Jahre füttere ich den Fisch. Die letzte Nacht ist entscheidend, ob ich zur Ernte komme oder ob ich den Fisch eingraben kann."

Laufend musste beim Ablassen des Teiches der sinkende Wasserpegel an der Schleuse kontrolliert werden. Wäre das Wasser zu schnell den Reitzenschläger Bach hinab abgeronnen, wären die Fische im Schlamm erstickt. Zu viel darf auch nicht drin sein, dann wäre das Fischbett zu groß, und man müsste mit dem Abfischen zu lange zuwarten. Rudolf Schuh hat die Sache gut gemacht, bestätigt ihm mit launigem Schulterklopfen der Fischmeister Franz Koller. Ab nun hat er das Kommando. Die meisten Helfer wissen längst von selber, was sie zu tun haben – wer am Bottich heraußen steht, um den Fang zu sortieren, wer die vollen Kübel mit den zappelnden Karpfen

Rudolf Schuh mit einer Krawatte aus Fischhaut

zum Traktor schleppt und wer mit dem Zugnetz durchs Wasser watet. Der Teichwirt selbst ist der Erste, der hineinsteigt: „Ich spüre an der Hose, wie sie mit der Nase anstoßen, und dann weiß ich, dass es ein Erfolg wird." Dem Strahlen seines Gesichtes nach wird es dieses Jahr ein guter Fang. Von wegen fangen – wenn das Netz eingezogen wird, kocht das Wasser. Schuh: „Das sind die Karpfen, die platschkern. Man wundert sich aber, was da noch alles drinnen ist, was man gar nicht ausgesetzt hat."

Einer davon ist der Hecht, ein Überlebenskünstler, der in den Gruben ruhig steht, das Netz über sich drübergehen lässt und dabei mit keiner Flosse zuckt. Schuh: „Liegt da wie ein Holzprügel. Man

geht daran vorbei. Der Fisch an sich ist überaus schlau. Wenn man mit dem Netz das zweite Mal über die gleiche Stelle geht, wird man kaum mehr etwas drinnen haben. Sie weichen nach unten aus, und in der Fischgrube hat man keine Chance mehr."

Der Fischmeister weist die Leute an, zuerst auf die Zander zu achten. Sie sind am heikelsten, dann kommen die Karpfen, weil sie muren und dadurch den Weißfischen mit dem Schlamm die Kiemen verpicken. Kübel um Kübel wandert nach oben. Im Container auf dem Traktor ist frisches Wasser, mit genauer Regelung der Sauerstoffzufuhr. Wenn der befüllt ist, kommen die Fische getrennt nach Gattung in den Kalter, ein Frischwasserbecken bei einem der anderen Teiche.

Auch der Nachwuchs ist am Abfischen beteiligt

Üblicherweise wandern Waldviertler Karpfen auf den Weihnachtstisch. Rudolf Schuh hat für sie eine andere Bestimmung gefunden. Während nach dem gelungenen Abfischen die Runde bei Bier und Burenwurst beisammensitzt, erzählt er die seltsame Geschichte von Barbaren in Fischhaut: „‚Yupitaze' sagen die Chinesen zu den Nanai, einem sibirischen Volk am Amur."

Ein Prachtexemplar ist ins Netz gegangen

Vor einigen Jahren waren ein sibirischer Bildhauer und eine deutsche Malerin zu ihm in seine Wiener Altholzsäge gekommen und hatten nach einem Wurzelstock gefragt. Man kam dabei ins Gespräch über die längst verloren gegangene Fertigkeit dieses Volkes, aus Fischhaut Textilien herzustellen. Der Bildhauer war in Europa herumgekommen und hatte erfahren, dass da und dort daran gearbeitet würde. Niemandem war es aber noch gelungen, die Fischhaut geschmeidig zu machen.

Zuerst wurde gewitzelt, über die Ähnlichkeit des Waldviertels mit der sibirischen Tundra und darüber, dass man hierzulande ja auch vom jährlichen Fischzug lebe. Inzwischen wurde daraus ein Projekt der EU, für das Rudolf Schuh den Kuhstall zum Entwicklungslabor umgebaut hat: „Probieren geht über Studieren. Den Satz: ‚Es geht nicht' gibt es nicht." Die beiden Künstler schienen diese unerschütterliche Überzeugung nicht zu teilen: „Auf Knall und Fall sind sie zur Halbzeit verschwunden."

Je mehr er sich in die Materie vertiefte, umso komplexer wurden sie: „Ich bin mir vorgekommen wie der Zauberlehrling. Aber ich habe es geschafft, zumindest bin ich ganz nah dran. Das eine oder andere könnte noch verbessert werden."

Später, bei sich zu Hause, legt er Handtaschen, Geldbörsen und einen Gürtel auf den Tisch. In Deutschland hat sich eine Näherei gefunden, die aus seiner Fischhaut beständige „Lederwaren" näht. Schuh: „Leder ist nicht ganz richtig. Ich nenne es Textil, weil die Gerbung etwas anders als üblich verläuft." Die Oberfläche eines jeden einzelnen Stückes greift sich angenehm an, keine Spur von Steifheit und kein störender Geruch. Rudolf Schuh mit leicht vorwurfsvollem Ton: „Ziege darf nach Ziege riechen, Rindsleder nach Rind, aber Fisch nicht nach Fisch." Trotzdem verständlich.

Das eine Problem schien gelöst, der Bedarf an Fischhaut stieg und zog die nächste Frage nach sich. Welcher Feinschmecker mag ein Karpfenfilet ohne Haut? Wohin mit dem Fleisch? Das Abfallprodukt Fischhaut wäre beinahe vom Abfallprodukt Fischfleisch abgelöst worden. „Nicht bei mir! Ich hasse Wegschmeißen. Wir tun gerade so, als ob alles unerschöpflich wäre. Ich bin fasziniert davon, wie wertvoll Abfall ist."

Mit dem Zugnetz werden die Fische eingeholt

Der Beweis ist seine Altholzsäge, die in diesem Buch ebenfalls vorgestellt wird. Beim Fisch fand sich ebenso ein Ausweg. Es bedurfte lediglich einiger Überzeugungsarbeit, um genügend Abnehmer für hautlose Karpfenfilets zu finden. Mittlerweile werden sie in appetitlicher hygienischer Verpackung tiefgefroren an Großküchen geliefert. Deren Kunden können auf diese Weise das ganze Jahr über Karpfen genießen. Dem rührigen Teichwirt ist es ohnehin ein Dorn im Auge, dass Fisch nur in Monaten mit R gegessen wird: „Das Waldviertel ist eine Tourismusregion. Man holt Golfspieler und Wanderer her. Die wollen auch im Sommer den Waldviertler Karpfen essen. Wir sind ja längst in der Lage, zu jeder Zeit beste Qualität auf den Tisch zu bringen."

Seit 200 Jahren ist sein Haus im Besitz der Familie. Er selbst hat die HTL für Elektrotechnik abgeschlossen, in Wien gearbeitet und nebenbei seit den 1960er-Jahren mit seiner Frau die ererbte Landwirtschaft in Reitzenschlag, Gemeinde Litschau, weitergeführt – zum Erstaunen der ansässigen Bauern durchaus erfolgreich. Er kaufte scheinbar wertloses Sumpfgebiet, ließ sich dafür auslachen und legte seine Teiche an. Mit Yupitaze ist der Waldviertel–Wien-Pendler Rudolf Schuh einem lang gehegten Traum wieder ein Stück näher gekommen: „Litschau soll zur Fischstadt werden."

▸ **INFORMATION:**

Accessoires und Mode aus Fischleder, Teichgemeinschaft Schuh, 3874 Litschau, Reitzenschlag 24, Tel. 02865/514 70, Fax 02865/514 90, www.yupitaze.at

Hutschnur, Tresse und Soutache

Der Posamentierer braucht keine Werbung; wer ihn braucht, der findet ihn

Heiteres Beruferaten: Was ist ein Posamentierer? Die Antwort ist gar nicht so leicht zu bekommen. Die wenigen Betriebe, die im Branchenbuch unter dieser Bezeichnung firmieren, winken schon beim ersten Anruf eines neugierigen Journalisten ab. Man will mit der Öffentlichkeit nichts zu tun haben, heißt es. Erst in Bad Fischau kommt man ans Ziel. Robert Schara ist seit 1997 Geschäftsführer der Bogensberger Posamentenerzeugung GmbH. Er macht aus seinem Gewerbe kein großes Geheimnis: „Posamenten sind alle Schmaltextilien, die keine technische, sondern dekorative Eignung haben."

Damit ist einiges geklärt. Wenn man die Fertigungshalle betritt, weiß man, was darunter zu verstehen ist. Im leisen Surren der Elektromotoren und einem nicht unangenehmen feinen Klappern der Maschinen entstehen Litzen, Kunstseidenschnüre, Borten verschiedenster Art, Uniformeffekten, Vorhangraffer und Tapezierleisten.

Dem Umfang der Produktpalette entspricht annähernd die Anzahl der Maschinen. Jede Hutschnur, jede Tresse oder Soutache

Posamenten sind Schmaltextilien

stellt andere Anforderungen an die Technik. Die meisten der Maschinen arbeiten selbstständig. Trotzdem ist menschliches Eingreifen immer wieder nötig, weil da und dort ein Faden gerissen ist, das Garn neu eingefädelt werden muss oder die Maschinen auf neue Produkte umgestellt werden müssen. Schara: „Wir sind zu dritt in der Firma, meine Frau Michaela, eine Arbeiterin und ich. Mehr Personal könnten wir uns nicht leisten und brauchen wir auch nicht. Der veraltete Maschinenpark wurde in den letzten Jahren großteils erneuert und renoviert."

Als die aus dem Erzgebirge stammende Posamentenerzeugung Edmund Schmidl 1920 in Wien eine Niederlassung gründete, war

Eine übergroße Strickliesl

die Nachfrage nach Quasten und Hutschnüren noch groß. Die Firma überstand den Zweiten Weltkrieg und blieb bis zur Pensionierung des damaligen Inhabers Harald Bogensberger im Jahr 1997 unter dem Namen „Else Bogensberger" im Familienbesitz.

Die Nachfrage hat sich im Laufe dieser Zeit gewaltig gewandelt, so Schara: „Die Hochblüte der Posamentrie ist vorbei. Heute braucht kaum jemand mehr Litzen für die Uniform." Es gibt diese Dinge nach wie vor auf Bestellung. Die Maschinen sind vorhanden: die Nadelflechtmaschine, die wie eine riesige Strickliesl arbeitet, die Verseilmaschine, wo Schnüre gedreht werden, und die Flügelplattiermaschine, die aus billigen Einlagen und teurer Viskose prächtige Goldschnüre dreht.

Farbenprächtiges Garn

„Auch kleine Mengen, das ist unsere Stärke", empfiehlt sich der Posamentierer als flexibler Unternehmer. „Individuell auf den Kunden eingehen, auf den Farbenwunsch und auf jede Größe, und vor allem rasches, zuverlässiges Liefern." Kunden, die zu billigeren Anbietern nach Fernost abgewandert sind, hätten deswegen reumütig wieder zur heimischen Posamentrie zurückgefunden, sagt Schara, der sich aus dem unseligen Preiskampf heraushält: „Es gibt immer jemanden, der größer und billiger ist."

Robert Schara ist Absolvent der HTL für Textiltechnik und hatte mit der Posamentrie eigentlich nichts am Hut. Heute erhält ausgerechnet er dem Standort Österreich einen soliden Textilbetrieb, weil er volkswirtschaftlich gesehen eine recht gesunde Ansicht vertritt: „Man kann ein Land nicht nur aus Handelsbetrieben zusammensetzen. Man braucht Wertschöpfung."

Wer den Posamentierer sucht, der findet ihn. Der Betrieb kann deswegen auf Reklame verzichten, zumindest für sich selbst. Ein guter Teil der Aufträge kommt aus der Werbebranche und aus der Verpackungsindustrie: „Dort braucht man immer wieder einen Blickfang aus Borten oder ein verzierendes Schnürl oder einen gestylten Tragegriff für eine Papiertasche."

Der Renner sind derzeit die Lenyards oder Keyholder, ohne die kein Event denkbar wäre: „Man erkennt sofort, wer zur Schar gehört, und außerdem sind die Bänder ausgezeichnete Werbeträger." Die jungen dynamischen Veranstalter, die gestern eine Idee von morgen realisiert haben wollen, lassen ihn seine Stärke voll ausspielen: „Bei mir bekommen sie blitzschnell ihren Auftrag erledigt."

Trotz aller Automatisierung stehen an dem einen Ende der Halle noch immer Seilschlagmaschinen. „Die Handläufe für die Stiegenaufgänge im Kunsthistorischen Museum wurden bei uns darauf noch in reiner

Handarbeit beschränkt sich zumeist auf das Einfädeln

Handarbeit erzeugt", zeigt sich der junge Unternehmer dem Handwerk verbunden. „Die Posamentrie ist ein freies Gewerbe und, wie man sieht, großteils automatisiert. Aber man braucht dafür doch einige Voraussetzungen." Feingefühl für die Fäden und gute Augen für das Einfädeln sind gefragt, denn: „Man darf die Dinge, wenn sie funktionieren sollen, keinesfalls grob angehen."

▸ **INFORMATION:**
Bogensberger GmbH, Ing. Robert Schara, 2721 Bad Fischau-Brunn, Wiener Straße 32, Tel. 02639/71 66, 0676/359 87 72, www.bogensberger.co.at

Warten auf ein Wunder

200 Jahre Textilgeschichte warten in der Börtel-flechterei in der Hinterbrühl auf finanzielle Hilfe

„C. Gruber" steht über dem Portal an der Straße von der Hinterbrühl nach Weißenbach. Das Fabriksgebäude selbst wurde von 1860 bis 1863 gebaut und nach einem Dachstuhlbrand Ende des 19. Jahrhunderts erweitert. Der Turm zwischen den pittoresken Föhren erinnert an ein toskanisches Landhaus, zum Bachgrund hinab schließen Wohn- und Firmenräume an. Rundum bröckelt der Verputz, das Holz der Veranda ist mürbe, und von der einst bunten Verglasung sind nur mehr Scherben vorhanden. Wohin man schaut, romantischer Verfall, auch auf der anderen Seite des Baches, wo das Herrenhaus steht, erbaut um 1907/08, ein späthistoristischer Bau mit Detailformen von Neobarock und Jugendstil. Der Betriebsinhaber wohnt dort, jedoch vom herrschaftlichen Leben eines Fabrikanten ist nichts mehr zu merken.

Wilfried Gruber ist allein in seiner Firma

Wilfried Gruber, wohl der letzte Börtelflechter der Familie, hat sich in die Geschichte der Firma vergraben, ist ihr nachgegangen bis zum Ururgroßvater, der 1769 in Laa an der Thaya geboren wurde und dort als Seilermeister arbeitete. Dessen Sohn dürfte in die Hinterbrühl gekommen sein. 1850 gibt es eine erste urkundliche Erwähnung als Firma im heutigen siebten Wiener Gemeindebezirk, im Zentrum der städtischen Textilindustrie.

Ein anderer Vorfahre Wilfried Grubers, ein gewisser Franz Kühtreiber, kaufte sich an der heutigen Stelle ein, eine feuchte Wiese, auf der von 1500 bis 1700 eine Mühle bestanden haben soll. Die Gegend, in der dieser junge Betrieb angesiedelt wurde, war ein beliebtes Ausflugsgebiet – also nicht zu weit weg von Wien und doch am Land – und wurde bekanntlich auch von Schubert, Waldmüller und Beethoven geschätzt. Leute, die sich in der neuen Fabrik verdingten, gab es genug, und die Wasserkraft ließ sich mit dem 9,3 Meter großen oberschlächtigen Wasserrad, einem der größten Österreichs, optimal nutzen.

Eine beeindruckende Ansammlung historischer Maschinen

1866 stirbt Franz Kühtreiber und hinterlässt seiner Witwe und der 16-jährigen Tochter einen Betrieb mit 42 Männern. Die Tochter ist energisch genug, die Fabrikation weiterzuführen. Trotz der Bedenken der Familie heiratet sie 1865 Carl Gruber, Kunstmaler und vorerst alles andere als ein Unternehmer. Doch die Fabrik in der Hand des akademischen Malers entwickelte sich allem Anschein nach zufrieden stellend. Auf dem Land heraußen wurde produziert, das Büro, die Endfertigung und die Niederlage verblieben in der Stadt. Erzeugt wurden damals wie heute Produkte der Börtelflechterei, im Gegensatz zu den Tisch- und Uniformposamenten. Für einen Fachmann wie Wilfried Gruber sind die Unterschiede zwischen derlei Betrieben gewaltig.

1880 werden Flechtmaschinen angeschafft. Die Stücke waren schon damals nicht mehr neu, erzählt Wilfried Gruber, sie haben ganz genauso ausgesehen wie auf einem Kupferstich aus 1800.

Um 1900 beschäftigt die Firma in der Hinterbrühl an die achtzig Personen – das kann man sich kaum vorstellen, wenn man heute die Fabrikshalle betritt. Maschinen stehen noch genug herum. Die wenigen, die noch im Einsatz sind, werden vom Betriebsinhaber selbst überwacht und betreut. Für die wenigen Aufträge, die ihm geblieben sind, kann er auch die Arbeit der Spulerinnen und Aufschlägerinnen übernehmen.

Noch lebt der Betrieb, wenngleich bei äußerst schwachem Puls. Wilfried Gruber hofft auf ein Wunder, das den Weiterbestand ermöglicht. Schuhbänder waren es, die den Niedergang beschleunigt haben: Eine Supermarktkette hatte sie regelmäßig bestellt und war ebenso regelmäßig und verlässlich damit beliefert worden, mit nichts anderem als Schuhbänder in den gewünschten Längen und Stärken, sauber geblistert, also in Plastik verpackt. 95 Prozent des Umsatzes haben diese

Schuhbänder ausgemacht. Sie wurden von einem Tag auf den anderen nicht mehr geordert. Geblieben sind ein paar Kunden, Kleinunternehmer und Modedesigner, die spezielle Borten oder Litzen wünschen. Sie machen das Kraut nicht fett, sind aber ihrerseits wieder auf die mehr als marode Börtelflechterei angewiesen. Die speziellen Bänder sind nirgendwo sonst zu bekommen.

Vorläufig ist es nur eine Idee, aber Wilfried Gruber klammert sich mit der ihm verbliebenen Energie daran: Aus seinem Betrieb könnte

Melancholie beherrscht die Firma drinnen ...

... ebenso wie draußen

ein lebendes Museum werden. Er bräuchte lediglich entsprechende finanzielle Unterstützung durch die öffentliche Hand, die mit beiden, seinem Betrieb und ihm selbst, lebende Textilgeschichte präsentieren könnte. Zustimmendes Interesse gab es von allen Seiten, Gruber wurde für seine Idee gelobt – allein, vom Geld war keine Rede.

Abgesehen vom desolaten Zustand des Hauses – so wurde die bedenklich durchhängende Decke der Maschinenhalle durch eine Stahlkonstruktion abgefangen –, wären die Voraussetzungen für ein einzigartiges Museum durchaus gegeben: Diese Ansammlung teils historischer Flechtmaschinen muss man einmal gesehen haben. Die ältesten sind möglicherweise schon 200 Jahre alt, die jüngsten wurden knapp vor 1980 angeschafft. Gruber ist überzeugt, dass es Unsinn wäre, die Maschinen einzeln an Museen zu veräußern. Sie sind nur in situ und in ihrer Gesamtheit ein sinnvoller Beitrag zur Industriegeschichte. Wilfried Gruber will die historischen Wurzeln nicht ausreißen lassen, und, wie er es mit deutlichem Galgenhumor ausdrückt, den Rucksack, der ihn derzeit ordentlich nach hinten reißt, zum kulturellen Bauchladen umwandeln.

▸ **INFORMATION:**
C. Gruber, Betriebsinhaber: Wilfried Gruber, 2371 Hinterbrühl, Weißenbach 28, Tel. 02236/262 88, Fax 02236/262 88-4

Stola, Kasel und Dalmatika

Auch Paramente, liturgische Textilien, sind dem Diktat der Mode unterworfen

„Freilich wird sehr viel für die Stange produziert", erklärt Daniela Spielvogel die Reihe von fertigen Messgewändern. Sie sind geschmackvoll nach Farben gereiht, streng nach liturgischem Brauch vom besinnlichen Violett bis zum golddurchwirkten Weiß.

Mitten in Ottakring hätte man eine Paramentenhandlung nicht erwartet, zumal immer die Rede davon war, dass fromme Nonnen die wertvollen Gewänder schneiderten. Ist es erstaunlich, dass eine Erzeugung von Paramenten eine ganz normale weltliche Firma ist? Eigentlich nicht, erklärt die Jungunternehmerin, die im Jahr 2000 kurz vor Abschluss ihres Wirtschaftsstudiums das Geschäft nach dem unerwarteten Tod ihres Vaters übernahm: „Paramente sind im liturgischen Gebrauch bestimmt etwas Heiliges. Für uns, wenn wir damit arbeiten, wenn wir sie zuschneiden, besticken und restaurieren, sind sie nichts anderes als Werkstücke und Handelsware wie jede andere auch – mit der wir natürlich nicht ehrfurchtslos umgehen." Der Kunde muss sich im Katalog zurechtfinden, der eine Altardecke wie jedes andere Produkt beschreibt: „Mischleinen, einfarbig weiß, zum Aufpreis waschbare Stickerei aus Goldfäden ‚Alleluia' und 2 Kreuze."

Paramente sind, grob gesagt, alles Textile in der christlichen Liturgie. Der Altar beispielsweise ist mit Decke, Kleid und dem Vorderteil, dem Antependium, bedeckt.

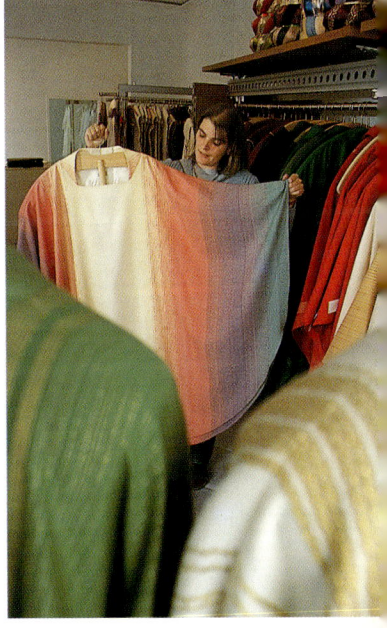

Daniela Spielvogel mit einer modernen Kasel

Ein Pfarrer, der auf sich hält, hat für all dies ein einheitlich gestaltetes „Set", zu dem auch seine eigenen Gewänder, vor allem Stola und Kasel, aber auch die Dalmatiken der Diakone und unter Umständen auch die Chorröcke der Ministranten und die Kelchwäsche des Allerheiligsten, des Kelchs mit den konsekrierten Hostien gehören.

Wer meint, dass es im liturgischen Betrieb ohne die kleinen Eitelkeiten der Mode abginge, der irrt gewaltig. Frau Spielvogel holt zwei prächtige barocke Kaseln, Bassgeigen im Fachjargon, aus der Werkstatt. Sie wurden von ihrer Stickerin restauriert und könnten wieder getragen werden. „Aber die Priester wollen solche Stücke nicht mehr gerne anziehen, obwohl die Sakristeien voll damit sind", sagt die Paramentenerzeugerin, die sich an den aufwendigen und künstlerisch hochstehenden Stickereien begeistert: „Schauen Sie, diese Handarbeit! Nadelmalerei, so fein. Die Tamburstickerei wurde von uns ergänzt, genauso wie der Stoff, auf dem der Stab mit den Stickereien sitzt."

Gefragt, welcher Stil sie selber am meisten berührt, nennt sie ohne langes Überlegen die gotische Kasel, die Form, in der heute wieder die Messgewänder geschnitten werden. „Diese Regenbogen-kasel ist durchgehend handgewebt", Frau Spielvogel lässt den Stoff genüsslich durch ihre Finger gleiten, „vor ein paar Jahren noch hätte niemand so kräftige Farben genommen, und auch keine Seide." Das Messgewand ist tatsächlich federleicht und bewahrt wohl auch

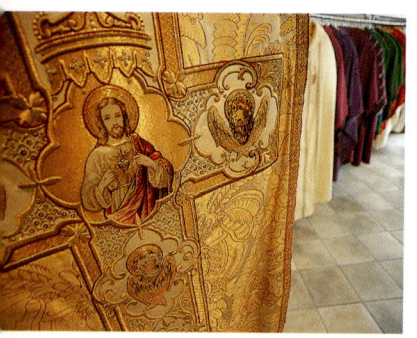

Im Barock waren auch die Messgewänder üppig geschmückt

im Sommer bei langen Gottesdiensten seinen Träger vor grober Hitze. Überdies hat dieses Priestergewand den Vorteil, dass es mit seiner Buntheit für jeden liturgischen Anlass die richtige Farbe aufweist. In manchen Diözesen ist eine Erleichterung erlaubt, weiß Frau Spielvogel: „Dort genügen Albe und Stola." Die Albe ist ein beinahe bodenlanges weißes Hemd, das über der Soutane oder dem Talar und dem Amikt, einem Schultertuch, getragen wird. Um die Leibesmitte kann dabei ein Zingulum, ein Strick, gebunden sein, und um Nacken und Schultern ist die Stola gelegt.

Eine Kleiderpuppe zeigt den vollen Ornat, so der Ausdruck für den gesamten Satz liturgischer Kleidung eines Geistlichen. Stilisierte Ähren, Trauben und ein Kelch dominieren die Ornamente. „Das Design, das ich am liebsten habe. Es stammt wie viele andere von mir und meiner Stickerin", gibt sich Frau Spielvogel als kirchliche Modeschöpferin zu erkennen. Die Bedeutung der Symbole hat sie schon als Kind aufgesogen, wenn sie mit ihrem Vater bei den Kunden im Außendienst unterwegs war: „Was fehlt, lässt sich nachlesen."

Die Idee wird skizziert. Mit einer simplen Blaupause wird die Zeichnung auf den Stoff übertragen und mit einer wahrhaft vorsintflutlichen Stickmaschine ausgeführt. „Das ist eines unserer Probleme als Paramentenhersteller", sagt die junge Frau, ohne in einen klagenden Ton zu verfallen, „unsere Branche ist so klein, dass keine Maschinen mehr hergestellt werden. Deshalb haben wir Glück gehabt, dass wir diese Stickmaschine noch ergattert haben." Damit lässt sich tamburieren, lassen sich Soutachen sowie Schnur- und Perlstickereien anfertigen. Frau Dagmar Weninger ist eine der wenigen, die mit der Maschine umgehen können. „Unser zweites Problem", ergänzt Frau Spielvogel: „Es gibt kaum mehr ausgebildetes Personal. Zu unserem Gewerbe gehören auch Metallarbeiten. Die können wir zu Gürtlern und Metalldrückern weitergeben. Für das Sticken gibt es aber kaum jemanden, der noch alle Techniken beherrscht, die bei den Paramenten erforderlich sind."

Für die Fahne, die mürbe und wellig auf dem Gang zum Büro ihrer Restaurierung harrt, braucht die Arbeiterin zusätzlich Verständnis für Ölfarben. Wenn das Bild, das unter mehrmaligem Befeuchten einem Druck von vierzig Tonnen ausgesetzt war, nach Tagen wieder flach ist, wird das Fehlende mit großem Einfühlungsvermögen nachgemalt.

Frau Spielvogel erinnert sich an eine ramponierte Monstranz, deren Restaurierung besondere Vielseitigkeit erforderte. Aber der Auftrag wurde ausgeführt – sogar passende Edelsteine wurden aufgetrieben und dann fachgerecht eingesetzt.

Neue Ornamente sind zeitgemäß einfach gehalten

Die Paramentenherstellerin denkt an eine Auslage. Warum nicht? Ein Schaufenster in der Ottakringer Straße mit Weihrauchfässern, Bronzekreuzen, Weihwasserkesseln und diversen Kerzenständern zwischen modern gestylten Messgewändern, den jüngsten Kreationen von Daniela Spielvogel, das wär doch was.

‣ **INFORMATION:**
Parametenerzeugung, Daniela Spielvogel, 1160 Wien,
Hettenkofergasse 21, Tel./Fax 01/489 36 63,
E-Mail: d-spielvogel@aon.at

Kunst am Kopf

Zwei junge Frauen sind alles in einem: Hutmacherin, Modistin und Modell

Seit der Einführung der Nackenstütze im Auto trägt Frau nicht mehr Hut. Julia Cranz und ihre Partnerin Loni Haberler, beide sind Absolventinnen der Modeschule Hetzendorf, können sich mit Sicherheit nicht mehr an die Zeit davor erinnern. Dafür sind sie viel zu jung. Aber

Frau soll sich mit Hut weiblicher fühlen

irgendwas muss dafür verantwortlich gemacht werden, dass Frau heute allem Putz abhold geworden zu sein scheint. „Auch Stilettos werden kaum mehr getragen, alles wird bequemer", lautet die Bestandsaufnahme. Julia Cranz: „Wenn es den Gentleman, der einem die Tür aufhält, nicht mehr gibt, ist das kein Beinbruch und kein Grund dafür, dass eine Frau keinen Hut trägt."

Die Kopfbedeckung muss lediglich heutigen Ansprüchen gerecht werden, darf sich in der U-Bahn nicht zur Belästigung anderer Fahrgäste auswachsen, muss leicht sein und einfach zu verstauen – keine Hutschachtel mehr im Reisegepäck, dafür im Koffer bei den anderen sportlichen Notwendigkeiten ein Hut, der alles mitmacht, der beim Tanzen bombenfest sitzt und nicht ständig zurechtgerückt werden muss, und der stoß- und wasserfest ist. Julia Cranz, nach eigener Aussage ein Hudriwusch, scheut vor keinem Test zurück: „Mit meinen Hüten bin ich schon ins Wasser gesprungen. Sie halten es aus!"

Mit einer Kopfbedeckung, die all diese Kriterien erfüllt, wird sich Frau dann weiblicher fühlen als mit der alternativen Pudelhaube. Julia Cranz: „Der Hut als Sahnehäubchen zu Schuhen und Gewand. Das Selbstbewusstsein wird gesteigert, der Gang aufrechter. Gesehen werden und Ausstrahlung haben."

Der Hut färbt auf seine Trägerin oder auf den Träger ab – auch für mutige Herren wird im NoNoQuartier in der Grundsteingasse in Ottakring gearbeitet. Julia Cranz hat persönlichen Kontakt zu ihren Kunden und darf genügend oft die positive Veränderung einer Persönlichkeit beobachten, der sie ihre sanfte Beratung angedeihen ließ.

Verlockend, was alles in den Hüten der beiden Modemacherinnen steckt. Gewerbemäßig angesiedelt seien sie zwischen Hutmacher und Modistin, so Cranz, „bei dem einen ist Brachialgewalt angesagt. Er macht die Hüte. Die Modistin drapiert Einzelstücke mit dem ganzen Düdeldü."

Die beiden ersparen sich mit ihrer Arbeit das Fitnessstudio. Ihr Workout findet am Holzkopf statt, wenn der Stumpen mühsam darübergezogen wird. Cranz: „Davor wird der Konus appretiert und gesteift. Damit der Stumpen richtig fest wird, muss schon eine Menge böser Chemie eingesetzt werden. Die Hutsteife stinkt bestialisch, ist supergiftig, und man muss Atemschutzmasken tragen. Nicht umsonst sind wir die verrückten Hutmacher."

Julia Cranz entwirft Kunst für den Kopf

Erst nach dieser Plackerei wird aus Julia Cranz die Modistin, die Künstlerin, deren Fantasie keine Grenzen kennt: „Ich mache Installationen, moderne Kunst für den Kopf. Mich reizen Stoffe, die nicht klassisch für Damenhüte sind. Ich gehe in den Baumarkt, stehe dann zwischen den Riesenmännern und suche nach Materialien für die nächste Kollektion. Schrauben, Stöpsel, Ketten, alles Mögliche. Leder, Seide, Glaskristalle, alles kann verwendet werden."

Federn liebt sie über alles: „Kiloweise habe ich sie gekauft. Sie werden über Dampf zurechtgebogen, zugeschnitten und geben dem Hut etwas Vogelhaftes. Sie sind ein bisschen wie ein Orden."

Die exklusiven Kollektionen, die in Auflagen bis zu maximal zwanzig Stück hergestellt werden, brauchen nun Trägerinnen. Julia Cranz: „Nicht einfach, die passenden Köpfe zu meinen Hüten zu finden." Deswegen gibt man der potenziellen Kundschaft die einmalige Chance, von selber draufzukommen. Die beiden jungen Frauen, die zwischen Wien und Venedig pendeln, tragen da wie dort auf ihren hübschen Köpfen ihre eigenen Kreationen und werden immer wieder in geschäftsfördernder Weise darauf angesprochen. Womit sich ganz von selbst erklärt, warum es wieder Sinn und vor allem Spaß macht, einen Hut zu tragen.

▸ **INFORMATION:**
NoNoQuartier, Hatoffice, Julia Cranz, 1160 Wien, Grundsteingasse 36/1–3, www.hatoffice.com

Ein Hendl im Wappen

„Tradition bewahren, Althergebrachtes erhalten" ist das Motto einer Wiener Fahnenfirma

Seit 1483 gibt es die Familie Hien mit den Hühnern im Wappen. Heinz Hien hat es in den 15. Gemeindebezirk von Wien verschlagen, wo er 1983 eine Fahnenfabrik übernommen hat. Fabrik ist nicht der richtige Ausdruck für die Fahnenherstellung, die in den unteren Räumlichkeiten eines Wohnhauses Platz für derzeit zehn Arbeiter bietet. Und nach wie vor regieren trotz modernster Ausstattung Handarbeit und Kreativität.

Der weibliche Teil seiner Belegschaft ist eher für die Kopfarbeit und die feinen Handfertigkeiten wie Entwerfen, Computerbedienung und Nähen zuständig. Die Männer erledigen das Grobe, und ihnen wird von den Damen bescheinigt, dass sie tüchtig sind und brav arbeiten.

Der Kunde bringt üblicherweise den Entwurf. Falls der noch nicht vorhanden ist, wird durch Fachfrauen kundig beraten. Diese verfügen durchwegs über eine solide grafische Ausbildung, und jeder sieht man den Spaß an Aufträgen an, die den Alltag der Produktion unterbrechen und ihre gestalterische Kraft fordern.

Nachdem Fahne oder Transparent von der Designerin auf dem Computer entworfen worden sind, werden durch einen Plotter oder per Hand Schablonen zugeschnitten. Es gibt nun zwei Möglichkeiten. Die Schablone kann aus selbsthaftendem Material bestehen und wird direkt auf das Gitter der Siebdruckanlage gelegt, oder sie wird belichtet.

Tradition in Schwarz und Gelb

Von den beiden Herren, die für das Drucken zuständig sind, wird Fitness erwartet. In Höllentempo klatschen sie Farbe auf die Schablonen und reiben sie im nächsten Durchlauf, was sich im wörtlichen Sinn auf Laufen bezieht, mit der Rakel durch das Gitter auf den Stoff.

Im nächsten Gang wird die Farbe bei 180 Grad im Ofen eingebrannt, um sie auf dem Stoff haltbar zu machen. Saum und Ösen für die Karabiner werden auf der Nähmaschine gefertigt – keine einfache Tätigkeit, wenn man die Größe so mancher Stoffbahn bedenkt, die per Hand unter der knatternden Nadel durchgezogen werden muss.

Das größte Stück dürfte die Regenbogenfahne gewesen sein, die vom Donauturm herabflattern sollte. Zum Auflegen der Fahne, also zur Prüfung, ob jede Naht in Ordnung ist und die farbigen Stoffbahnen richtig angeordnet sind, wurde der Fußballplatz auf der nahen Schmelz gemietet.

Man bedauert, dass das Brauchtum und damit die Verwendung von Fahnen zurückgegangen sind, und so wurde dem Musikverein Sieding, wo Heinz Hien seinen Zweitwohnsitz hat, nach seinem Firmenmotto „Tradition bewahren, Althergebrachtes erhalten" ein Banner mit Fahnenschuh, dem Gestell zum Tragen der Fahne, und Fahnenstange feierlich übergeben.

Rotweißrot in jeder Größe

Transparente sind ein gewohnter Anblick an Autobahnbrücken, bei Autohändlern und Feuerwehrfesten. Sie, so gibt man sich zuversichtlich, werden noch lange gefragt sein.

Falls ein besonderes Motiv erwünscht ist, kann dieses natürlich auch auf elektronischem Weg auf die entsprechende Größe aufgeblasen werden, mit digitalem Transferdruck, so genannt, weil das Bild von der elektronischen Datei mit hohem Druck und entsprechender Hitze auf den Stoff übertragen wird.

Die beiden Siebdrucker

Falls ein Transparent zerreißt, bei Hien wird repariert. Zu kaufen gibt es jede Art von Wimpeln, Flaggen und Emblemen. Und bevor das Vereinsbanner nach hundert Jahren und unzähligen Aufmärschen in das Heimatmuseum wandert, wird es getreulich kopiert. Patrioten, Fußballfans und andere Fahnenschwinger sind bei Hien also bestens aufgehoben.

▶ **INFORMATION:**
Fahnenfabrik Heinz Hien, 1150 Wien, Alliogasse 29–33,
Tel. 01/982 51 17, Fax 01/982 51 17-6,
E-Mail: fahnen-hien@magnet.at, www.fahnen-hien-wien.at

Häuptling und Prinzessin

In der Spielwarenerzeugung Miranda Weissenfeld werden Erinnerungen an die Kindheit wach

In der schönen neuen virtuellen Welt wird jeder zum Helden. Gefragt ist der schnelle Finger am Joystick. Fantasie ist unnötig. So betrachtet ist es unglaublich, dass Kinder einander zum Spielen treffen, sich verkleiden und wie in alten Tagen ganze Drehbücher improvisieren. Wo sich solche Wunderkinder verstecken? Weiß Gott! Aber es

Naturfell auf der Kindertrommel

muss sie geben. Andreas Greif führt in dritter Generation die Firma Miranda-World und bestätigt das anhaltende Interesse an Indianerkostümen und Schaffnerausrüstung: „Verkleiden und Spielen ist unser Motto. Es kommt das ganze Jahr über gut an. Die Kinder wollen nicht nur im Fasching kleine Helden sein. Deswegen sind wir vom Faschingskostüm für Erwachsene wieder weggegangen zu unseren ureigensten Produkten." Und das, obwohl Andreas Greif an einem 11.11. geboren ist und durchaus Spaß an der Verkleidung hat.

Aus der Firmenchronik: Miranda Weissenfeld, seine Großmutter, gründete 1948 eine Erzeugung von Indianer- und Cowboyartikeln, Springschnüren und Windrädern sowie hochwertigen Federmasken. Das Programm hat anstandslos bald sechs Jahrzehnte überlebt, wurde lediglich behutsam erweitert. Ende der 1950er-Jahre kamen Österreichs einzige Kostümproduktion und die legendären Spielzeugtrommeln dazu. Andreas Greif: „Kartonrollen werden dafür mit Ziegenhaut bespannt." Respekt! Ein Naturfell auf dem Spielzeug, das nur gedankenlose Eltern ihren Kindern schenken – wenn der Nachwuchs einmal dahinter gekommen ist, wie durchdringend ein Wirbel mit Miranda Weissenfelds Trommeln auf erwachsene Nerven wirkt, dann hilft nur mehr der dauernde Entzug des Instrumentes.

Die jüngsten Artikel im Programm sind Ritterrüstungen aus Schaumgummi und spitze Hexenhüte.

„Modeg'schichten sind nicht das Unsere", sagt Greif im Hinblick auf das offensichtliche Zugeständnis an den Zauberlehrlinge-Boom, „was schnell kommt, ist schnell wieder weg und läuft nur über die Handelsschiene."

Leute im Großhandel erinnern sich, dass sie selber mit Tomahawk und Federschmuck durch die Gegend gefegt sind, damals, in der angeblich unbeschwerten Zeit. Man wundert sich, dass man einander mit Pfeil und Bogen nicht die Augen ausgeschossen hat. Greif: „Weil wir uns diesbezüglich streng an die Normen halten müssen. Ich weiß, dass die Kinder nicht zufrieden sind, wenn der Bogen zu weich ist. Deswegen wird auch ein richtiger Sportbogen von uns angeboten, der darf aber erst ab einem bestimmten Alter verwendet werden."

Zehn Leute arbeiten in der Firma und werden mit freundlichem Druck angehalten, ihr Bestes zu geben: „Wir exportieren sehr viel in Länder der EU, wo der Preis eine geringere Rolle als die Qualität spielt. Deswegen müssen wir diesbezüglich immer noch ein Schäuferl nachlegen."

Verkleiden und Spielen ist das Motto von Andreas Greif

Jedes Stück wird noch von Hand hergestellt. Die kleinen Gallier im Parc Astérix bei Paris tragen Kostüme, die hier genäht werden, und in Deutschlands Norden kämpfen Piraten mit Kunststoffschwertern aus Miranda-World. Bekanntlich gibt es für Kinder kaum Sprachprobleme, weswegen sich Spielzeug relativ leicht international verkaufen lässt. Greif: „Man muss aber am Ball bleiben und die Anregungen der Großkunden aufnehmen, etwas ändern, wenn es ihnen nicht gefällt, oder einfach das Wort Feuerwehr in ihrer Sprache auf die Helme schreiben."

Die Kinder, die mit solchen Dingen spielen, werden immer jünger, stellt Andreas Greif fest: „Sie werden mit Spielzeug überhäuft. Aber bei unseren Produkten ist es egal, mit welchem gespielt wird. Es müssen dafür immer die Rollen verteilt werden. Es kann nicht jeder Häuptling oder Königin sein. Das müssen sich die Kinder vorher ausmachen. Sie müssen Konflikte lösen und ihre Rollen letztlich auch bewältigen."

▸ **INFORMATION:**
Miranda Weissenfeld, Nachf. Andreas Greif, 1070 Wien,
Lerchenfelder Gürtel 32, Tel. 01/523 41 86, Fax 01/523 86 20,
www.miranda-world.com

In der Wiese liegen ...

... und auf Waldviertler Heuunterbetten von schönen Zeiten träumen

Bei Gott, es bleibt wenig Zeit für die Entspannung auf einer frischen Wiese. Der Beharrlichkeit und dem Fleiß zweier Bauersleute aus dem Waldviertel ist es nun zu verdanken, dass man sich jede Nacht, wenn schon nicht in der Wiese, dann zumindest auf Heu ausstrecken und in seligem Schlafe von geruhsamen Zeiten träumen kann.

Getrocknetes Gras ist in erster Linie Viehfutter. Dass es aber weit mehr kann, musste sich auch der Landwirt Manfred Haselböck erst von einem Arzt erklären lassen. Seine Frau Heidemarie erinnert sich: „Mit dem Schlafen hat's Probleme gegeben, und im Kreuz hat's ihn auch gehabt. Durch einen Zufall haben wir den Ganzheitsmediziner Dr. Gerhard Hubmann kennen gelernt."

Weil die beiden den Duft von Heu mochten, hat es ihnen der Doktor verschrieben. Frau Haselböck: „Dr. Hubmann schwört auf die Wirkung von Heu, weil es so viele Wirkstoffe hat. Im Bett werden sie durch die Körperwärme freigesetzt." Angeblich wussten das schon die Alten und haben bei allerhand Beschwerden den Sack der Bettstatt mit Heu statt mit Stroh befüllt. Frau Haselböck: „Wir haben es auch in einer Stoffhülle ins Bett gelegt. Wir haben ja keine Ahnung gehabt, wie man ein Unterbett macht. Zuerst war es eine Berg-und-

Eine feine Baumwollhülle mit bestem Heu befüllt

Tal-Bahn. In der Fachschule Ottenschlag hat uns die Direktorin dann gezeigt, wie man händisch ein Unterbett absteckt."

Eine fein gewebte Baumwollhülle wurde mit Heu befüllt, dazu kamen eine Kräutermischung und eine Schafwolleinlage, die in der Obermühle in Kautzen verfilzt wird. Dabei ist es bis heute geblieben.

Manfred Haselböck ist sich vollkommen sicher, dass es diese Betteinlage war, die ihn von seinen Leiden kuriert hat: „Keine Spritzenkur mehr und keine Tabletten." Kein Wunder, aber es hat sich trotzdem genauso schnell herumgesprochen. Undefinierbare Leiden sind verbreitet, und man nennt sie gerne Rheuma, Gicht, Durchblutungsstörungen und Kopfweh. Mehr und mehr Bekannte und Freunde versprachen sich vom Heuunterbett eine Linderung ihrer Beschwerden.

Zur täglichen Bauernarbeit kam das Handwerk, fleißiges Nähen von Heuunterbetten, bis die Nachfrage die Arbeitskraft überstieg. Frau Haselböck: „Wir sind vor der Entscheidung gestanden, entweder wir schaffen uns eine Maschine an, oder wir machen es nur mehr für uns selber." Die Maschine wurde nach Überwindung

Die Wiese ins Schlafzimmer verlegen

zahlreicher Hindernisse angeschafft. An eine neue war nicht zu denken, übertragene waren schwer zu kriegen. Zu groß war die Angst der Steppdeckenfirmen vor unerwünschter Konkurrenz. In Kärnten wurde man 1999 schließlich fündig. Das Gerät, eigentlich für das Nähen von Industriefiltern konzipiert, wurde zerlegt und ins Waldviertel transportiert.

„Seitenweise war alles aufgeschrieben, wie es zusammengebaut werden muss", erzählt Heidemarie Haselböck von diesen entscheidenden Tagen, „die Männer haben alles so gemacht, aber es hat nicht funktioniert, bis sich ein Arbeiter aus dieser Firma gemeldet hat. Wir haben ihm Leid getan. Mit seiner Frau ist er gekommen, hat bei uns Urlaub gemacht und uns die Maschine erklärt. Die Lochkartensteuerung ist ja wirklich kompliziert."

Mit der Maschine konnte die Produktion auf den gewünschten Umfang erweitert werden.

In erstaunlich kurzer Zeit waren die Heuunterbetten der Familie Haselböck eine „g'mahte Wies'n". Die Medien haben die Idee von natürlicher Gesundheit bereitwillig aufgegriffen, und die Landwirtschaftskammer hat sich mit einem Agrarprojektpreis eingestellt. Das Handwerk bleibt trotz alledem nur der Nebenerwerb. Das Wichtigste an den Unterbetten ist nach wie vor das Heu. Für dessen fachkundige Ernte ist der Landwirt Manfred Haselböck zuständig: „Wir nehmen nur den zweiten Schnitt, das Grummet, Ende Juli. Es darf kein Stammerl drinnen sein. Und damit es schön flauschig und fein bleibt, muss ich ein wenig früher als sonst mähen."

Behutsam wird das Gras getrocknet, gereinigt und entstaubt, damit sich kein unliebsamer Heuschnupfen einstellt.

Besucher sind der Familie Haselböck willkommen. Ihr Bauernhof liegt bei Münichreith im südlichen Waldviertel, inmitten einer Reihe von Ausflugszielen wie Schloss Artstetten, Pöggstall oder Maria Taferl. Unwillkürlich denkt man an diesen Wallfahrtsort mit seiner Schatzkammer und den Votivgaben, wenn man das Gästebuch im Hause Haselböck durchblättert. Es ist voll von begeisterten Eintragungen, durchwegs Dankesschreiben für die vom Heuunterbett erwiesenen Wohltaten.

Heuunterbetten sind für die Haselböcks eine „g'mahte Wies'n"

> **INFORMATION:**
> Heuunterbetten, Familie Haselböck, 3662 Münichreith, Kolnitz 12, Tel. 07413/63 96, www.heuunterbetten.at

Die Schafe unterm Mostbirnbaum

Niederösterreichischer Loden aus den Eisenwurzen

Im heißesten Sommer ist die Morgenluft prickelnd kalt. Die Täler in den Eisenwurzen sind eng. Die längste Zeit des Tages liegen sie im Schatten von dicht bewaldeten Bergen. Forstarbeiter und Jäger, beide müssen früh raus, wissen feste Kleidung zu schätzen. Die Holzfäller schwören auf die Schnittschutzhosen aus Loden. Durch sie wird die Motorsäge sofort gebremst, wenn trotz jahrelanger Übung doch ein Ausrutscher passiert.

Das Spinnen und Weben erledigen Maschinen

Die Weidmänner probierten absolut wasserfesten Kunststoff aus, mussten aber feststellen, dass sie mit Rascheln und Knistern nur das Wild vertrieben. Reumütig sind sie zum Gewand der Alten zurückgekehrt, das genauso dicht, warm und leicht ist, dabei aber keinen Mucks macht, wenn sie in der Morgenstille am Hochstand ausharren.

Diese Frühaufsteher sind damit die Hauptkundschaft der Firma Loden Landl in Hollenstein an der Ybbs. Der Name der Firma ist nicht, wie man vielleicht meinen könnte, eine folkloristische Verkleinerung, sondern der Familienname

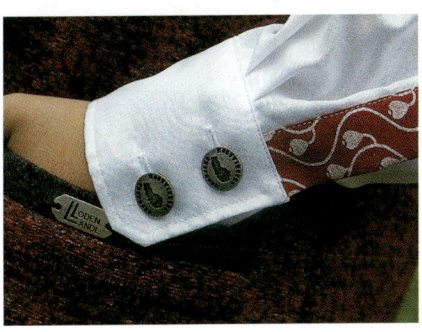

Die Mostbirne als Hauptthema

der Inhaber. Karl und Manuela Landl betreiben die Lodenherstellung, Schneidermeister Herbert Landl, der Bruder des Lodenwalkers, ist für die Verarbeitung zuständig.

Genauso dicht wie der Loden ist dieser Betrieb mit seinem Umland verwoben. Die Bauern liefern die Wolle, die an Ort und Stelle in ein fertiges Mostviertler Kleidungsstück verwandelt wird. Karl Landl ist sich seiner Sonderstellung durchaus bewusst: „Wir sind die Einzigen in Niederösterreich, die Loden erzeugen." Sie sind auch die Einzigen, die konsequent keinen Schritt hinaustun, nicht beim Einkauf, nicht bei der Produktion und nicht einmal beim Verkauf. Landl: „Die Kunden kommen zu uns, es gibt nur Verkauf ab Haus. Hier reden wir uns zusammen, mit meinem Bruder, der sehr kreativ ist." Herbert Landls Spezialgebiet ist naturgemäß die Trachtenmode, mit der Mostbirne im Futter und an den Knöpfen. Die Gegend wird bei ihm zum „anziehenden" Thema: das Eisenstraßenkleid, das Kremser-Schmidt-Westl, der Naturpark-Eisenwurzen-Walker und der Ostarrichi-Janker.

Nur gewaschene Schurwolle kommt in den Loden

Seit 1883, so wurde erhoben, gibt es an dieser Stelle in Kleinhollenstein eine Textilerzeugung. Das Haus, das ursprünglich eine Schmiede war, musste recht einsam gelegen sein, zwischen den Ortschaften Hollenstein und Opponitz. Aber es gab einen Bach und Wasserkraft. Wilhelm Schnabel ist der erste bekannte Name am Ort. Er ging mit seinem Webstuhl auf die Stör und verwob bei den Bauern den Flachs zur Leinwand. Sein Sohn Karl stieg allmählich auf Wolle um, verstand sich aufs Handkardatschen, das Putzen der Wolle, und ließ diese in Hausarbeit spinnen. Noch in den Dreißigerjahren des 20. Jahrhunderts saß man in den Bauernstuben an den Spinnrädern, stellte Wolle her, die weiter per Hand verstrickt werden konnte. Bei Karl Schnabel wurde sie verwebt, nach wie vor auf dem Handwebstuhl, und wiederum per Hand gewalkt. Nur nach und nach hielt die Technik Einzug in der kleinen Lodenwalke, mit einer Spinnmaschine und einem Kartierkrempel, mit dem die Wolle für das Spinnen gekämmt wurde.

„1949 ist mein Vater Karl Landl hergekommen", erzählt Karl Landl der Jüngere, „sie haben bei null angefangen. Meine Mutter, sie war von Schnabel adoptiert gewesen, ist damals vor einer Ruine gestanden. Ein Hochwasser hatte den Betrieb zerstört gehabt."

Mit dem energischen Aufbau wurde gleich in die Mechanisierung investiert. Landl: „Die Turbine ist aus 1952 und damit genau so alt wie ich."

Der Stall der kleinen Bauernwirtschaft wurde zur Betriebsanlage und zum Geschäftslokal. Landl: „Früher wurde zwischen den Maschinen verkauft."

Die Trennung ist längst vollzogen. Bevor es ans Probieren der Mostviertler Trachtenmode geht, sind die Kunden aber herzlich eingeladen, sich im Maschinenpark der Firma umzusehen. Ein einziger Mann genügt, um aus der Wolle den Loden zu gewinnen. Krempelwolf, Kastenspeiser, Florquetsche, Zwirn- und Spleißmaschine, Webstuhl und Walkmaschine sind wohl aufeinander abgestimmt und erledigen die Arbeit großteils selbstständig. Lediglich das Abbäumen nimmt zwei Tage Handarbeit in Anspruch, immerhin müssen 2200 Kettfäden auf den Kettbaum übertragen und eingefädelt werden. Erzeugt wird Webwalk, der erst nach dem Walken geschneidert wird, im Gegensatz zum Strickwalk, den jeder schon irgendwann ungewollt erzeugt hat, wenn er einen Pullover zu heiß gewaschen hat.

Was die Wolle betrifft, so ist Karl Land heikel: „Haxelwolle wird weggeschmissen, ist unbrauchbar. Wir nehmen nur gewaschene Schurwolle." Das Schaf wird dazu am Vormittag gebadet und am Nachmittag geschoren. Anders wäre es nicht möglich, meint Karl Landl. Der Aufwand des Reinigens und des Trennens wäre viel zu groß, um wirtschaftlich arbeiten zu können.

Neben der großen Anlage gibt es noch die kleine Krempelmaschine, auf der Wolle für Steppdecken aufbereitet wird. Landl: „Die Bauern wären damit im Supermarkt günstiger dran, aber bei mir sind sie sicher, dass in ihrer Steppdecke garantiert die Wolle von ihren Schafen drin ist."

Die Joppe passt, sind Herbert und Karl Landl überzeugt

Schwarze Wolle für den Havelock stammt übrigens nicht von schwarzen Schafen, sie wird eingefärbt und händisch mit ungefärbter gemischt. Landl: „Dabei fliegen die Flocken wie bei Frau Holle." Diese halten zuletzt doch so fest zusammen, dass ein ordentlicher Lodenjanker ohne weiteres seinen Besitzer ein ganzes Leben lang zuverlässig vor Kälte, Wind und Regen schützt.

▸ **INFORMATION:**
  Loden Landl, 3343 Hollenstein an der Ybbs, Tel. 07445/333-0,
  E-Mail: loden.landl@direkt.at, www.lodenlandl.at

Geschätzte Gediegenheit

Die Maßschneiderin kennt die Bedürfnisse ihrer männlichen Klientel

Tagträume gibt's nicht für Maria-Elisabeth Smodics-Neumann. Ihre Zeit ist ausgefüllt mit der Verwirklichung von Vorstellungen und Plänen, zum Teil der ihrer Kunden, zum Teil ihrer ganz persönlichen. Nach Abschluss der HBLA für Mode und Bekleidungstechnik Michaelbeuern absolvierte sie in kürzester Zeit die Praxis und die beiden Meisterprüfungen in Damen- und Herrenmaßschneiderei und machte sich selbstständig.

„Mit null habe ich am ersten Dezember 1995 im 15. Bezirk angefangen", erinnert sie sich. 2001 zog sie in die Stumpergasse im sechsten Wiener Gemeindebezirk um: „Dieses Lokal war mein Traum, mit dem Holzportal und dem dunkelgrünen Glasschild."

Über Jahre unterrichtete die junge Meisterin angehende Kollegen und Kolleginnen am WIFI Wien, die von ihr mit einem Skriptum versorgt wurden und demnächst ein Fachbuch erhalten sollen, an dem sie mitarbeitet. Ihre betriebswirtschaftlichen Kenntnisse vervollständigt Smodics-Neumann an einer Fachhochschule. Wenn dann noch etwas Zeit übrig bleibt, wird diese ihrem Mann Christian und dem Sohn Tristan gewidmet.

„Sie bringen absolut Verständnis auf", versichert sie lächelnd, „mein Mann hat mich kennen gelernt, als ich noch getanzt habe und genauso wenig unterbeschäftigt war wie heute."

Dieses Hobby, der Turniertanz, der üblicherweise mit gewaltigen Ausgaben verbunden ist, eröffnete ihr den Einstieg ins Gewerbe. Turniertänzer brauchen zumindest alle zwei Jahre ein neues und immer raffinierteres Outfit. Man lässt bei der Fachfrau arbeiten, weil keine besser weiß, worauf es ankommt. Smodics-Neumann: „Wie bewegt sich ein Tänzer, wie wirkt das Kostüm optisch auf Distanz zu den Wertungsrichtern, wie haben die Kollektionen der vorigen Jahre ausgesehen. Es muss immer etwas Neues her."

Das Tanzparkett fordert ihre ganze Kreativität: „Nirgendwo sonst gibt es derartige Freaks in puncto Bekleidung. Es gibt aber genaue internationale Vorschriften."

Beim tanzenden Herrn endet die Farbenfreude am Hemd, das ausnahmsweise in der Farbe des Kleides seiner Partnerin gehalten sein darf. Die Auflagen bei den Damen sind besonders streng: Sie sehen blickdichte Bedeckung des Busens und der Hüfte vor und wirken streng der enthüllenden Gefahr hochschwingender Röcke entgegen.

Smodics-Neumann: „Stringtangas sind verboten. Das Gesäß der Dame muss vollständig bedeckt sein."

Schließlich soll es schicklich zugehen auf der Tanzfläche. Erfindungsreiche Paare sind bemüht, jede neue Bekleidungsvorschrift zu umgehen. Smodics-Neumann: „Dort kann ich genau das Gegenteil von dem ausleben, was ich an der Einfachheit in der Herrenschneiderei schätze."

Diese ist ihr anderes Standbein. Die Klientel ist ihr im Laufe der Jahre durch Mundpropaganda zugewachsen und schätzt die gediegene Haltbarkeit eines Maßanzuges. Von zwanzig und mehr Jahren Lebensdauer ist dann die Rede.

„Seit dem Biedermeier hat es in der Herrenbekleidung keine wesentliche Veränderung gegeben", stellt die junge Frau ohne jeden ironischen Unterton fest, „die klassische ursprüngliche Verarbeitung bei den Herren ist der wesentliche Unterschied zur Damenschneiderei."

Ein Herrensakko ist gerade die Umkehrung des Mannsbildes, das sich viele Frauen wünschen. Ihr Partner darf äußerlich ruhig etwas rau sein, im Inneren soll sich aber ein weiches Herz verbergen. Sein Sakko ist außen glatt und elegant, „der Stoff ist aber nur der Überzug eines harten Unterbaus mit vielen Stichen und Handarbeit", sagt die Schneiderin und hebt den Stoff eines werdenden Sakkos hoch: „In diesem Fall ist es Rosshaarhänsel, Rosshaar gemischt mit Wolle, darüber das Sieb, die

Pluto als Nadelpolster

Plaque und oben drüber Kanevas, ein ganz glattes, formstabiles Leinen, das die Unebenheiten der anderen Materialien ausgleicht."

Aus diesen Stoffen ist das Sakko aufgebaut, je nach Gestalt des Trägers als angehende Leibfigur, als Bauchfigur oder als normaler Schnitt.

Wer sich dazu aufrafft, seine Persönlichkeit mit einem Maßanzug aufzuwerten, darf dafür später den ersten Knopf am Ärmelschlitz offen stehen lassen. Damit wird nicht nur die teure Uhr präsentiert. Handgefertigte Knopflöcher sind ein deutlicher Hinweis darauf, dass man sich die Schale einiges kosten hat lassen. Konfektion bietet lediglich Andeutungen von Löchern und funktionslose Zierknöpfe. Für die Fachfrau gibt es selbstverständlich eine Reihe weiterer Unterscheidungsmerkmale: „Das sind so Kleinigkeiten wie die Taschen, die nach den Bedürfnissen des Trägers gearbeitet sind, fürs Handy, für die Zigaretten oder für das Kleingeld."

Nach zwei bis drei Anproben ist der Anzug fertig. Smodics-Neumann: „Sie sind auch bei einem Stammkunden notwendig. Ich würde mich nie trauen, nach einem vorliegenden Schnitt ohne entsprechendes Probieren einen Anzug zu schneidern. Außerdem hat der Kunde das verdient, er zahlt ja genug dafür."

Man kommt zu ihr und will auch beraten werden. Wer hat schon eine Ahnung, was wann wo zu tragen ist: der Cut nur am Vormittag,

der Frack am Abend, und was am Nachmittag? Wer bisher etwa gemeint hat, dass derartige Bekleidungsvorschriften passé wären, hat sich geirrt. Der Trend geht wieder dorthin zurück, woraus uns T-Shirts und lässige Pullover vor Jahren befreit haben. Immer wieder kommen Leute zu ihr mit der Bitte:

Meisterin Maria-Elisabeth Smodics-Neumann

„Ich brauch was zum Anziehen!" Smodics-Neumann: „Ich sollte dann Bescheid geben können, was für welchen Anlass und für welche Gesellschaft getragen werden kann."

Damen wissen von Natur aus meistens selber ganz genau, was sie von der Schneiderin ihres Vertrauens begehren: „Eher die solide Grundausstattung. Die aktuelle Mode ist nicht unbedingt Maßarbeit. Wenn eine Kundin über Jahre bei mir ist, kenne ich sie und ihre Garderobe recht gut. Ich kann sie beraten, was zu ihr und zu den Schätzen in ihrem Kleiderschrank passt."

Genau aus diesem Grund ist im Maßatelier Smodics-Neumann Konkurrenz kein Thema: „Manche Kollegen fürchten die hochpreisige Konfektion. Aber wer auf individuelle Beratung Wert legt, wer es schätzt, dass man sich für ihn Zeit nimmt, der geht zum Handwerker."

▸ **INFORMATION:**
Maßatelier Smodics-Neumann Maria-Elisabeth, Meisterbetrieb, 1060 Wien, Stumpergasse 22, Tel. 01/983 16 81, Fax 01/595 62 37, E-Mail: massatelier@aon.at

Wundersam bleibender Nachglanz

Perlmuttknöpfe an einem Kleidungsstück sind der verlässliche Hinweis auf gehobene Qualität

Über Nacht waren die Aufträge ausgeblieben. Ende der 1950er-Jahre war der Polyesterknopf erfunden worden. Kaum jemand interessierte sich mehr für das Hemdknöpferl aus Perlmutt. Von den achtzig österreichischen Betrieben ist ein einziger übrig geblieben.

Als bedauerlich bezeichnet Bruno Marchart das Verschwinden vieler europäischer Mitbewerber, die ihm beileibe lieber wären als die Konkurrenz aus Fernost: „Aber es war nicht der erste Einbruch in unserer Branche", weiß er, „nach dem Ersten Weltkrieg waren allein in Hardegg acht bis zehn Meisterbetriebe. Seit 1911 hat der Großva-

Bruno Marchart: „Jede Muschel wird bis zum letzten Brösel verwendet"

ter dort gearbeitet." Die USA waren damals Exportland Nummer eins, halten sich das Know-how dann aber aus Italien über den Großen Teich und stellten die Perlmuttknöpfe selber her.

Trotzdem brachte der Vater des jetzigen Seniorchefs, Rudolf Marchart, den Mut auf, sich 1939 selbstständig zu machen. Nach dem Zweiten Weltkrieg, Geld gab es kaum, kaufte er in großem Stil Muscheln aus der March. Sie wurden dort massenweise herausgeholt, und das Fleisch wurde zu Schweinefutter verarbeitet. Die Schalen waren Abfall. Bruno Marchart: „Die Rinde war etwas dunkel. Wir haben sie aber mit Pottasche gekocht, getrommelt und haben einen kreideweißen Knopf daraus bekommen." Die Perlmuttdrechslerei war fürs Erste gerettet. Man konnte wieder an den Import von besserem Material und den Export von Ware denken. Beides ließ sich mit einiger Zähigkeit gegen das Widerstreben der Nationalbank durchführen. Marchart: „Uns wurden anfangs keine Devisen genehmigt, weil man der Auffassung war, dass Knöpfe nicht lebenswichtig sind." So wurden eben die Knöpfe gegen Muscheln im Materialwert getauscht. Mit dem Erlös aus dem Inlandsverkauf wurden die Arbeiter bezahlt: „35 Leute waren es, jetzt sind es sieben angelernte Kräfte, von denen aber jeder alles kann."

Er selbst sieht sich gerne im Betrieb um, hilft da und dort aus und übernimmt die Führungen. Autobusse sind willkommen. Wenn seine Besucher die Herstellung der Knöpfe bestaunt haben, werden sie in eine kleine Schatzkammer mit schimmernden Kostbarkeiten geführt. Rosenkränze und Halsketten aus Perlmuttplättchen werden immer wieder als Souvenir gekauft. „Ohne den Schmuck hätten wir keine Überlebenschance", sagt Herr Marchart, „eine Textilfirma nach der anderen verabschiedet sich. Wir müssen jährlich Insolvenzen tragen. Außerdem ist der Perlmuttknopf eine Frage der Mode. Und wenn er wieder aktuell wird, gibt's fast niemanden mehr, der die Nachfrage stillen kann, also wird wieder importiert. Ein Teufelskreis."

Es riecht beim Bohren nach Zahnarzt

Rundlinge werden in flache Scheiben gespalten

Dass es doch funktioniert, führt Bruno Marchart auf den Export und – er lächelt viel sagend – auf die eigene Genügsamkeit zurück. Reich werden kann man nicht davon: „Das Material kostet mehr als die Löhne. Jede Muschel wird deswegen bis zum letzten Bröserl verarbeitet." Was sich nicht mehr für einen Knopf oder eine Schmuckperle eignet, wird von einer italienischen Firma angekauft und zu Vogelfutter, Dünger und Verputz verarbeitet. Marchart: „2002 waren es immerhin 25 Tonnen."

Exotisch sind die Namen der Muscheln und Schnecken, die ihren Weg aus Neuseeland, den japanischen Küstengewässern und Tahiti ins nördliche Waldviertel finden: *macassar, mother of pearl, goldfish* oder *awibi* und die Schnecke *trocas*, ergänzt von der südamerikanischen Steinnuss für die Knöpfe von Herrenanzügen.

Es riecht nach Zahnarzt, wenn sich der Diamantstahlbohrer in die Schalen frisst. Die Rohlinge werden gewaschen, gründlich nachgereinigt und über eine Stärkensortiermaschine geschickt. Lange Rundlinge werden mit behutsamen Schlägen in flache Scheibchen gespalten. Mit einem Diamantwerkzeug wird die Fasson gemacht, schließlich hat jeder Maßhemdenschneider seine eigene Vorstellung. Der eine will ein Schüsserl, der andere einen Spitzerlwulst. Eine nicht ungefährliche Millimeterarbeit ist das Lochen. Größere Stücke müssen nach wie vor mit der Hand unter den feinen Bohrer gehalten werden.

In einer Trommel schleifen sich die Knöpfe wie in einer Waschmaschine gemeinsam mit Wasser, Schwefelsäure und Bimsmehl so lange ab, bis sie glatt sind. Marchart: „Über Nacht kommen sie in die Poliertrommel, gemeinsam mit Holzwürferln und Polierpaste. In der Früh haben sie den wunderbar haltbaren Nachglanz."

Über einem Spiegel werden die fertigen Winzlinge sortiert. Der Knopfdrechsler will auch die Unterseite jedes einzelnen Exemplars sehen können, schiebt wie ein Bankbeamter beim Kleingeldzählen die Knöpfe hin und her, begutachtet sie

Exotische Muscheln finden den Weg ins Waldviertel

und lässt sie für den Verkauf verpacken.

Bevor Sie also ein abgetragenes Hemd wegschmeißen, werfen Sie einen Blick auf die Knöpfe! Sie könnten aus Perlmutt sein und damit unscheinbare Wertgegenstände, die es lohnen, dass man sie abschneidet und aufbewahrt, als schuldige kleine Verbeugung vor Bruno Marchart. Wenige Wochen nachdem er für dieses Buch der Fotografin und mir einen Vormittag gewidmet und mit viel Geduld sein Handwerk erklärt hat, ist er unerwartet verstorben. In dieser kleinen Geschichte bleibt er lebendig, ebenso wie die letzte Perlmuttdrechslerei Österreichs, die von seiner Tochter Romana Mattejka und deren Sohn Rainer weitergeführt wird.

▸ **INFORMATION:**
Perlmuttknöpfe, Romana Mattejka, 2092 Felling 37, Tel. 02916/203, Fax 02916/424, www.perlmutt.at

Knopf hoch!

In der Zwirnknopferzeugung vertraut man auf den Wankelmut der Mode

Ein Knopf nach dem anderen wirbelt durch die Nähmaschine. Kaum ist er fertig, wird mit flinker Hand schon das nächste Metallringerl unter die Nadel gebracht. An der Seite wächst zusehends das Häufchen der fertigen weißen Zwirnknöpfe.

Man erinnert sich noch, die waren doch am Tuchentüberzug dran, und am Nachthemd beim Bundesheer. Diese Gebilde aus Fäden haben so etwas Hygienisches an sich, wie die Bettwäsche im Spital, oder so was Sauberes wie die blitzend weiße Dirndlbluse damals beim Volkstanzen.

„Leider sind diese Kunden alle weggefallen", sagt Maria Fiedler mit erstaunlich resoluter Stimme. Die kleine quirlige Frau hat die Flaute in ihrem Geschäft zur Kenntnis genommen. Den Humor hat sie sich bewahrt: „Wenn's so weitergeht, sind wir bald ein Museum."

Unrecht hat sie nicht. Bei einem Besuch in der historischen Kleinstadt Weitra zählt ihre Werkstatt längst zu den Sehenswürdigkeiten, neben Schloss, Brauerei und Textilfabrik. Gegenüber letztgenanntem Industriedenkmal war ihre Knopferzeugung von Anfang an ein Zwerg, aber einer, der nach wie vor aktiv ist.

Die schönsten Zwirnknöpfe bekommen Frauennamen

„Um 1900 ist der Zwirnknopf aufgekommen", führt Frau Fiedler ihre Besucher in die Geschichte der Branche ein, „er ist zum großen Teil in Heimarbeit gemacht worden. Die Firma hat die Tasche mit dem Material ausgegeben und wieder abgeholt, voll mit Zwirnknöpfen. Die Leute sind beim Petroleumlicht gesessen und haben genäht. Trotzdem, im Winter war es ein schönes Zubrot."

Aus den Eisenringerln, die im weißen Leinen bald Rostflecke hinterlassen haben, sind Aluringe geworden, und für den Standardknopf gibt es eine Nähmaschine. Im Übrigen hat sich nicht viel geändert, vor allem nicht bei den Prachtstücken, die Frau Fiedler abends vor dem Fernseher näht.

Dass ihr die Handgemachten besser gefallen, hätte sie gar nicht eigens erwähnen müssen. Bei all der Raffinesse, mit der bei diesen

Knöpfen der farbige Zwirn um den Ring geknüpft ist, wäre es eine Vergeudung, solche Knöpfe einfach irgendwo anzunähen. Man kann sie ohne Weiteres als textile Brosche tragen oder als ausgefallenen Wandschmuck verwenden. Erstens dauert es zwanzig bis dreißig Minuten, bis so ein Handknopf fertig ist, und außerdem gibt's die Knöpfe von der Größe weniger Millimeter bis zu Prachtringen mit einem Durchmesser von dreißig Zentimetern.

„Der K 170 ist die Kaisa", stellt sie in den Raum, und sorgt umgehend für Aufklärung: „So heißt die finnische Freundin meines zweiten Sohnes. Die schönsten Knöpfe bekommen einen Frauennamen aus der Familie." Die es sich verdient hat. Alle arbeiten fleißig mit, auch der Gatte, ein Schlosser, der für sie die Aluringe herstellt.

Im Betrieb selbst braucht sie nur mehr zwei Halbtagskräfte. Die Belegschaft ist zwangsläufig geschrumpft. 1978 hat sie mit den Knöpfen begonnen und in den 1980er-Jahren 18 Leute beschäftigt.

„Nach Belgien habe ich geliefert, nach England, Japan, nach Amerika, sehr viel nach Deutschland", listet Frau Fiedler die internationalen Geschäftsverbindungen auf. Aus diesen besseren Tagen dürfte die Firmenbezeichnung „Zwirnknopfindustrie" stammen.

Zwanzig Deka sind exakt tausend Stück

Groß ist ihr Vertrauen in den Wankelmut der Mode, die auf Dauer ohne die hübschen Zwirnknöpfe gar nicht auskommen kann. „Knopf hoch! Das ist mein Slogan, den mir ein Werbedesigner vermacht hat", lacht sie und füllt auf der Waage unverdrossen Sackerl um Sackerl mit Maschinknöpfen. Sie erspart sich damit das Zählen. Zwanzig Deka sind exakt tausend Stück.

„Ich bin auf Massenware angewiesen, auf den Trend. Aber man wird auch dabei wieder auf Qualität und Schönheit Wert legen", ist sich Maria Fiedler gewiss. „Bis es so weit ist, nehme ich eben Autobusse und Führungen an, damit es nicht verloren geht."

‣ **INFORMATION:**
Zwirnknopfindustrie Maria Fiedler, 3970 Weitra, Lange Gasse 133, Tel./Fax 02856/22 35, www.knoepfe.co.at

Des sparsamen Kaisers Rock

Beim Uniformschneider verblasst der Zauber der Montur

„Uniformen sind nur mehr Arbeitsgwandln", beklagt Alfred Thuy den Verfall einer jahrhundertealten Gepflogenheit, „bei einem Polizisten muss man zweimal schauen, alles schwarz, orange oder weiß."

Hat sich das Praktische gegen schmucke Schneidigkeit durchgesetzt? Die Antwort lautet Nein. Man muss nur ein wenig genauer hinschauen und darf sich nicht blenden lassen vom Zauber der

Schneidermeister Alfred Thuy, Spezialist für Uniformen

Montur. Schneidermeister Alfred Thuy ist Experte in diesen Fragen. Sein Gewerbe nennt er bezeichnenderweise Monturverwaltungsbranche, und er hat dafür in der Kreuzgasse im 18. Wiener Gemeindebezirk einen kleinen Laden, wo Bestellungen für historische Uniformen (Thuy: „Aber keine Faschingskostüme!"), Jagdbekleidung und moderne Businessanzüge für Topmanager angenommen werden, und wo der Meister stundenlang über die Geschichte der Habsburgermonarchie referieren kann. Gearbeitet wird in der Werkstatt in der Speckbachergasse in Ottakring.

„Man muss mehrere Schienen fahren, sonst stürzt du ab", weiß er als erfahrener Geschäftsmann und verlässt sich im Übrigen auf seine Sachkenntnis. Sie ist profund, was man sogar im Heeresgeschichtlichen Museum zur Kenntnis nehmen musste: „Eine Kundschaft wollte ein Gambison, die Weste unter dem Uniformrock, und zwar in Blau. Im Museum sei ihm diese Farbe genannt worden. War aber unrichtig, was ich denen bewiesen habe."

Sein Gehirn, wie er es nennt, steckt in einem Ordner: „Allgemeiner Aufriß sämtlicher Monturs- und Rüstungsgattungen 1774". Thuy: „Schon ein paar Tage her. Damit hat die österreichische Militärgeschichte angefangen."

Bis ins letzte Detail geregelt finden sich darin alle Bestandteile, die damals beim Militär verwendet wurden. Der unserem Volk offenbar immanente Bürokratismus schrieb mit akribischer bis pedantischer Genauigkeit vor, wie viele Arzneiwägen beispielsweise mitgeführt werden mussten – „sechs Stück pro Regiment" –, wie sie ausgestattet zu sein hatten – „vom Dachl bis zur Rücklaufbremse" – und was auf diesen transportiert werden sollte – „jede Flasche, jeder Tiegel, der Notfallkoffer und der Ofen".

Maria Theresia hatte es vorgezogen, auf unzuverlässige Kriegsherren und deren Söldner zu verzichten und ein stehendes Heer zu installieren, zuerst nur über den Sommer, später das ganze Jahr über, aufgeteilt in Garnisonsbezirke. Sie schickte Werber ins Land, die mit genügend Alkohol und einem kleinen Handgeld die Burschen als kaiserlich-königliche Soldaten rekrutierten. Thuy: „Was ist denn zum Militär gekommen, junge Männer aus Keuschlerfamilien, die sowieso nirgends untergekommen wären. Fürs Sterben waren sie gut genug."

Zigtausende sind in jeder Schlacht gefallen. Allzu lange lasteten sie dem Ärar damit nicht auf dem Sack. Es konnte also an allen Ecken und Enden gespart werden. Thuy blättert die Seiten mit den Schuhen auf: „Ein typisch österreichischer Schuhschnitt. Oberster Absatzteil ein ganzes Stück Leder, unterster Absatzteil ein ganzes Stück Leder, dazwischen lauter Abfälle, so war es vorgeschrieben."

Orden werden gekonnt imitiert

Des Kaisers Rock selber war ursprünglich weiß, keineswegs bunt. Thuy: „Aus zweierlei Gründen. Die Farbe sollte imponieren, und das Färben war zu teuer. Die Uniform war nicht zum Angeben, sondern zum Sterben gedacht. Der Stoff ist genässtes Gewebe. Schafwolle wird gewaschen und gesponnen, inklusive der Disteln gewebt. Nach dem Walken ist es noch derselbe Stoff, mit allem drin, nur heller."

Es gab nichts Unnötiges an einer Uniform. Das Taschentuch, das im Tschako aufbewahrt wurde, ähnelte auffallend dem heutigen Dreieckstuch im Verbandskasten: „Wenn einer verletzt war und auf dem Tornister gelegen ist, hat man ihm den Tschako abnehmen können", hat Alfred Thuy herausgefunden, „das Tuch war zum Verbinden da."

Lediglich der Tschako selbst scheint auf den ersten Blick eine Ausnahme von der Regel sein: Einfache Grenadiere trugen hohe Bärenfellmützen und imposante Helme mit Kokarden und Spitzen mit Kugeln drauf. Thuy, selber nicht gerade groß gewachsen, setzt sich einen dieser Helme auf: „Siehst du, was passiert? Ich bin jetzt um dreißig

Zentimeter größer. Ich selber habe nur meine eigene Größe im Kopf, den anderen sehe ich aber mit dem Tschako. Das schüchtert ein."

Die Liste grausamer Zweckmäßigkeiten ließe sich noch lange fortsetzen. Alfred Thuy hat für jeden Bestandteil eine praktische Erklärung: „Wenn ich eine Uniform mache, dann muss ich mich in die Zeit hineinversetzen."

Neben aller historischen Akkuratesse, oder vielleicht gerade deswegen, wohnt in seiner Brust eine gewaltige Portion Skepsis. Er näht die Monturen, kann aber nicht verstehen, dass sich junge Leute, die in Friedenszeiten aufgewachsen sind, für Militäruniformen begeistern können. Sie müssten nur hinschauen, was Krieg bedeutete und bedeutet, wie sich eine Schlacht abspielte. Thuy: „Bei der Linieninfanterie sind 200, 300 Mann nebeneinander im Schulterschluss vorgerückt. Die Treffsicherheit lag bei achtzig Metern. Außer der Artillerie waren fast alle Soldaten Analphabeten, die Kommandos hießen Heu und Stroh für links und rechts. Der Sergeant hat ihnen in den einen Schuh Heu, in den anderen Stroh gegeben. Die Gegenseite genauso, bis ein Offizier den Befehl zum Feuern gegeben hat. Sie haben geschossen. Mussten stehen bleiben zum Laden. Währenddessen sind die anderen näher gekommen, haben besser getroffen, hin und her, bis die Linie auseinander gebrochen ist und die Soldaten flüchteten."

Wenn einer ein paar Jahre überlebt hat, wurde er Unteroffizier und marschierte hinter dieser Reihe, ausgestattet mit dem Hasler, einem Haselstecken, um die Leute nach vorn zu peitschen. Thuy zitiert dazu Friedrich den Großen: „Ein Soldat muss vor dem eigenen Offizier mehr Angst haben als vor dem Feind."

Die Überlebenden wurden nach dem Kampf befördert und mit Orden ausgezeichnet. Auch dafür ist Alfred Thuy zuständig. Die goldene Zier auf den Spiegeln oder den Hutrosen der Tschakos fertigt ein Sticker, der fallweise von ihm aufgenommen wird. Für das „Altmachen" ist der Meister selbst zuständig. Thuy schafft es, den Dreck von Jahrzehnten in zwanzig Minuten in die Bouillon und auf die Pailletten zu zaubern. Genauso leicht geht ihm die Imitation eines Ordens von der Hand. Er könnte, wenn er wollte, damit einen jeden täuschen, ist er überzeugt, auch mit seiner eigenen Kreation, dem Vereinsmeierstern, der mit Sonnenrad, gekreuzten Schwertern und Bindenschild das Geschichtsbewusstsein eines Österreichers bissig karikiert.

▸ **INFORMATION:**
Monturverwaltungsbranche, Alfred Thuy,
1180 Wien, Kreuzgasse 80, Tel. 01/470 98 68

Leder, Horn

Haltbar wie die Sattlernaht

Kleine Sattelkunde in der Spanischen Hofreitschule

Desmond O'Brien ist zweifellos ein Mann. Trotzdem gebührt ihm der Titel eines Vorreiters im Damensattel. Der Sattler der Spanischen Hofreitschule gibt von Herzen gern dazu Auskunft: „Vor Jahren hat eine alte Dame mir einen Wiener Damensattel übergelassen, eine wunderschöne Arbeit, ein Zierstück. Ich hab mich jedes Mal gefreut, wenn ich ihn gesehen habe."

Dafür fand sich eine Interessentin, „und daraus ist die Interessengemeinschaft für den Damensattel entstanden". Seitdem werden Auftritte in historischen Kostümen absolviert, zumeist im Schaureiten. O'Brien: „Bei uns gibt es dafür kaum eine Beschränkung, außer den guten Geschmack. Die Etikette muss gewahrt bleiben, und Verletzungsgefahr darf keine vorliegen. In England ist es viel strenger. Die Damen müssen ein historisches Gemälde vorweisen können, auf dem ihr Kostüm abgebildet ist."

Der Sattler Desmond O'Brien auf dem Nähross

Bei den Briten hatte sich der Damensattel nie ganz aufgehört, anders als in Österreich, wo diese feminine Art, zu Pferde zu sitzen, 1945 von den sportlichen Reitbahnen verschwand. Früher war es einer Dame sogar verboten, im Spreizsitz zu reiten, was auch der Grund dafür ist, dass die Pferde für den Damensattel von Männern ausgebildet werden.

Aus einer Hand voll Interessierter sind mittlerweile stolze 650 Damenreiterinnen geworden. Die Gemeinschaft wurde vom Bundesfachverband für Reiten und Fahren anerkannt und unterwirft sich seit 2002 einer eigenen Turnierordnung. Vierer- und Achterquadrille werden fallweise mit Herren auf das Doppelte aufgestockt. O'Brien: „Junge Offiziere aus der Militärakademie Wiener Neustadt

Mit dem Halbmond wird das Leder zugeschnitten

reiten gemeinsam mit unseren Damen. Zuerst waren beide Seiten ein wenig befremdet. Die einen sind junge Burschen und die anderen nicht mehr ganz so junge Mädchen. Sie haben sich aneinander gewöhnt. Es gibt noch bestehende Freundschaften."

Desmond O'Brien trainiert die begeisterte Damenriege und schenkt ihnen dabei vor Auftritten nichts: „Fünf Stunden pro Tag Theorie, Reiten, Laufen, Videoanalyse." Schließlich ist er der Profi. Wer sollte besser reiten können als einer aus der Spanischen Hofreitschule. O'Brien: „Ich habe als Eleve angefangen, war aber schon in jeder freien Minute beim Sattler heroben. Später war ich im reitenden Personal und bin dort wegen interner Schwierigkeiten ausgetreten." Er ist aber im Haus geblieben und hat mit der Sattlerlehre begonnen. „Mit meinen 27 Jahren bin ich mit 16-Jährigen in der Berufsschule gesessen. Sattler war ich der einzige, die anderen waren Galanterielederwarenerzeuger und Autosattler." Er legte die Meisterprüfung ab und übernahm die Sattlerei in der Hofreitschule.

Desmond O'Brien ist von seiner Abstammung her Europäer, sein Vater ist Ire, die Mutter Niederösterreicherin. Aufgewachsen ist er in der Nähe von Neunkirchen.

Alles, was man über Sättel wissen sollte, ist bei ihm zu erfahren. In seiner Werkstatt gibt es nicht nur den Pritschsattel, der den Lipizzanern aufgelegt wird. Zur Sattelkunde gehört genauso der Trachtenoder Bocksattel. Trachten sind die beiden Bahnen, die Äfter und Orte verbinden und zusammen den Sattelbaum ergeben. „Darüber kommt nur Filz. Früher waren die Äfter, das hintere Ende, und die Orte, vorne, eine Astgabel, eine Zwiesel, die ursprünglichste Form eines Sattels."

Für die Kriegsreiterei, die der Hofreitschule zugrunde liegt, war ein spezieller Schutz vorgesehen. Dicke Wülste vorn und hinten sollten verhindern, dass der Reiter zu leicht vom Pferd gestoßen werden konnte.

Wie im Naturgeschichteunterricht stellt der Meister zur besseren Anschaulichkeit das Skelett eines Pferderückens auf die Werkbank, zeigt, wie mit dem Widerristmessgerät der Rücken vermessen wird, und erklärt, wie das fragil erscheinende Knochengerüst eines Pferdes an die Belastung angepasst wird: „Wie Kohlenschleppen, man muss klein anfangen, dann gewöhnt sich der Körper dran."

Der Pferderücken ist erstaunlich fragil

Am Werkzeug scheint die Zeit spurlos vorbeigegangen zu sein. „Für die Stichweite habe ich das Prickrad, von Priquerad, in verschiedenen Größen." O'Brien zeigt dazu sein schönstes Erbstück, ein Rad, bei dem der Kopf ausgewechselt werden kann: „Damit bekomme ich die Stiche am Zoll, das heißt beim Stallhalfter acht, zehn beim Zaumzeug und zwölf Stück pro Zoll beim Goldzaum, der für die Vorführung sehr fein genäht ist."

Die Beschläge mit dem Doppeladler sind aus Messing und zum Teil vergoldet, wie man es eben von einer Hofreitschule erwartet. Das Leder der Sättel ist weiß. „Hirschleder. Es ist rauer, man haftet besser und rutscht nicht drauf herum. Ein edles Leder, keine Frage."

Mit dem Viertel- und Halbmond wird zugeschnitten. Die breiten Klingen werden dabei auf der vom Zirkel angerissenen Linie nach vorne geschoben. „Dazu braucht man Genauigkeit, eine der Grundvoraussetzungen unseres Berufes. Und man braucht die Liebe zum Leder", O'Brien holt genüsslich tief Luft, „ein besonderes Material in der Verarbeitung und im Griff."

Das Riemenzeug stellt der Riemer O'Brien her. Sein Doppelberuf ist in seiner Werkstatt längst zu einem Handwerk verschmolzen.

Für die runden und länglichen Öffnungen in den Riemen kommt das Locheisen zum Einsatz, bevor der Sattler auf dem Näh-

Beschläge aus der Spanischen Hofreitschule

ross, diesem herrlich klassischen Sitzwerkzeug, aufsitzt. Mit dem Pfriem wird das Leder geschärft, und die vorgezeichneten Stiche werden mit der Ahle nachgebohrt. Das Handnähgarn wird über die Sattlerkugel gezogen. „Bienenwachs vom Imker, das mit der Hand stundenlang gedrückt wird, bis es eine feste Kugel ist. Hält zwei Jahre." Von zwei Seiten wird das Garn durch dasselbe Loch gezogen. „Die Sattlernaht ist sprichwörtlich fest, weil sie von beiden Seiten hält." Mit dem Hammer wird nachgeklopft, um die Unebenheiten der Naht zu beseitigen.

Der Sattel ist fertig, wenn Sattelkranz, Kopf, Sitzfläche, Taschen und die Schlaufe für den Steigbügelriemen auf solch haltbare Weise befestigt sind.

O'Brien ist sich natürlich bewusst, dass nur die Reiter mit den vielen Fachausdrücken vertraut sind, und erinnert sich mit Schmunzeln: „Eine Bekannte war bei feinen Leuten eingeladen. Sie ist zu spät gekommen und hat sich entschuldigt. Sie hat sich bei jemandem bedanken müssen, der ihr das Gebiss geborgt hatte. Man hat sie sonderbar angeschaut. Sie hat ihnen erklärt, dass sie verschiedene Gebisse ausprobieren und das beste dann kaufen würde. Die Stimmung ist nicht besser geworden, bis sie draufgekommen ist, dass diese Leute keine Ahnung hatten, dass sie von der Kette geredet hat, die man einem Pferd ins Maul gibt."

▸ **INFORMATION:**
Sattlermeister der Spanischen Hofreitschule, Damensattel, Desmond O'Brien, 1010 Wien, Reitschulgasse 2, Tel. 01/535 19 14, E-Mail: o.brien@aon.at, http://damensattel.at

Vom Motorrad zum Damensattel

Vielseitigkeit ist das Erfolgsrezept der Lederschneiderei Boositiv

Jahrhunderte spielen keine Rolle in der Werkstatt von Henriette Bobits. Das Lederwams aus dem Mittelalter hängt neben der Motorradjacke mit dem Harleyemblem. Vor dem Spiegel bewundert sich eine Dame im Kleid mit breiter Krinoline, während die Chefin am Telefon mit einem Filmschauspieler einen Anprobetermin für sein Kostüm vereinbart.

Ein Lederwams wird genäht

„Ich bin in mehreren Sparten tätig", erklärt die Schneiderin die Konzentration von Stilen und Epochen in ihrem Atelier, „wenn man sich nur auf ein einziges Gebiet konzentriert, kann es sein, dass man es relativ kurz macht."

Sogar das Buchbinden hat sie sich beigebracht. Zuerst waren es nur Ledereinbände, jetzt wird auch der Kern von ihr gebunden, für Fotoalben, Gästebücher und Mappen, auf Wunsch mit eingeprägtem Monogramm. „Die verkaufe ich hauptsächlich am Karlsplatz", sagt das jurierte Mitglied dieses Kunsthandwerksmarktes. „Wenn man sich dort umschaut, sind es alles authentische Künstler, die ihre Sachen selber machen."

Nicht dass ihr die Werkstatt zu eng wäre – sie mag den Kontakt mit dem Publikum, scheut dabei vor Verkleidungen nicht zurück. Bei Mittelalterfesten lustwandelt sie in wallenden Gewändern, fertigt an ihrem Stand vor staunenden Zusehern Gugelmützen und ist damit in persona die beste Werbung für Boositiv. Bobits: „Die Firma wurde mit dem Herrn Boos gegründet. Der hat auch Motorradteile verkauft. Der Name ist geblieben, als ein gutes Schlagwort, das mir schon Kunden verschafft hat."

Henriette Bobits ist Absolventin der Höheren Bundeslehranstalt für Mode und Bekleidungstechnik Herbststraße, Schneidermeisterin und seit 1995 selbstständig. Gearbeitet wird nach Kundenwünschen, die, wie man sieht, höchst unterschiedlich sein können.

Trotz aller historischen Ausritte hängt ihr Herz am Motorradsport. Ihre Lederkombis und die Möglichkeit zur Reparatur werden von vielen – darunter viele Frauen – geschätzt. Dazu Bobits, die bis zur Geburt ihres Kindes mit dem Motorrad unterwegs war: „So ein Anzug kostet eine Menge Geld, und man fällt oft hin damit, bei den Rennen am Wochenende, man rutscht aus, hat zwar keine Verletzungen, aber das Gewand ist lädiert."

Sie versichert, dass ihre Lederjacken ein Leben lang halten: „Damit habe ich zwar einen Kunden verloren, aber die Mundpropaganda für die Qualität, die wirkt besser als jede andere Werbung."

Der Sattel hat sie nicht losgelassen, wenngleich jetzt nur mehr ein PS druntersteckt. Die Reiterinnen im Damensattel, die sie über Desmond O'Brien, den Sattler der Wiener Hofreitschule, kennen lernte, lassen ihre Kostüme bei Frau Boos schneidern. Erfahrung darin hatte sie bereits: Von ihr stammen die Gewänder, die Kinder in der Hofburg und in Schönbrunn bei Führungen tragen dürfen. Für die reitbegeisterten Damen mussten jedoch durchwegs abgeänderte Schnitte angefertigt werden: „Die Frauen waren früher wesentlich kleiner. Sisi war schon eine Riesin. Außerdem hat nicht jede der Damen die Traummaße, dass sie auf einem Pferd gut aussieht."

Barockreiten ist eine der Schienen, auf denen gefahren wird. „Ein barockes Pferd für barocke Damen in barocken Kostümen", sagt sie und hat kein Problem damit, einen der alten Schnitte nachzuschneidern: „Da ist mein Kapital. Der Schnitt kann historisch sein, wie er will, er muss passen."

Das Mittelalter lebt

Was trug solch eine noble Dame? „Die Grundausstattung waren ein Korsett und diverse Unterröcke, früher eher breite Reifen, später der Cul de Paris, ein kleiner Aufbau über dem Gesäß."

Königliche Hoheiten durften niemals Bein zeigen, die anderen Damen hingegen erlaubten sich schon im 17. Jahrhundert hochgeraffte Röcke und machten dafür die Polinnen verantwortlich – freizügige *robe à la polonaise*. So geschehen in Paris, sicherlich auch in Wien, denn was spricht sich schneller herum als die Mode!?

▸ **INFORMATION:**
Lederschneiderei Fa. Boositiv KEG, 1140 Wien, Flachgasse 9,
Tel. 01/969 08 80, www.boositiv.at

Kopierte Vergangenheit

Handfeste Geschichtsforschung in der Manufaktur Historischer Lederwaren

„Tonnen von altem Werkzeug habe ich gesammelt", sagt Thomas Posenanski. Der junge Mann müsste nicht eigens hinzufügen, dass er Geschichtsfreak ist. In seiner Werkstatt im zweiten Wiener Gemeindebezirk, in der Manufaktur Historischer Lederwaren, könnten römische Legionen ebenso beschuht werden wie ein Haufen Landsknechte. Dazu gibt's strenges Leder in allen Variationen, vom erotischen Riemenzeug der Domina bis zum eleganten Reitstiefel. Posenanski scheut vor keiner Epoche und vor keinem Auftrag zurück:

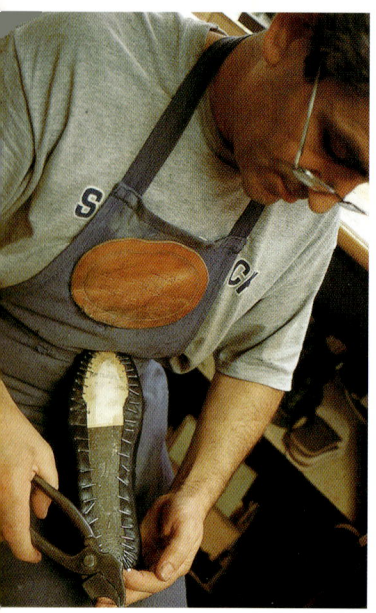

Rakip Unlü, der Meister in der Werkstatt

„Für Georg Danzer haben wir den Gitarrengurt gemacht. Wenn jemand einen besonderen Leibriemen braucht, ich mache ihn. Zurzeit arbeiten wir an einer Serie von geprägten Ledermappen für ein Hotel."

Von seiner Werkzeugsammlung verwendet er nur einen kleinen Teil. Jedes einzelne Stück, inklusive der Maschinen, die aus Beständen aufgelassener Firmen angeschafft wurden, trägt zur historischen Genauigkeit seiner Produkte bei.

„Früher wurde eben mit der Hand genäht", erklärt Posenanski den Einsatz von Prickrad, Ahle, Falzbein, Kneip und Pfriem, „wenn es aber möglich ist, wie bei den Mappen, dann werden sehr wohl die Maschinen eingesetzt. Alles, was Sie da sehen, gehört übrigens mir und nicht einer Bank."

Das Wagnis, sich gemeinsam mit seiner Frau Doris Schusser selbstständig zu machen, hat sich offenbar gelohnt. 1997 wurde der Gewerbeschein gelöst, um aus dem Hobby den Beruf zu machen. Posenanski: „Ich bin nicht vom Fach. Aber seit meinem elften Lebensjahr mache ich Repliken, habe in England immer wieder bei Schuhmachern gelernt, aber nie die Lehre ganz abgeschlossen."

Die Fertigkeit, mit Leder fachmännisch umzugehen, hat er sich dabei sehr wohl angeeignet, was ihm Rakip Unlü, sein Schuhmachermeister, bestätigt. Der gleichen Ansicht dürften Museen in ganz

Europa sein. Posenanski: „Wenn ein wertvolles Stück zu einer Ausstellung hinausgehen soll, wird davon meistens eine Kopie angefertigt. Das Schöne daran: Dabei geben sie mir Dinge in die Hand, die man normalerweise gar nicht zu Gesicht bekommt."

Jeder Auftrag ist ein neuer Lernprozess: „Ich kann am Original nachvollziehen, wie die Alten gearbeitet haben, und ich kann es mit meinem Werkzeug umsetzen." Man versteht sofort, was damit gemeint ist, wenn er den Schnabelschuh vom Regal nimmt: „Man hat ihn inklusive der Sohle verkehrt auf den Leisten gezwickt, vernäht und am Schluss umgestülpt, damit die Nähte geschützt sind." Solch mittelalterliches Schuhwerk ist weich wie ein Hausschuh und war für längere Wanderungen auf steinigen Straßen kaum geeignet. Posenanski: „Die Länge des Schnabels hat viel über den gesellschaftlichen Rang des Trägers ausgesagt. Je länger die Spitze war, umso weniger musste der Betreffende gehen."

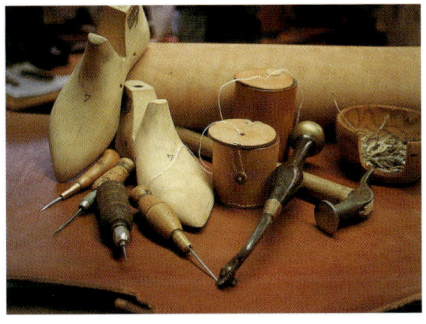

Ahle, Prickrad und Schusterhammer

Römische Soldaten waren dagegen wesentlich öfter auf den Beinen und absolvierten beachtliche Tagesmärsche. Für diesen Zweck erscheinen ihre Sandalen doch sehr luftig. Posenanski widerspricht: „Ich habe es selber ausprobiert. Mit

Römische Sandalen

dicker Wolle auf den Füßen kann man damit ohne weiteres durch den Schnee gehen, und es friert einen nicht."

Anders die Schuhe der Landsknechte. Sie sind geschlossen und wurden über einem geraden Leisten gefertigt: „Es hat keinen linken und keinen rechten Schuh gegeben. Wenn einer gefallen ist, hat man ihm seine Schuhe ausgezogen und sie dem Nächsten gegeben. Sie waren außerdem deutlich als Armeeschuhe gekennzeichnet, damit die Zivilisten die Schlachtfelder nicht plündern konnten."

Die Zahl derer, die sich historische Genauigkeit etwas kosten lassen, ist beständig im Steigen. In Frankreich, und nicht nur dort, lassen sich ganze Kompanien ausrüsten, um die napoleonischen Schlachten nachzustellen. Was man davon halten mag, steht auf einem anderen Blatt, genauso wie die Begeisterung an Militaria aus dem Zweiten Weltkrieg.

Thomas Posenanski ist um eine wertfreie Betrachtung seiner Arbeit bemüht und freut sich daran, wenn er der handwerklichen Vergangenheit ihre Geheimnisse entlocken kann: „Diese Feldflasche aus Leder, was glauben Sie, wie bekommt man sie bauchig?" Das Raten bringt kein Ergebnis. „Die zwei zusammengenähten flachen Lederteile werden mit handgepechten Drähten vernäht, der so entstehende Beutel wird mit heißem Sand ausgestopft, bis er sich wölbt und die Form hält. Am Schluss werden die Nähte mit Pech dicht gemacht. Die Flasche ist unzerbrechlich."

Schuhmode aus 2000 Jahren bei Thomas Posenanski

Er ist sich bewusst, dass er mit seiner Arbeit Wesentliches zur Forschung beiträgt: *„Living history* boomt." Experimentelle Archäologen haben ganze Dörfer aufgebaut, in denen der Besucher nacherleben kann, wie Kelten, Germanen oder Römer gehaust haben mögen. Wenn sein Aufwand einigermaßen gedeckt ist, schlägt Posenanski dort seine Werkstatt auf und hilft mit seinem Handwerk, jahrhundertelang tradierte Fehler der Geschichtsschreibung mit seinem Handwerk aufzudecken.

▸ **INFORMATION:**
Manufaktur Historischer Lederwaren, Ing. Thomas Posenanski, 1020 Wien, Sebastian-Kneipp-Gasse 6, Souterrainlokal, Tel./Fax 01/958 50 10, www.ledermanufaktur.com

Zurück zum Schuh

Bei jedem Maßschuh steht am Anfang der persönliche Leisten

Die einfache Wahrheit des Handwerks wird beim Schuh besonders deutlich: Verglichen mit der Lebenszeit macht sich der hohe Preis bezahlt. Zehn Jahre werden einem Maßschuh garantiert, zwanzig weitere sind keine Seltenheit. So gesehen arbeitet der Maßschuhmacher gegen sich.

Andreas Kudweis wird trotzdem damit zurechtkommen. Er ist zwar noch jung, hat aber bereits festgestellt, dass sich grundsolide Arbeit auch für ihn bezahlt macht. Es spricht sich herum, dass zur pfleglichen Behandlung des Körpers nicht nur das Fitnessstudio, sondern auch ein guter Schuh gehört. Kudweis ortet speziell bei den Herren eine Rückbesinnung auf langlebige Qualität: „Der Schuh war lange Zeit das Letzte, woran die Leute gedacht haben. Man hat billig gekauft und das ausgetretene Schuhwerk nach kurzer Zeit weggeschmissen."

Völlig unnötig, denn Herrenschuhe schauen seit urdenklichen Zeiten gleich aus, abgesehen von ein paar modischen Ausrutschern.

Am Anfang steht von jeher der Leisten oder, hierzulande, kurz der Last. Kudweis: „Ein paar Tausend davon habe ich im Keller gelagert, für jede Schuh-

Das Erfolgsrezept ist die stattliche Leistensammlung

größe, für jeden Fußtyp. Sie werden individuell hergerichtet. An der einen Stelle wird etwas weggenommen, auf der anderen dazugegeben. Der Fuß wird damit genau nachgebildet."

Das höchstpersönliche Abbild des Fußes wird später im Keller der Werkstatt archiviert. „Die Räume da herunten sind ein Segen", bemerkt Kudweis hoch erfreut, „2000 habe ich das Lokal hier übernehmen können, mitten in der Wiener Innenstadt. Das Haus gehört dem Schottenstift. Seit 1935 hat hier der Herr Schuster als Schuhmacher gearbeitet. Nach seiner Pensionierung waren die Besitzer daran interessiert, dass wieder ein solider Betrieb hereinkommt, und haben mir ein günstiges Angebot gemacht."

Von der Straße sieht man in die Werkstatt hinein. Wie die Qualität der Schuhe hat sich auch das Bild der Arbeit kaum geändert. Das

Hämmern hört man in den Kundenraum heraus. Meister und Lehrling sitzen auf ihren Schusterstockerln, haben im Knieriem den Schuh eingespannt und setzen diesem mit Werkzeugen zu, die man längst schon im Museum vermutet hätte. Anders ist ein Maßschuh aber nicht herzustellen. Jeder Arbeitsschritt braucht das Gefühl der Hände, deren einziger Schutz das Fleckerl Handleder ist.

Wie in der von Heinz Conrads besungenen alten Zeit leisten Kunden dem Schuster bei der Arbeit Gesellschaft und tratschen über Gott und die Welt. Der Hände Arbeit macht philosophisch und lässt den jungen Meister laut über die Zukunft des Handwerks im Allgemeinen nachdenken: „Gemeinsam mit meiner Frau Erika habe ich eine Initiative gestartet, ein Netzwerk für feinste Handarbeit. Es ist ein Traum von uns, dass wir Lehrlingen europaweite Perspektiven bieten. Sie sollen überall Erfahrungen sammeln und Sprachen lernen."

„Meisterstück" ist der Name dieses Vorhabens. Über diverse Veranstaltungen wird es an die Öffentlichkeit gebracht. Die Menschen sind eingeladen, das Lebensgefühl von Maßarbeit kennen zu lernen. Kudweis: „Meine Frau war Vorsitzende der Jungen Wirtschaft und hat deswegen gute Kontakte. Sie weiß, wie man das Interesse der Presse erregt, und verbindet deswegen unsere Ausstellungen immer mit kulturellen Events."

Das Gespräch wird in den Keller verlegt. Neben den Leisten wird dort das aus Italien und Frankreich importierte Leder aufbewahrt. Kudweis: „Es ist feucht und kühl, was dem Leder gut tut. Wenn es einmal schönes rotes oder braunes Leder gibt, muss ich sofort die Gelegenheit nützen und kaufen, dann stapelt sich halt einiges."

Der Meister und sein Lehrbub

Für das Oberleder nimmt Kudweis nur feines, glattes Material: „Am besten ein Milchkalb, was heutzutage schwer zu bekommen ist. Meistens sind es schon Heubeißer, und man sieht deutlich die Mastfalten – für mich fast nicht mehr zu gebrauchen." Er nimmt eine der Rollen aus dem Regal und breitet sie auf. Die Form des Tieres ist noch erkennbar. In seiner Funktion als Oberteilherrichter, früher ein eigener Beruf, beurteilt er die Zugrichtung für das spätere Spannen, bevor er das Oberleder zum Zuschneiden auflegt. Mit dem Zuschneidkneip wird ausgeschnitten, gespalten und geschärft, das heißt, die Ränder werden flach angeschnitten, damit sie über ein Verstärkungsband umgeschlagen und verklebt werden können. Für das Afterleder bei der Ferse tut's auch der Hals des Kalbes. Mit dem Schusterpapp aus Weizenstärke wird dieses zwischen Oberleder und Futter eingeklebt. Das Ganze wird über den Leisten gespannt und gezwickt. Je stärker das Leder gezogen, also ausgezwickt wird, um so besser hält der Schuh später seine Form. Einstichdamm und Nähkanal werden angelegt. Vernäht werden Brandsohle, Futter und Oberleder mit dem robusten Draht, der aus mehreren Naturgarnfäden gedreht und mit Schusterpech, einer Mischung aus Bienenwachs und Harz, eingelassen ist. Beim Aufdoppeln wird der Rahmen mit der Sohle vernäht, wobei immer die Ahle zum Einsatz kommt. Mit ihr werden die Löcher vorgestochen, durch die dann die – zum Bedauern von Kudweis sehr rar gewordene – Czischmennadel durchgezogen wird. Jeder der Handgriffe erfordert eine ordentliche Portion körperlicher Kraft, was beim Stuppen besonders deutlich wird: Die Zacken am Sohlenrand erscheinen so selbstverständlich und sind dennoch jede einzeln mit dem Eisen hineingepresst.

Das Polieren des fertigen Schuhs nimmt sich dagegen wie Erholung aus. Andreas Kudweis: „Wasserglanz ist erwünscht, nicht zu aufdringlich und elegant. Ich verwende ganz einfache Schuhpasta. Alles, was fett ist und den Schuh pflegt, ist gut."

Selbstverständlich werden auch Damenschuhe gemacht und fallweise auch Schuhwerk für Film und Bühne. Andreas Kudweis hat sich davon allerdings mehr und mehr zurückgezogen: „Die Wartezeiten für die Privatkunden wurden zu lang. Mein Vater, Adi Kudweis, war darauf spezialisiert und hat zum Beispiel die Musicals ‚Cats' und ‚Das Phantom der Oper' mit den von ihm entworfenen Schuhen ausgestattet. Er hat in Ottakring, in der Brunnengasse, sein Geschäft betrieben."

Dieses wiederum übernahm er von seinem Vater Adolf Kudweis. Mit berechtigter Hoffnung schaut nun Meister Andreas auf seine zwei Buben Matthias und Philipp, denen nach der Schule nichts lieber ist, als sich mit dem Schusterhammer in Vaters Werkstatt zu betätigen.

▸ **INFORMATION:**
Schuhatelier Andreas Kudweis, 1010 Wien, Wipplingerstraße 15,
Tel. 01/533 22 36, www.kudweis.at

Der Flache mit Tiefgang

In der Waldviertler Schuhwerkstatt ist man alten Idealen treu geblieben

Er gibt noch immer den wilden Hund. Lässig im Sessel hängend, die Beine auf dem Tisch, Waldviertler an den Füßen, ein forsches Du zum Empfang – Heini Staudinger ist sich treu geblieben: „1984 war ich bei einer Nicaragua-Demo. 8000 Leute waren dort, die Hälfte davon hat unsere Schuhe getragen. Da habe ich gewusst, wer unsere Kunden sind."

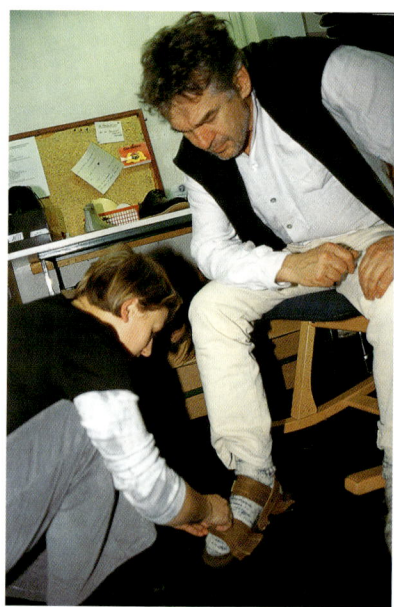

Heini Staudinger betätigt sich als Testperson

Er selber war von der Ideologie überzeugt gewesen, von seinen Schuhen hat er weniger gehalten: „Die waren einfach schiach. Die Lederfarbe unattraktiv. Kacke!"

Gerade deswegen waren sie längst das Signal für Anderssein: „Schau dir einen Lehrer mit geputzten schwarzen Schuhen an und einen Lehrer mit Waldviertlern, die selten geputzt sind. Der ist sicher nicht so gemütlich, wie er gerne wäre. Aber er signalisiert Offenheit, Kollegialität. Konventionen gelten für ihn nicht. Bei Frauen wird das noch viel deutlicher."

Begonnen hat es in Schrems unter Sozialminister Alfred Dallinger mit einem selbst verwalteten Betrieb. Staudinger: „Dallinger war im Herzen ein Kommunist. Er hat was von der Idee g'halten, dass die Arbeiter Eigentümer ihrer Produktionsmittel sind."

Sozialismus und Kirche waren sich unter Bruno Kreisky nahe gekommen. Auf beiden Seiten gab es Menschen, die von denselben Idealen träumten. Ein Religionslehrer der Berufsschule für Schuhmacher in Schrems initiierte das Projekt der Schuhwerkstatt, nicht um den großen Reibach damit zu machen, sondern um gefährdete Existenzen – Langzeitarbeitslose und Alkoholiker – aufzufangen. Weil

Freundliche Waldviertler

mehr und mehr Schuhfabriken zusperrten, wurde eine neue aufgemacht: „Überfrachtet mit guten Wünschen. Wenn der gefragt hätte, warum die anderen zumachen, hätt er nie anfangen dürfen."

Als kein Geld mehr da war, fühlte der damalige Geschäftsführer Gerhard Benkö bei Staudinger vor, ob er die Firma nicht geschenkt haben wolle. „Die Schuster hatten Angst, dass sie für die Schulden gradestehen müssten." Staudinger lehnte das Geschenk begreiflicherweise ab, aber er riet, die Schuhe um einen symbolischen Preis zu verkaufen. „Das erste Mal ist die Bevölkerung damit so richtig in Kontakt gekommen." Gemeinsam mit Benkö hat Staudinger den Betrieb weitergeführt, bis ihm sein Partner abhanden gekommen ist. „Zuerst als Entwicklungshelfer in Afrika, dann hat er dort eine Schuhfabrik aufgebaut."

Die Waldviertler Schuhwerkstatt wurde zur Gesellschaft mit beschränkter Haftung. Staudinger: „Ich glaub, in dieser Zeit hat sich qualitativ und volumsmäßig viel getan. De facto haben wir nie Geld verdient, sind mit Ach und Krach über die Runden gekommen. Jetzt haben wir ein Plus. Das wird sofort in eine notwendige Maschine investiert."

Gearbeitet wird mit der Hand, die Maschinen sind großteils nur mechanische Unterstützung. „Donated by the people of the US for Europe's recovering", steht auf der einen, die als gebrauchtes Gerät im Rahmen des Marshallplanes 1945 nach Österreich gekommen ist. Der Geschäftsführer, ein Laie auf dem Gebiet der Schuherzeugung, bestaunt die Handfertigkeit seiner Belegschaft, lässt sich von den Meistern erklären, wie was am besten gefertigt werden kann, und betätigt sich höchstpersönlich als Testperson in der Entwicklung. „Ich bin der kritischste Kunde. 250 Kilometer bin ich in der vorigen

Woche im Gebirge zu Fuß unterwegs gewesen. Ich weiß jetzt, dass ein leichter Absatz bei solchen Schuhen ein Vorteil ist."

Der Renner war bis jetzt der Nullabsatz. Anfang der 1980er-Jahre war aus Skandinavien ein solcher Leisten nach Österreich gekommen. „Ein Geschäftsmann hat das Urmodell, den *earth shoe*, mitgebracht und war der Meinung, dass breite Schuhe hip sein können."

Weil sich *earth* so schwierig ausspricht und das Waldviertel gleichzeitig ein Zertifikat für verlässliche Herkunft ist, wurde daraus eben der Waldviertler. Vertrieben wird er im Direktversand, in über hundert Schuhgeschäften und über GEA, ein in einschlägigen Kreisen bestens eingeführtes Netzwerk aus Läden für alternative Produkte. „Die griechische Erdgöttin steht dahinter, ein Geheimnis, als eine der drei Urkräfte des Lebens: Gea, Chaos und Eros."

Übriges Geld wird in Maschinen investiert

Productplacement und Werbung sind auch beim gestandenen Waldviertler unerlässlich. Obwohl Heini Staudinger durch konsequentes Anderssein die Großen und Billigen der Branche kaum spürt: „Die Pflichtaufgabe einer überlebenden kleinen Schuhfirma im Westen ist es, sich so erscheinen zu lassen, als gäbe es keine Konkurrenz. Das, glaube ich, ist uns gelungen."

Beim Kauf der Schuhe gab es einmal gratis einen Sack Bioerdäpfel dazu und der Kommod, der klassische Waldviertler, wurde in der Werbung als Alter angepriesen, der noch viel vorhabe. „Unsere Kunden sind 15 bis hundert. Siebzigjährige haben mit Dreißigjährigen die Liebe zum Unkonventionellen gemeinsam."

‣ **INFORMATION:**
Waldviertler Schuhwerkstatt, Heini Staudinger, 3943 Schrems, Niederschremser Straße 4a, Tel. 02853/765 03, www.gea.at

Kult aus Tradition

Die Hugenotten haben die französische Handschuhmacherei zu uns gebracht

Domplatz Nr. 20 ist eines der ältesten Häuser von Wiener Neustadt. Das Gewölbe in der Einfahrt des ehemaligen Benefiziatenhauses stammt aus dem 14. Jahrhundert. Im Innenhof mit der Treppe und den Bögen hängt das Zunftzeichen eines Handschuhmachers. Man glaubt sich unversehens in eine Filmkulisse versetzt. Es fehlen nur mehr die Schauspieler, doch dann betritt ein stattlicher Mann um die sechzig die Szene und lädt die Besucher in seine Werkstatt ein. Die niedrigen Räume sind sauber, die wenigen alten Maschinen und Werkzeuge gepflegt, der Arbeitstisch ist leer.

„Ich betreibe französische Handschuhmacherei", stellt Friedrich Saik sein Gewerbe vor, „die Hugenotten haben es zu uns gebracht, als sie aus Frankreich vertrieben worden sind. Deswegen sind unsere Fachausdrücke durchwegs französisch."

Seit 1752 ist seine Familie schon in Wiener Neustadt. Sie haben als Säckler, Beutler und Handschuster rehlederne Unterwäsche, Geldbeutel und Handschuhe erzeugt. Saik: „Meine Vorfahren haben die deutsche Handschuhmacherei betrieben, mit ihnen ist sie ausgestorben."

Französisch und deutsch? Der große Unterschied liegt

Die Handschuhpresse hat ein ehrwürdiges Alter

in der Spezialisierung des Französischen auf die Handschuhe und in der feineren Arbeit, die daraus resultiert.

„Leben kann man nicht mehr davon", sagt Friedrich Saik. Im Rathaus, in einem kaum weniger geschichtsträchtigen Ambiente, führt er mit seiner Frau ein Modewarengeschäft und verkauft ausschließlich dort seine Handschuhe. Er scheint sich selber zu wundern, dass ihn die Handschuhmacherei nicht loslässt: „Ein schwerer

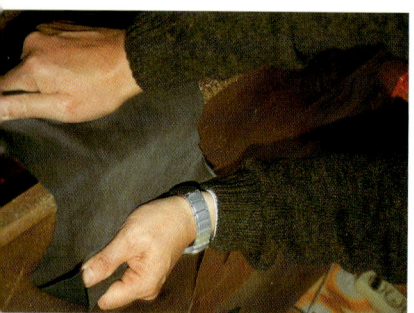
Handschuhleder wird
gespannt ...

... mit dem Messer
dolliert ...

... und mit der Schere
ausgeschnitten

Beruf, wenn es auch nicht so ausschaut. 44 Jahre stehe ich schon an der Tafel", er zeigt auf den Arbeitstisch, „meine Schultern sind vom Ziehen bedient. Ich muss massieren, Salz auflegen. Immer das schiefe Stehen. Die früher verwendete giftige schwarze Farbe führte zur Todesursache Nummer eins der Handschuhmacher, dem Blasenkrebs. Und gestunken hat es wegen der Gerbung. Die Handschuhmacher haben deswegen immer auch mit Eau de Cologne gehandelt. Außerdem, da, schauen Sie, der verbogene Finger vom Dollieren, Bärenhände bekommt man davon, wenn man tagelang mit dem Messer die Fleischseite vom Leder mit großem Druck bearbeitet. Ein Teufelszeug, gefährlich, das haben die Handschuhmacher gehasst."

Er holt aus einer Lade ein Dolliermesser, das Erbstück eines alten Handschuhmachers, der es seinerseits von Kaiser Franz Joseph geschenkt bekam. Es war Brauch, dass der Kaiser jedes Jahr einem Waisenkind eine Handwerkslehre finanzierte und es aus seiner Privatschatulle mit dem notwendigen Werkzeug ausstattete.

Der Fleck Ziegenleder, den Herr Saik auf der Tafel aufbreitet, ist bereits gezogen und dolliert. Der Meister zieht das Ziegen- dem Rehleder vor, da letzteres selten in gutem Zustand geliefert wird: „Zu viele Löcher, teils von der Dasselfliege, teils vom Schießen." Um das weiße Leder für die Glacéhandschuhe muss er schon betteln, so schwer ist es zu bekommen. Sie werden von Offizieren aus der Militärakademie bestellt, wenn sie für die Fahnengruppe abkommandiert sind, und er selbst braucht die weißen Handschuhe, wenn er mit dem Bürgerkorps der Stadt ausrückt. Ohne sie wäre die Uniform mit der hohen Bärenfellmütze nicht vollständig.

Mit dem Zollstock, natürlich französische Zoll, wird gemessen, und dem Muster gemäß werden die Teile ausgeschnitten. Das Entwerfen solcher Muster ist ihm die liebste Arbeit, gibt Herr Saik zu, während er eines auf das Leder legt und mit dem Ausschneiden der Form beginnt. „Eine Schere ist wie eine Stradivari", schwärmt er von seinem meisterlichen Werkzeug, das harmonisch mit seiner Hand verschmilzt, doch: „Es gibt kaum jemanden mehr, der sie schleifen kann." Bei ihm ist auch die goldene Schere gelandet, ein Prachtstück aus Stahl und Messing, die um 1880 in Breslau erzeugt wurde und in der Branche bereits eine Legende ist.

„Von *dépecer* kommt das Depsieren, das Zerstückeln", wird Saik wieder ganz Franzose, „dann wird etaveniert, eigentlich etavillionieren, aber so sagt kein Handschuhmacher mehr, und die Plie, der Rücken, wird ausdebordiert, damit sich der Finger nicht nachzieht." Das Werkzeug dafür ist die Pikette, ein stumpfes Messer.

Lederabfall gibt es kaum. Die kleinsten Stücke können noch verwendet werden: „Für die Fanten zwischen den Fingern und das Passepoil, das Einfassleder beim Schlitz", das Saik an seine Ausbildung erinnert: „Ein Damenhandschuh war mein Meisterstück."

Friedrich Saik vor der Bügelhand

1834 wurde in Frankreich die Handschuhpresse erfunden, seit 1880 wird sie von der Familie Saik verwendet. Der Handschuh wird dort nach dem schweißtreibenden Zuschneiden über dem Model oder dem Kaliber gestanzt. Ein kräftiger Zug am Hebel genügt, um an die zehn Tonnen in Bewegung zu setzen.

Die einzelnen Teile der Handschuhe werden säuberlich nummeriert, damit die Näherin weiß, was wohin gehört. Sollte ihr einmal ein Stück abhanden kommen, dann hat ihr zumindest in früheren Zeiten eine deftige Strafe gedroht. Friedrich Saik kann sich noch erinnern: „Sie ist gehobelt worden. Zwei, drei Handschuhmacher haben sie gepackt und mit dem Hintern über die Tafel gezogen."

Schnittmuster

Die Handschuhmacher haben nie selber genäht, die Arbeit bis zu diesem Punkt war dafür zu schwer. Sehr wohl haben sie die genähten Handschuhe aber gebügelt, auf eigenen Bügelhänden aus Metall.

Die Arbeiten gehen alle leise vor sich, es darf geplaudert werden, zum Beispiel über den Aberglauben, vor dem auch ein gestandener Handwerker nicht gefeit ist: „Wenn eine Schere runterfällt und mit der Spitze auf einen Kollegen zeigt, dann glaubt der, dass er sterben muss. Mir ist als Lehrbub die Schere einmal runtergefallen. Der Kollege hat sich nur mit einem Bier beruhigen lassen."

Die Zeiten sind vorbei. In seiner Zunft ist Friedrich Saik einsam geworden: „Es gibt kaum Nachwuchs, und die Alten sind alle weg. Ich selber mach den Kult aus Tradition." Er zeigt auf den alten Spruch der Handschuhmacher: „Für heute Brot, für heute Licht, für heute Kraft. Er hat seine Gültigkeit verloren." Hierzulande werden kaum mehr Handschuhe gemacht. Saik: „Sie werden in Fernost hergestellt, ich bin mir sicher mit Kinderarbeit, weil sie so billig sind." Angesichts der Plackerei eine unerträgliche Vorstellung, die aber dem Handel nicht einmal ein Schulterzucken abringt. Erstens hat sich bisher keiner um solche Hintergründe geschert, kein Lieferant und keine Kundschaft, und außerdem, wer hat schon das Herz, das Geld für ein Paar handgenähte Handschuhe auszugeben? Wenn einer davon verloren geht, was bekanntlich leicht passieren kann, ist der teure Hinterbliebene grad so wertlos wie der billige.

▸ **INFORMATION:**
Lederhandschuherzeugung – Modewarenhandel Friedrich Saik,
2700 Wiener Neustadt, Neunkirchner Straße 2 (im Rathaus),
Tel. 02622/228 53

Das rechte Augenmaß

Durch Hornbrillen das Sehen ganzheitlich sehen

Was wäre so manches Gesicht ohne seine Brille? Kontaktlinsen mögen praktisch sein. Wenn man sich aber mit dem Gestell auf der Nase einmal vertraut gemacht hat – egal ob an sich selbst oder an einem anderen –, wird daran festgehalten wie am lieb gewordenen Wärzlein, das seinen Träger letztlich unter all den Milliarden von Menschen einzigartig macht. Wenn es nur leichter wäre, diese eine Brille zu finden, an die man sich gewöhnen kann!

Genau in diesem Punkt hat Erich Hartmann seine Berufung entdeckt. Der Ausdruck Beruf erscheint ihm für seine Tätigkeit zu blass. Hornschneider? Optiker? Brillenhersteller? Kammmacher? Erich Hartmann hat alles unter einen Hut gebracht, in ein griffiges Gedankengebäude verwoben. Handwerk? Schon, aber nicht ohne die Segnungen modernster Technik. Luxus? Immer eine Sache der persönlichen Ansicht, doch die Adresse, an der Hornbrillen, edle Kämme und elegante Rasierpinsel verkauft werden, könnte darauf schließen lassen: Wien I., Singerstraße 8, nur ein paar Schritte vom Stephansdom entfernt. In der Auslage spielt die Ware nur die zweite Geige. Junge Kunst steht im Vordergrund.

„Die Leute diskutieren darüber, Kommunikation findet statt, es bewegt sich was", sagt Hartmann, „das Schöne dabei ist, dass die

Eine Seidenbrille von Erich Hartmann persönlich angepasst

Kunst oft in sich und zum Inhalt meines Geschäftes total konträr ist." Die Nachfrage seitens der Künstler ist naturgemäß groß, gut zwei Monate beträgt die Wartefrist auf einen Platz in der Galerie im Schaufenster.

Auf den Umsatz haben die galeristischen Ambitionen nur wenig Auswirkung. Laufkundschaft, die von der Kombination von elegantem Handwerk mit künstlerischer Verwegenheit angelockt wird, ist willkommen. Wer jedoch bei Hartmann eintritt, der darf Anspruch auf lebensbegleitende Betreuung stellen.

„Für uns ist das Sehen nicht einfach ein Sehen. Sie sehen ja nicht mit dem Auge, sondern mit dem Gehirn. Das Auge ist am Sehen nur mit zehn Prozent beteiligt. Ein Sehstatus wird erstellt, nicht nur ein Sehtest. Wir schauen uns den Menschen ganzheitlich an. Was könnte der für eine Brille brauchen, was hat der für eine Gesichtsform, ist sie oval, ist sie rund oder lang, breit oder schmal, was für ein Typ ist er? Wenn Harmonie und Proportionen stimmen, hat man wahrscheinlich die richtige Brille. Die teuerste Brille kann die schrecklichste Brille sein, und die billigste Brille die schönste Brille."

Der Optiker Hartmann lässt die Gläser von Meisterhand im eigenen Laden schleifen. Vom Handwerker Hartmann wird die passende Fassung geschaffen, aus dem Horn des indischen Wasserbüffels.

„Was früher mit der Laubsäge gemacht wurde, machen wir heute mit der Tastatur."

Mit Spezialwerkzeugen wird das virtuelle Design präzise in die Wirklichkeit übertragen.

„Das ist wie ein Leisten, und Horn ist vergleichbar mit dem handgemachten Schuh. Sie können es oft reparieren, wieder aufpolieren, wieder herrichten. Die Seidenbrillen, also die Hornfassungen, sind weich und angenehm zu tragen."

Zeitlos, lautet das Stichwort für derlei Brillen, als sichtbarer Beweis für die selbstbewusste Bereitschaft des Trägers, seiner Intelligenz einen angemessenen Rahmen zu geben. Mit großer Wahrscheinlichkeit findet sich in dessen Badezimmer ein Hornbecher zum Anrühren des Rasierschaums und in der Sakkotasche der Kamm aus Horn.

„1980 haben wir das Geschäft übernommen, als ein Kammgeschäft. Nach dem Umbau haben immer wieder Kunden nach Kämmen gefragt. Autodidaktisch habe ich begonnen, Kämme zu machen, hab die Werkstätte dazugenommen und habe mich mit vielen Versuchen und Rückschlägen mit dem Material vertraut gemacht. Ich hatte ja keine Ahnung vom Horn."

Junge Kunst im Schaufenster

Gezählte 35 Arbeitsgänge stecken in einem solchen Kamm. Das Horn von brasilianischen Ochsen wird spiralig aufgeschnitten, zuerst im Öl, dann über Holzkohle erhitzt und zur Platte gepresst, dann bis zu zwei Jahre gelagert, damit es zur Ruhe kommt.

„Es wird ziemlich viel weggeschliffen. Adern im Material müssen weg. Es wird geschnitten, gespitzt, gefalzt und kalibriert, das heißt gerundet, dann geschliffen und poliert. Die Zähne dürfen nicht zu spitz sein, sonst kratzen sie auf der Kopfhaut. Eine ziemliche Wissenschaft, aber ein Stück Natur, lebendes Material. Horn ist antistatisch, einfach ein anderes Kammgefühl, auf alle Fälle g'sund.“

▶ **INFORMATION:**
Hartmann Optik, Werkstätte für handgearbeitetes Sehen,
1010 Wien, Singerstraße 8, Tel. 01/512 14 89-0,
www.hartmann-wien.at

Der Pinselstrich im Horn

Hornschmuck als Ergebnis des Zusammenwirkens von Natur und Kunsthandwerk

Erstaunlich, wie vielseitig das Horn eines Rindviehs ist. Man kann drauf blasen, man kann damit zünftig einen heben, man kann den Wetzstein darin tragen, und man kann sich damit schön machen. Dazu muss das Horn allerdings bearbeitet werden. Dem männlichen Teil der Bevölkerung dient es als Kamm und als Griff am Rasierpinsel, die Damenwelt findet Gefallen am Putz, der aus dem Kopfschmuck eines Rindes geschnitten werden kann.

Auf Horn spezialisiert: Anita Münz

Anita Münz und Helmut Biriz haben sich auf solchen Schmuck aus Horn spezialisiert. Beide sind Absolventen der Hochschule für angewandte Kunst. Professor Carl Auböck, Architekt und Designer, wollte seine Studenten zwar vom Schmuck weg zur Produktgestaltung führen. Anita Münz: „Wir sind aber beim Schmuck geblieben. Ich habe dabei eine Kombination von Silber mit einem anderen Material gesucht, bin aufs Horn gestoßen. Das Silber ist weggefallen, das Horn ist geblieben."

Ende der 1980er-Jahre wurde mit der Schmuckerzeugung begonnen. Die Haarspangen, Armbänder, Ketten und Ohrgehänge fanden bei einem kunstbewussten Publikum erstaunlich großen Anklang. „Zu kaufen gibt es diesen Schmuck unter anderem in diversen Museumsshops, Geschenkartikel- und Bekleidungsgeschäften im In- und Ausland", zählt die Schmuckmacherin auf, um gleich wieder einzuschränken: „Aber einen typischen Laden gibt es nicht." Hinsichtlich der Mitbewerber meint sie: „Konkurrenz ist nur unangenehm, wenn sie imitiert. Der Markt ist groß genug für alle."

Das Problem war anfangs also nicht die Nachfrage, sondern die Herstellung selber. „Wir haben uns das meiste selber beigebracht, durch Probieren", erinnert sich Anita Münz. Ihrem Partner Helmut Biriz bescheinigt sie technische Begabung, da er durch erfolgreiches Herumprobieren für einen funktionellen und funktionierenden Maschinenpark gesorgt hat. Dazu gehören adaptierte Pressen mit speziellen Formen, Bandsägen und Schleif- und Polierapparate. Zur Endfertigung leistet man sich eine Angestellte.

„Ich bin für die Entwürfe zuständig", sagt Anita Münz, und dabei leuchten ihre Augen. „Horn ist ein faszinierendes Material, es macht einfach Spaß, damit Schmuck zu machen. Horn ist warm, wunderschön und leicht, eine wichtige Eigenschaft, weil ich gerne große Stücke mache." Sie zeigt die Schablonen, die von ihr gezeichnet werden. Das Stück Horn, es stammt von südamerikanischen Rindern, wurde zuvor durch gezielte Erwärmung flach gepresst. Die Schablone wird aufgelegt. In diesem Moment ist Frau Münz mehrfach gefordert. Es soll möglichst wenig Verschnitt entstehen, das Horn, das von so weit her importiert wird, ist nicht billig. Trotzdem muss jedes Stück, das nach dieser Vorzeichnung ausgeschnitten wird, eine attraktive Maserung aufweisen. Anita Münz: „Die Flammung ist so lebendig, dass die Leute glauben, sie ist aufgemalt." Die einzelnen Stücke können es ohne weiteres mit abstrakten Malereien aufnehmen. Alles wird von der Natur geliefert, auch der Pinselstrich, es muss nur richtig gesehen und herausgearbeitet werden. Ausgerechnet am Hornochsen wird die Natur also zur Künstlerin, was Anita Münz zu Reflexionen über ihr Gewerbe verführt: „Wir betreiben ein Handwerk wie andere auch. Wenn aber, wie beim Metall, jedes Stück gleich mit dem anderen wäre, dann

Wenig Verschnitt soll entstehen

Fantastische Malereien auf Horn

wäre die Sache längst nicht so lustig. Bei uns stellt sich erst am Ende heraus, ob aus einem Stück etwas geworden ist. Dadurch wird unsere Arbeit abwechslungsreich und als Draufgabe sogar noch spannend."

▸ **INFORMATION:**
 Studio für Hornwaren, Anita Münz, Helmut Biriz, 1070 Wien, Bernardgasse 4, Tel. 01/523 57 25, Fax 01/522 86 71

Der Beweis an der Wand

Der Tierpräparator sorgt für die Glaubwürdigkeit von Fischern und Jägern

Bei Jägern und Fischern reichen selten beide Arme aus, wenn es um die Mächtigkeit eines Hirschgeweihes oder die Länge eines Fisches geht. Ein Foto mit Weidmann und Strecke ist aber klein und vermittelt kaum etwas vom Jagderfolg, den einer erst begreift, wenn er dem erlegten Tier Aug in Aug gegenübersteht.

„Man nennt das einen Vorschlag", erklärt Helmut Raab die seltsamen Büsten von Böcken und Wildschweinen, die durch die Wand zu kommen scheinen und mit eindringlich starren Augen den Besucher fixieren.

Raab ist Tierpräparator, einer, der tierische Körper, die nach erfolgreicher Pirsch zu ihm gebracht werden, zerlegt und konserviert, klarerweise möglichst rasch.

Zuerst wird genau Maß genommen, dann wird die Haut abgezogen und in die Gerberei gegeben. Beim Marder oder anderen kleinen

Helmut Raab legt großen Wert auf Details

Vertretern jagbaren Getiers werden nicht nur das Fell, sondern auch die Knochen inklusive Skelettschädel aufbewahrt. Raab: „Man braucht sie zum Aufbau des Körpers."

Während die gegerbten Häute und Felle in kräftigem Mottenschutz baden, wird ihnen ein neuer Körper gewickelt: An die Stelle von Muskeln und Sehnen kommen Holzwolle und Modellierton. Raab: „Wenn der Körper passt, macht man die Haxerln. Dort, wo man sie beim Fleischkörper abgeschnitten hat, muss man sie beim Holzwollkörper mit Draht wieder ansetzen."

Im Groben zeigt das Gebilde aus Holzwolle bereits das Ergebnis, so Raab: „Kleinigkeiten wie die Fusserln werden mit dem Draht gebogen. Das Gesicht wird modelliert, und die Augen werden eingesetzt."

Damit das Fell während des Trocknens keine Falten wirft, wird es abgenadelt, ganz einfach mit Stecknadeln an bestimmten Stellen festgemacht. Raab: „Dann geht's ans Ausfertigen. Augenlider und Goscherl verkitten und mit Airbrush färben."

Wenn das Tierchen schließlich von seinem Wurzelstock herabfaucht, dann hat der Präparator ordentliche Arbeit geleistet. Sein Werk ist so naturgetreu, wie es ihm nur möglich war.

Helmut Raab betreibt seine Firma in der Arnethgasse in Ottakring, also mitten im verbauten Stadtgebiet. Die Geschäftsräume, die Werkstatt und sogar die Kellerräume, in denen die Fleischarbeiten durchgeführt werden, sind absolut geruchsfrei. Nur die Schaufenster mit den Trophäen und die Aufschrift über dem Eingang verraten den Tierpräparator.

Noch halten Nadeln das Gesicht in Form

Schlangen, Hirschgeweihe und die Waffen (Zähne) von Wildschweinen werden von ihm präpariert, selbstverständlich auch Vögel wie Elstern und Auerwild. Den Burli, der das Zeitliche gesegnet hat, versucht er den Leuten eher auszureden – Kanarienvögel und Wellensittiche sind nicht gerade sein Geschmack. Er arbeitet für Jäger und Fischer und kennt deren Ansprüche bestens, weil er selber einer von ihnen ist: „Meiner Meinung nach eine wichtige Voraussetzung für unseren Beruf. Ich weiß somit, wie sich die Tiere in der Natur bewegen und welche Farbe die Fische haben."

Präparierte Fische sind seine Spezialität. Wenn sie bei ihm im Geschäft ankommen, haben sie zumeist schon einiges an Farbe eingebüßt, den Rest verlieren sie während der weiteren Bearbeitung. Sie werden an der Seite, die als weniger schön empfunden wird, aufgeschnitten. Vorsichtig werden Fleisch und Gräten entfernt, immer

Ein Glasauge für
den Fisch

darauf bedacht, dass die Schuppen nicht beschädigt werden. Mit einer Lauge wird entschleimt und mit Spiritus gegerbt. Die Fischhaut wird dadurch hart, mit einem Bad in einer Boraxlösung aber wieder weich gemacht, damit sie über die vorbereitete Form aus Kunststoff gestülpt werden kann. Wenn die Übergänge vom Körper zum Kopf und zu den Flossen aus Modellierkitt oder Pappmaché gefertigt sind, wird der Fisch zugenäht, und der Haut wird bei minus 25 Grad in der Gefriertrockenanlage die Feuchtigkeit gründlich entzogen. Der Fisch ist nun wahrhaft auf dem Trockenen gelandet und erhält per Airbrush wieder seine natürliche Farbe zurück, soweit das eben mit künstlichen Mitteln möglich ist. Das Fischauge wird zum Schluss eingesetzt.

Derzeit ist Helmut Raab allein in der Firma, hatte aber immer wieder Partner, die mit ihm das Lokal und damit die Kosten teilten. Nachwuchsprobleme kann er in seinem Metier nicht orten. Das Interesse dafür, auch von weiblicher Seite, ist höher als zu seiner Lehrzeit vor gut drei Jahrzehnten, hat er festgestellt. Von der Qualität seiner Arbeit ist er überzeugt, und er braucht sich um Aufträge keine Sorgen zu machen. „Die Verwandten haben zwar keine Freude mit den Präparaten, weil sie Staubfänger sind. Die wollen das entsorgen", spricht Helmut Raab vielleicht aus eigener Erfahrung, „aber für einen Menschen, der jagen und fischen geht, ist eine Trophäe etwas Besonderes, und solange es diese Leute gibt, werde ich Arbeit haben."

▸ **INFORMATION:**
Tierpräparator Helmut Raab, 1160 Wien, Arnethgasse 54, Tel. 01/481 44 11

Ein gemütlicher
Platz für den Fuchs

Wachs, Seife

Exklusiv alternativ

In der Waldviertler Kerzenmanufaktur hat man nach ruhigen Jahren wieder Lust auf mehr

Wo sind die Zeiten, als sich echte Aussteiger ins Waldviertel zurückzogen? Ein einsamer Bauernhof irgendwo weitab von der nächsten Ortschaft war damals noch ein Abenteuer. Die Ideale waren hoch, man wollte raus aus einer Welt, die sich nur mehr um Konjunkturkurven und Börsenindizes zu drehen schien.

Es waren nicht die schlechtesten Köpfe, die sich Anfang der 1970er-Jahre dem unbedingten Fortschritt durch Flucht entzogen. Franz Streibl, er leitet die Peter Koch Kerzenmanufaktur in Gföhl, bestätigt: „Eine verrückte Partie damals, eine Duftdesignerin, ein Holzbildhauer, Peter Koch als religiöser Anführer. Eine alternative Religion war im Spiel. Aber jeder Aussteiger hatte irgendeine Philosophie. Gelebt haben sie von Stoffdesigns und Kettenbasteln, und für Weihnachten Kerzen. Das war der Trend."

An einem Outdoorprogramm wird gearbeitet

Verkauft wurden die Produkte als Kunsthandwerk. Als bei einer einschlägigen Messe ein deutscher Großhändler an die jungen Leute herantrat, mit dem Ansinnen, für ihn in größerer Menge Kerzen exklusiv herzustellen, konnten sie nicht Nein sagen. Kerzenlicht war schließlich die lebendige Alternative zum grellen Neon, fast so etwas wie ein Symbol für ein langsam einsetzendes Umdenken. War es verwerflich, damit Geschäfte zu machen? Offenbar nicht. Der Auftrag wurde angenommen.

Streibl: „15 Tonnen im Jahr, sehr aufwändige Kerzen. Das Ganze musste System bekommen. Im Großhandel ist Gleichmäßigkeit gefragt. Kerzenmachen ist am Anfang sehr einfach. Die Schwierigkeiten beginnen mit der Serie."

1980 gab es die erste Umbauphase. Aus dem kleinen Anwesen, das bis heute nur über einen ausgebauten Forstweg zu erreichen ist, wurde eine Manufaktur. Ein Gießrad für Stumpen und eine Tunkanlage für Spitzkerzen wurden gebaut, ein Vertreter wurde engagiert, und schon war aus dem alternativen Experiment eine beinahe bürgerliche Fabrik geworden.

Die Umgebung wusste trotzdem wenig mit den sonderbaren Typen da draußen anzufangen. „Horrorgeschichten hat es gegeben. Es war eine Kommune. Den Leuten war es nicht ganz geheuer, dass Mandln und Weibln einfach zusammenlebten. Die Fantasie am Biertisch hat Kapriolen geschlagen."

1984 starb Peter Koch. Franz Streibl, der bis dahin das Auslieferungslager für Deutschland innegehabt hatte, wurde Geschäftsführer. Die Tore des Betriebes wurden geöffnet. Die Ortsleute wurden eingeladen, sich in der verruchten Umgebung umzuschauen und sogar dort zu arbeiten. Die dürften erkannt haben, dass es gar nicht so wild zuging, wie sie gedacht hatten. Jedenfalls schien Ende der 1980er die Schwellenangst überwunden gewesen zu sein. Heute bietet die Manufaktur einige, wenn auch saisonabhängige Arbeitsplätze für die Region.

Die Kreativtage schließen zumindest gedanklich an alte Ideale an. Streibl: „Wir öffnen die Produktion auch für Erwachsene, für kreative Menschen, die sich die Kerzen für den Adventkranz selber gießen möchten."

Stumpen werden handgegossen

Der Verlust von Werten ist generell ein Problem, mit dem nicht nur die Kerzenmanufaktur zu kämpfen hat. „Traditionsbetriebe, die Hunderte Jahre alt sind, machen Konkurs, dass man nur so schaut. In China versauen sie die Umwelt mit der Billigproduktion, bei uns werden die Auflagen immer höher. Bei einer solchen Konkurrenz hat man keine Chance. Im ganzen deutschen Sprachraum gibt es nur mehr vier Lehrlinge in unserer Branche. Wir werden irgendwann draufkommen, dass es einmal etwas Tolles gegeben hat. Aber dann sind wir längst im Einheitsbrei untergegangen."

Die 1990er-Jahre brachten einen ersten Einbruch des Geschäftes. Der Fall des Eisernen Vorhangs und die Importe aus Fernost waren selbstverständlich zu spüren. Streibl: „Von dort ist massenhaft billige Ware gekommen. Der Teelichtbereich grenzt schon an Wahnsinn. Aber die Dochtanordnung war schlecht, die Kerzen haben nicht gebrannt. Mit den Reklamationen ist den Importeuren auch die Lust daran vergangen, und wir wurden wieder entdeckt. Die Durststrecke haben wir hinter uns gebracht, derzeit arbeiten wir mit drei Vertretern in den Bereichen Gastronomie, Floristik und Geschenkboutiquen."

Die Waldviertler, die als Autodidakten angetreten sind, haben sich in der Branche einen guten Ruf erworben – „man muss sich einfach damit beschäftigen, mit dem richtigen Docht, mit dem Wachs – wir verwenden Paraffine – und mit der Farbzusammensetzung."

Die Rezeptangaben bewegen sich im Hundertstel- und Tausendstelbereich. Pigment und Fettfarben müssen für eine gleichmäßige

Die Tunkanlage für Spitzkerzen

Färbung in exaktem Verhältnis ins Wachs gemischt werden. Daneben wird derzeit an der Entwicklung eines Outdoorprogrammes gearbeitet, an einem Gartenlicht, das nicht beim ersten Windstoß erlischt.

„Bei den Spitzkerzen für die Gastronomie, der vienna taper, müssen wir auf die Mischung von Paraffin und Hartwachs aufpassen", weiß der Kerzenmacher. „Bei Zugluft, die durch die Ventilation in einem Restaurant immer gegeben ist, dürfen die Kerzen nicht abtropfen."

Die Mònaco, eine Mehrdochtkerze, ist nach wie vor reine Handarbeit, durchgefärbt und tropffest.

Frau Streibl ist nicht unzufrieden: „In den harten Zeiten haben wir Personal abgebaut und das Sortiment vereinfacht. Jetzt hätten wir wieder Lust auf mehr."

Was der Gründer und Religionsführer Peter Koch dazu gesagt hätte? Streibl: „Wir sind die Letzten, die in Niederösterreich Kerzen erzeugen. Die anderen sind alle verschwunden." Damit wurde ein Kundenkreis interessant, der bis dahin von anderen Stellen beliefert wurde: die Pfarren. Die Produktion ist darauf eingerichtet, für die Pfarrer als verlässliche Endverbraucher neben Spitzkerzen und Stumpen auch Altarkerzen zu ziehen.

▸ **INFORMATION:**
Peter Koch Kerzenmanufaktur GmbH.,
3542 Gföhl, Mittelbergeramt 19, Tel. 02716/86 84,
Fax 02716/86 84-20, www.koch-kerzen.at

Das Licht in der Hand

Der Fackelzieher sorgt für stimmungsvolle Nächte

Damals beim Lagerfeuer, der Anmarsch in der Nacht, jeder durfte eine Fackel tragen, wurde vorher eindringlich ermahnt, dem anderen nicht Haare und Gewand zu versengen. Das war doch Romantik! Die Wachsflecken auf Jacke und Hose waren ohnehin Sache der Mutter.

Flackerndes Feuer in der eigenen Hand hat seit der Steinzeit nichts von seiner Faszination verloren. Je cooler ein Event ist, desto eher greift man wieder zu den Fackeln. Ganze Pisten werden damit beleuchtet, für das Brauchtum lodern die Feuer von den Berggipfeln, und der Lichterzug zum Openair kreuzt sich mit dem nächtlichen Wallfahrerzug.

Bedient wird dieses Urbedürfnis von einer kleinen Firma in der Thermenregion, dem Veitscher Fackelwerk in Tribuswinkel. Gerald Buryan und seine Frau Edith betreiben den kleinen Handwerksbetrieb bereits in vierter Generation. 1912 begann Urgroßvater Karl Buryan am Platz einer alten Mühle mit der Erzeugung von Waschmitteln und an einem zweiten Standort, in Veitsch in der Steiermark, mit der Erzeugung von Fackeln. Dieser Betrieb wurde stillgelegt und mitsamt dem Namen hierher verfrachtet.

„Nach dem Zweiten Weltkrieg waren die Fackeln im technischen Bereich sehr gefragt", erzählt Gerald Buryan aus der Zeit, die er noch

Das Wachs für die Hohlfackeln wird angerührt

1952 wurde diese Maschine angeschafft

In der Wanne wird Paraffin erhitzt

Die abgetropften Reste werden wieder eingeschmolzen

nicht erlebt hat, „damals haben die Österreichischen Bundesbahnen die Gleise und Tunnels damit beleuchtet."

Die öffentliche Hand als Großkunde ist weggefallen, an ihre Stelle sind Freizeitgestalter und die Sozialdemokratische Partei Österreichs getreten. Der Fackelzug am Vorabend zum Ersten Mai war und ist alljährlich ein Großauftritt von Veitscher Fackeln.

In der Fertigungshalle sind die Leute mit dem Zuschneiden und dem Verpacken der Fackeln beschäftigt. Das Ziehen wird ihnen von einer Maschine abgenommen. „1952 ist sie angeschafft worden und ist damit sechs Jahre älter als ich." Gerald Buryan ist dennoch zufrieden mit dem archaisch anmutenden Räderwerk: „Es reicht aus, um die Nachfrage zu stillen. Auf Lager wird bei uns ohnehin nicht produziert."

In einer Wanne wird das Paraffin erhitzt. Vorher werden acht bis zehn Dochte zusammengepresst und durch dieses Wachs gezogen. Buryan: „Deswegen sind unsere Fackeln windbeständig. Ein festes Bündel brennt eben besser als ein einzelner kompakter Docht."

Nichts geht dabei verloren. Die abgetropften und abgestreiften Reste des Paraffins werden am Ende jedes Arbeitstages aufgesammelt und am nächsten Tag wieder eingeschmolzen. „Verwendet werden ausschließlich wertvolle österreichische Produkte", will Gerald Buryan festgehalten haben, „das Brennholz kommt aus Niederösterreich, die Textilien werden in Oberösterreich erzeugt, und das Wachs wird von den Kirchen aus ganz Österreich gekauft."

Er zahlt dafür mehr als für billige Importe, hat sich deswegen aus der Konkurrenz der Baumärkte ausgeklinkt: „Ich will denen nicht

Genügend Stoff für romantisches Licht

nacheifern, nicht mit dem Preis und schon gar nicht mit dem Ramsch. Die Eventfirmen, die von mir beliefert werden, die brauchen Spitzenqualität."

Buryan darf natürlich mit billiger Ware handeln und tut es auch, wenn ein Kunde trotz Warnung darauf besteht. Im Bereich Feuerwerk verfügt Buryan über die entsprechende Prüfung in Pyrotechnik und könnte in alter Familientradition Knallkörper und Raketen herstellen, hat sich aber den Kollegen aus Fernost gerne geschlagen gegeben und ihnen die Erzeugung überlassen.

In einem Hexenkessel in der finstersten Ecke der Werkstatt wird ebenfalls Wachs angerührt, dieses Mal in reiner Handarbeit. Zwei Mal wird ein Gewebe, nichts anderes als ein Aufreibfetzen, ein Wischtuch, darin getunkt und um einen Handgriff gewickelt. Eine Hohlfackel, die sich laut Buryan für Skiabfahrten eignet, ist fertig.

Der einladende Garten der Firma mit Bach und Wasserfall aus Mühlenzeiten ist der ideale Ort, um eine der Partyfackeln zu testen. Wenn sie einmal brennt, dann macht auch ein kräftiger Windstoß der Flamme nicht den Garaus. Mit der angegebenen Brenndauer von drei bis vier Stunden lässt sich in ihrem Schein überdies recht ausführlich und angenehm über die gebändigte Natur des Feuers nachdenken.

▸ **INFORMATION:**
Veitscher Fackelwerk, Gerald Buryan, 2512 Tribuswinkel, Traiskirchner Straße 14, Tel. 02252/802 35, Fax 02252/215 55

Das große Blühen

Der Stolz des Imkers sind nicht nur fleißige, sondern vor allem friedliche Bienen

Im Grunde waren es über Jahre illegale Importe. Ganze Völker betätigten sich als Schmuggler. Drahtzieher dieses Treibens war ein freundlicher Biobauer aus Langau im nördlichen Waldviertel. Man fragt sich, warum er wegen seiner Machenschaften jahrelang vom Zoll unbehelligt blieb. Ganz einfach: Ambros Silberbauer ist Imker. Ein Teil seiner Bienenstöcke steht unmittelbar an der Staatsgrenze, und seinen Bienen konnte er den regelmäßigen Grenzübertritt nicht gut untersagen.

Imker Ambrosius Silberbauer, ein wahrer Bienenvater

Sechzig Völker sind in drei Wanderwägen im Wald- und Weinviertel unterwegs und folgen dem großen Blühen. „Zuerst bei den Rapsfeldern, dann bei den Akazien", zählt Silberbauer die Stationen der jährlichen Wanderungen zu den besten Trachten, den jeweils nektarreichsten Gegenden, auf. „Bis die Sonnenblumen aufblühen, wird bei den Wäldern heroben Station gemacht, für den Waldblütenhonig."

Der heilige Ambrosius, Patron der Bienenväter, ist durch einen schönen Zufall auch sein Namenspatron. „Seit meinem zehnten Lebensjahr habe ich Bienen, also weit über fünfzig Jahre", erinnert er sich. Familie und Landwirtschaft waren lange Zeit hinderlich für die Bienenzucht – bis die Kinder so weit „draußen" waren, sagt er, „und ich wieder Luft gehabt habe. Dann wurde die Bienenzucht intensiviert. Mit 57 Jahren bin ich Facharbeiter geworden, mit 59 Meister und mit 61 Wanderlehrer." Wer so viel schafft, ist stark genug für die Obmannwürde der Ortsgruppe Geras. Das Wunschkennzeichen HO-NIG 1 ist der Lohn für den Einsatz.

Im Winter wird getischlert. Beuten oder Zargen nennt er die hölzernen Kästchen, in denen die Rähmchen mit den Waben hängen. Auf das Zufüttern darf nicht vergessen werden, schließlich hat man den Bienen sommers die Vorräte abgezogen. Der Rest der Zeit ist der Verarbeitung des Honigs gewidmet. „Man muss auch Nebenprodukte führen", sagt Silberbauer mit einem Blick auf manche seiner Kollegen, die Probleme mit dem Absatz ihres Honigs haben, „mir wird er zu wenig. Der Kunde ist König, und nicht umgekehrt." Zu kaufen gibt es den Honig und alles süße oder wächserne Drumherum unter anderem in Bauernläden in Waidhofen an der Thaya und in Retz.

Die ersten warmen Tage nützen die Bienen zum Reinigungsausflug. Sie bringen dabei die Ballaststoffe aus dem Stock hinaus: „Alle Nahrung wird im Gedärm gespeichert. Wenn sie erst spät ausfliegen können, dann wird es gefährlich." Der Bienenvater wird seiner Rolle mehr als gerecht: „Eine Windel wird in den Stock gelegt. Der Wintertotenfall wird ausgezogen, damit sich die Bienen nicht allein abrackern müssen."

Teil der Frühjahrsarbeit ist das Reizfüttern. Durch Blüten, die man in den Stock legt, oder durch Honig vom Vorjahr werden die Bienen zum Honigsammeln animiert.

In den nächsten Wochen wird der Imker zum aufmerksamen Beobachter: „Wenn sie Pollen heimtragen und gut fliegen, kann ich sie aus den Augen lassen. Bei den anderen muss ich eingreifen, eine Sitzkorrektur durchführen, wenn das Volk seitlich im Stock sitzt und

Die Beuten werden im Winter getischlert

sich nicht auf beiden Seiten gleichmäßig entwickeln kann. Man sieht automatisch, ob genug Futter da ist, und prüft die Weiselrichtigkeit" – der Königin wird besondere Aufmerksamkeit geschenkt; ein Volk, das sich gut entwickelt, braucht naturgemäß mehr Platz. Wird ihm dieser vorenthalten, muss es ausschwärmen.

Ambros Silberbauer öffnet ohne jede Schutzbekleidung die Bienenkästen in seinem Wanderwagen. Die Tiere kümmern sich nicht um ihn. Es gibt keine Aufregung, obwohl das Wetter alles andere als ideal ist, es weht böiger kühler Wind: „Man darf nicht nur auf den Honigertrag achten. Als Wanderimker muss ich darauf schauen, dass die Leute nicht durch meine Bienen belästigt werden, und brauche deswegen friedliche Völker." Mit einer ruhigen Handbewegung streift er die krabbelnden Bienen von seinem Rockärmel in den Stock hinein: „Einmal kann es passieren, dass eine Biene sticht. Man kann ungeschickt hingegriffen haben. Wenn aus demselben Stock ein zweites Mal gestochen wird, oder wenn sie hervorkommen wie die Teufeln, muss die Königin ausgetauscht werden."

Wenn der Raps verblüht ist, wird zum ersten Mal geschleudert. Die Ernte ist ein stark nach Raps riechender, eher dünnflüssiger Honig, der in kürzester Zeit kristallisiert. Diese eher unangenehme Eigenschaft lässt sich durch fachgerechtes Rühren beseitigen. Cremehonig ist, wie der Name schon sagt, stets streichfähig.

Im September endet die Tracht, die Blütenfülle. Die Bienen werden für die Überwinterung vorbereitet. „Alles, was man angreift, ist arbeitsintensiv", kommentiert Silberbauer das Jahresprogramm eines Imkers, „wem es keinen Spaß macht, der braucht gar nicht damit anzufangen. Wem es um den Profit geht, der soll von den Bienen Abschied nehmen!"

Für die Gäste von Langau gibt es ab 2004 die Imkerei zum Miterleben. Beim Bergwerkssee wurde 2004 ein Bienenlehrpfad eröffnet, mit allem Drum und Dran: mit Schautafeln, einem Labyrinth von bienenfreudigen Sträuchern und vor allem friedlichen Bienenvölkern.

▸ **INFORMATION:**
Imkerei, Ambrosius Silberbauer, 2091 Langau 131,
Tel. 02912/498

Seife zum Reinbeißen

Erschwinglicher Luxus aus den Händen der Seifensieder

Vor kurzem war Friedrich Weiss der letzte handwerkliche Seifensieder des Landes. Er ist es nicht mehr! Erfreulich, er hat Konkurrenz bekommen. Die zwei jungen Niederösterreicher Claudia Schneider und Peter Piffl haben sich mit großem Ehrgeiz vorgenommen, den Schritt auf das rutschige Parkett der Seifenherstellung zu wagen, obwohl das Gewerbe des Seifensieders auf bürokratischem Wege längst abgeschafft ist. Seit wann, das weiß auch Friedrich Weiss nicht mehr: „Ich bin bei der Kammer und habe jahrelang den Mitgliedsbeitrag gezahlt. Als ich nachgefragt habe, seit wann es mich nicht mehr gibt, waren die Unterlagen unauffindbar."

Sein Betrieb in der Langobardenstraße im 22. Wiener Gemeindebezirk war einfach übersehen worden. Die beiden Jungen gab es da noch nicht, die haben sich erst 2002 entschlossen einzusteigen und stehen unmittelbar am Beginn.

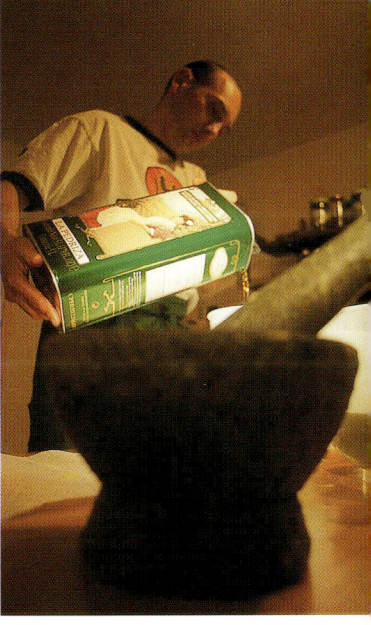

Speiseöl als Seifenbasis

Schon im 3. Jahrtausend v. Chr. sollen die Sumerer ihre Wäsche mit Seife gewaschen haben. Peter Piffl hat eine Geschichte entdeckt, die zwar viel jünger ist, aber ungemein schlüssig klingt: „Die Römer haben auf dem Berg Sapo Tieropfer dargebracht. Das Fett von den Verbrennungen und die Asche wurden vom Regenwasser zum Tiber hinabgeschwemmt. Die Frauen haben bemerkt, dass mit diesem stinkenden, scharfen Gemisch ihre Wäsche leichter rein wurde. Das Fett und die Asche haben sich wahrscheinlich durch das Regenwasser verseift. Im Italienischen heißt die Seife *sapone,* eine der wichtigsten Seifenstädte war Savona."

Claudia Schneider hat ihre Version bei den Germanen gefunden, die sich mit *seifa* rituell die Haare rot gefärbt haben sollen.

Friedrich Weiss ist mit der jüngeren Geschichte verbunden. In der Schauwerkstatt in seinem Geschäft zeigt ein mittelalterlicher Stich einen Seifensieder bei der Arbeit. Sein Vater Jakob Weiss stellte seit 1924 im neunten Bezirk in der Badgasse unter anderem kalt gerührte Kokosseifen in Handarbeit her, wurde im Zweiten Weltkrieg ausgebombt und verlegte seinen Betrieb an den heutigen Standort in die Stadlau, wo Friedrich Weiss auf der sicheren Basis von Öko-waschmitteln – darauf legt er Wert – die „Original Stadlauer kalt-gerührten Kokosölseifen" herstellt. Mit ungemeiner Freundlichkeit versteht er es, neugierige Besucher mit seiner Ideologie einzuseifen und sie dabei von seiner Produktionsstätte fern zu halten. Es muss genügen, dass ihm vor zehn Jahren in einem Buch bescheinigt wur-de, dass bei ihm kein Ökoschmäh dahinter steckt. „Greifen Sie mein Gesicht an!", fordert der gut Siebzigjährige die Besucher auf, „sie spüren keine Pore. Das ist für mich gesun-de Haut. Das bekommen Sie in keiner Apo-theke zu kaufen."

Seifensieden im Keller

Wohl aber bei ihm, mit poetischen Na-men wie Rose von Stadlau, Don Carlos, Herbststürme und Maiglöckchen. Der Preis der einzelnen Stücke ist beachtlich, von Weiss aber ganz bewusst kalkuliert: „Die Menschen haben heute das Geld, kriegen aber keine Qualitätsprodukte mehr zu kau-fen. Alles ist synthetisch, egal, was man kauft. Die Konzerne haben die Masse. Ich habe die Qualität. Darin bin ich ihnen mächtig überlegen."

In seiner Seife, so versichert Weiss, wird nichts auseinander gerissen und neu zu-sammensetzt: „Kosten Sie dieses Kokosfett, ein Lebensmittel! Warum steht heute über-all nur Nahrungsmittel drauf? Weil es nicht mehr lebt! Meine Seife ist ein Lebensmittel. Das Fett bleibt erhalten, wie es von der Sonne, der Spenderin allen Lebens, ge-schenkt wurde. Die Natur ist noch intakt."

Im Geschäft, wo seine Schwester den Verkauf erledigt, hat sich Herr Weiss ein Denkmal aus Seife gesetzt. Die Einrichtung ist gewollt altmodisch und soll mit den duftenden Türmen aus Seifenstücken und den dunkelbraunen Regalen in die Zeit zurückführen, als die Menschen sich gar nicht anders als gesund waschen konnten, weil es keine andere als die Handseife gab. Im Schaufenster prangt eine Ra-sierseife von gut einem Meter: „Damit können Sie sich tausend Jah-re lang rasieren. Falls sie dann ausgeht, bitte nur bestellen!"

Gott geb's, dass die Original Stadlauer Seifensiederei dann noch existiert. Der alte Herr, der keine eigenen Kinder hat, denkt schon an einen Nachfolger. Ein erster Kontakt von Peter Piffl mit dem Altmeister ist jedenfalls ergebnislos verlaufen. Die beiden jungen Seifenmacher denken nun viel mehr an einen Laden nahe dem Zentrum von Wien, mit Verkaufsgeschäft und offener Produktion. Die Voraussetzungen sind, wenn man so will, gegeben. Claudia Schneider ist Werbefachfrau, ihr Lebenspartner war Techniker am Flughafen Wien und praktiziert seit einigen Jahren Shiatsu, eine alte chinesische Heilmethode. Zur Seife sind sie auf einem ähnlichen Weg wie Herr Weiss gekommen: Für Claudia Schneider war es unerträglich, ihre Kinder synthetischen Reinigungsmitteln auszusetzen.

Duftende Türme aus Stadlauer Seife

In der Küche ihrer Wohnung in Vösendorf wurden 2002 erste Versuche gestartet. Sie verliefen nach einigen Ausrutschern durchaus erfolgreich. Freunde befanden die selbst gerührte Seife in allen Punkten für gelungen. Der Herbstmarkt auf dem Wiener Karlsplatz brachte die endgültige Bestätigung. Peter strahlt: „Die Reaktion war ganz toll. Was uns besonders motiviert hat: Kein einziger Kunde hat reklamiert."

Die beiden hatten sich mit dem gepachteten Ackerl hinter dem Garten schon geraume Zeit mit selbst gezogenem Gemüse und eigenen Kräutern ernährt. Der Schritt zur natürlichen Seife war damit gar nicht so groß, wie man annehmen würde. Kamille, Pfefferminze und Lavendel lassen sich hervorragend mit der Seife verbinden.

Claudia: „Eine unendliche Geschichte. Es gibt so viele Möglichkeiten und Ideen. Wenn man einmal die Leidenschaft entdeckt hat, kann man nicht mehr aufhören. Man muss alles durchprobieren: Orangenblüten, Mango, Bananen, Mohn, Zimt, es kann alles entwickelt werden."

Die Seifenstücke sind tatsächlich zum Reinbeißen appetitlich, wie duftende Kuchenstücke. Von Kosten wird allerdings abgeraten, und man nimmt gerne davon Abstand, wenn man Peter im Keller des Hauses beim Seifensieden zuschaut. Angetan mit einer adretten Schürze steht er vor zwei blitzsauberen Töpfen, in denen Palmfett sanft erhitzt wird. Immer wieder wandert sein Blick vom Herd zu einem Datenblatt, auf dem die Zutaten mit genauen Mengenangaben verzeichnet sind: „Es begleitet die Seife bis zum Schneiden."

Während er kocht, erzählt sie über die Feuchtigkeit spendende Wirkung von Honig, über den Einsatz von Sandelholz und Kakaobutter und über den Pfiff, den eine Verpackung haben sollte: „Bananenblätter und eine Dekoration aus getrockneten Orangen und Zimtstangen."

Mit vorsichtiger Hand gießt Peter nacheinander die Ölmischung und die Lauge ins Fett: „Natronlauge, die man genau dosieren kann, damit fünf Prozent Rückfetter bleiben. Der Überschuss tut der Haut gut."

Friedrich Weiss schwört auf sein Rezept

Die Zutaten erscheinen dem Besucher wohl vertraut. Sie stammen zum guten Teil aus dem Supermarkt oder einem Reformladen. Bekannte pflanzliche Bratfette, Distelöl, Leinöl, Gewürze wie Paprika und Kurkuma zum Färben.

Die Formen, in denen die heiße Seife gegossen wird, sind natürlich aus Holz. Nach sechs Wochen ist sie gereift und wird per Hand geschnitten.

Aus vielen guten Zutaten wurde nun eine ebenso gute Seife „gesotten". Ob sich dieser Einsatz jedoch wirtschaftlich in einen selbstständigen Betrieb umsetzen lässt, können beide nur hoffen. Peter: „Es gibt viele Berater. Aber das Wichtigste kann niemand sagen: Wie wird das Produkt angenommen, wie viel Umsatz wird man haben? Es gibt keine Vergleiche. Aus dem Bauch heraus: Eine Großstadt wie Wien verträgt ohne weiteres ein zweites innovatives Seifenprodukt, mit dem die Handarbeit gewürdigt wird."

▸ **INFORMATION:**
Stadlauer Seifensiederei, Friedrich Weiss, 1220 Wien,
Langobardenstraße 26–28, Tel. 01/282 14 72
Alles Seife, Claudia Schneider, Peter Piffl, 2331 Vösendorf,
Fischerstraße 12, Tel. 0699/12 70 01 90, www.allesseife.at

Glas

Glas ist schwerer als Stein

Die Firma Zalto hält die Tradition des Waldglases hoch

Der Wald behauptet sich wieder im Waldviertel. Keine Spur mehr von den Kahlschlägen, die ihm jahrhundertelang zugefügt wurden. Er hat die unzähligen Glashütten im Dreiländereck Böhmen, Ober- und Niederösterreich verschlungen, hat kaum Mauerreste übrig gelassen.

„Seit 1371 ist das Glasmachen im Waldviertel urkundlich belegt", weiß Kurt Zalto. Er hält mit seinem Betrieb als einer der wenigen die Tradition des Waldglases hoch: „Wahrscheinlich wurde bei den Klöstern schon früher Glas hergestellt. Unsere Gegend ist dafür ideal. Sie bietet alles, was man dafür braucht."

Der Waldviertler Glasmacher Kurt Zalto

Ein altes Glasrezept schreibt drei Teile Meersand vor, 180 Teile Asche, zwei Teile Salz und einen Teil Kreide. Anstelle von Meersand gibt es genügend Quarz, der an geologischen Störungszonen zwischen dem Granit an die Oberfläche getreten ist.

„Es war Massenware, die in gut 120 Betrieben erzeugt wurde", beurteilt der junge Glasmacher die Arbeit der Altvorderen, „in unserer Gegend gab es keine Nachfrage nach wirklich schönen Gläsern. Die wurden dort erzeugt, wo man weltoffener war, wo man mehr Erfahrung und die besseren Chemiker hatte. In Venedig durften Schmelzerfamilien in den niederen Adel einheiraten. Sie mussten aber bleiben, und wenn es sich einer überlegte und ging, dann wurde er verfolgt. Es war nicht leicht, von dort Fachleute zu bekommen."

Die Vorfahren von Kurt Zalto schafften es trotzdem. Sie zogen Anfang des 19. Jahrhunderts aus Venetien ins nördliche Waldviertel. Die Kasse muss am neuen Arbeitsplatz gestimmt haben, warum sonst hätten sie diesen Wechsel gemacht. Glasmacher wurden gut bezahlt.

„Weit besser als im Textil oder im Steinbruch", erzählt Kurt Zalto, „sie hatten kleine Deputatsgründe, mehr brauchten sie nicht, weil sie genug Geld zum Einkaufen hatten. Jeder von ihnen hatte drei Räume – eine Luxuswohnung für damalige Verhältnisse. Man musste drauf schauen, dass die Leute blieben. Glasmacher sind wanderlustige Gesellen, wie mein Großvater, der in Nordböhmen gelernt hat. Sein Fachwissen war in den Glashütten gefragt, und die richtige Rezeptur, die war das große Geheimnis. Sie wurde nur an den Sohn weitergegeben. Die Tochter hat nichts davon erfahren, weil sie ja weggeheiratet hat und damit das Wissen aus der Familie hinausgetragen hätte."

Gerhard Ruso an der Glasmacherpfeife

Seine venezianischen Vorfahren waren wohl die Stars unter den Waldviertler Glasmachern, und sie waren, wie Kurt Zalto versichert, von jeher auf schöne Gläser spezialisiert. Er selber sammelt besondere Stücke aus der Region und hat dazu eine kleine Ausstellung eingerichtet. Der Stolz ist unüberhörbar, wenn er auf die Leistungen seiner Familie zu sprechen kommt: „Die berühmten Gläser von Joseph Mildner kann angeblich niemand nachmachen. Sie wurden von meinem Vater und von meinem Großvater gefertigt, als Staatsgeschenke für die Präsidentschaftskanzlei unter Franz Jonas. Rohlinge sind noch vorhanden, fertige Kopien wird es aber keine geben. Ich bin nicht neugierig darauf, dass im Internet meine Gläser als

Neues aus der Waldglashütte

echte Antiquitäten auftauchen. Eine Fälschung erkennt man nicht, weil heut' mit der gleichen Technik wie damals gearbeitet wird."

Der Standort seines Betriebes ist Neu-Nagelberg. In seiner Waldglashütte wird nach wie vor hochwertiges Glas gemacht und veredelt, Hohlglas, im Unterschied zum Flachglas für Fenster und Spiegel. Der junge Mann hält seinen Betrieb in Schwung, mit etlichen Angestellten, vom Glasmacher am Hafen, wo das Glas geschmolzen wird, bis zum Kugler, der den Erzeugnissen den passenden Schliff verleiht.

Gerhard Ruso ist Glasmachermeister, nicht Glasbläser, trotz der Glasmacherpfeife. Während er mit energischem kurzem Anblasen aus einem Glastropfen in einem Model aus Buchen- oder Birnenholz ein Weinkrügerl zaubert, verbreitert sich sein historisch bewanderter Chef über die Technik: „Sie ist gut 2000 Jahre alt, und sie hat sich bis heute kaum verändert. Die Glasmacherpfeife war eine Revolution. Man konnte erstmals auf relativ einfache Art Flaschen und Gläser

In wenigen Minuten entsteht ein Krügerl

herstellen", und lobt im selben Atemzug seinen Arbeiter: „Gute Glasmacher wie er müssen sensible und genaue Menschen sein. Man kann sich heute nicht mehr vorstellen, was früher dabei getrunken wurde, wegen der extremen Hitze, direkt beim Ofen sind es an die sechzig Grad, dreißig sind es noch beim Blasen. Die Brauerei hat dem Hüttenbesitzer gehört, und die Leute haben für das Bier gearbeitet. Gesund war der Beruf nicht, Glasmacher waren mit fünfzig Jahren verbraucht und alt."

Während er erzählt, hat Herr Ruso ein anderes Model aus dem Bottich gefischt. Einen Glastropfen am Ende seiner Pfeife taucht er kurz in bereitgestelltes Pulver und legt ihn wieder zurück in die Glut. Jetzt kann auch er über seine Arbeit reden: „Im Ofen selbst ist farblose Kristallschmelze. Mit dem Pulver oder, je nachdem, mit dem Granulat habe ich eine Schicht auf den Glastropfen aufgetragen und lasse sie jetzt schmelzen. Wenn ich das Glas aufblase, ist es außen gefärbt, ein so genanntes Überfangglas."

Die Schmelze fertigt er selber an, deren spezifisches Gewicht beträgt circa zweieinhalb Kilo: „Glas ist schwerer als Stein," – bemerkenswert im Land der Granitblöcke.

▶ **INFORMATION:**
Glas-Studio und Waldglashütte Kurt und Roland Zalto,
3871 Neu-Nagelberg 58, Tel. 02859/72 37,
E-Mail: glasstudio.zalto@wvnet.at, www.glashuette-zalto.at

Literatur: Andrea Komlosy (Hg.): Industrie-Kultur Mühlviertel, Waldviertel, Südböhmen. Wien 1995 (Deuticke).

Bunte Hunde im Waldviertel

Mit Bleiverglasung, Tiffany, Fusing haben sich für eine Gmünder Glaserei neue Wege eröffnet

Elisabeth Burger und ihr Lebens- und Geschäftspartner Josef Boigner spielen einander die Fragen wie Bälle zu. Die eine nimmt er an, die andere sie, die Antwort wird schließlich gemeinsam gegeben.

„Es gibt eigentlich nix, was einer allein macht", sagt er, und sie ergänzt: „Er beklagt sich nicht, wenn ich ihm seine Entwürfe erkläre."

Es wäre nicht anders als mit kräftigem Zusammenhalten gegangen, damals in den 1980er-Jahren, als sie von der Glaserei abgesprungen sind. Der alte Gmünder Familienbetrieb aus 1896 war durch fertig verglaste Fenster und Türen unrentabel geworden.

Glasermeister Josef Boigner: „Wir sind ja beim Glas geblieben. Nur ein wenig anders ist es weitergegangen, als wir auf Kunstverglasung umgestellt haben."

Elisabeth Burger: „Was ich im Textilbetrieb gelernt habe, konnten wir nun aufs Glas umlegen. Wir haben etwas herausgeholt, was schöner war als übliches Fensterglas."

Der erste Schritt war ein Schritt zurück, zum Jugendstil mit Bleiverglasungen und Tiffany. Er: „Als Aufputz in der Fenstererzeugung."

Einer der Aufträge kam aus dem Oman. Zeichnungen und Glasmuster wurden

Buntes Glas als jüngste Idee

an den Einrichter geschickt, der ist mit den Maßen zurückgekommen, und es wurde produziert. Er: „Wir sind draufgekommen, dass uns Freude macht, was wir begonnen haben. Es ist in uns gesteckt, das Kreative, das Gestalten." Sie: „Und wir haben den Sprung ins Neuland gewagt."

Die Reaktionen waren durchwegs aufmunternd, abgesehen von der Branche selbst. Von der Glasfachschule Kramsach wurden die beiden Aussteiger belächelt. Er: „Wer will Tiffany?!"

Die Skepsis der Kollegen war nicht unberechtigt. Hinten und vorn fehlten die Voraussetzungen für den Umstieg. Sie: „Know-how war keines vorhanden. Material hat's kaum gegeben. Es war mühsam. Etliches ist danebengegangen. Wen hätten wir denn fragen sollen? Es hat sich ja niemand ausgekannt."

Was sich an Literatur auftreiben ließ, wurde gewälzt, und die Arbeiten der Altvorderen wurden studiert.

Elisabeth Burger hat den Sprung in die Kreativität gewagt

Allen Widrigkeiten zum Trotz entwickelte sich die Auftragslage zufrieden stellend. Sie: „Ihr seids vom Waldviertel, hat es damals geheißen, ihr seids verlässlich. Das war unser einziges Plus. Dieser Begriff wurde immer schon mit dem Waldviertel verbunden." Er: „Wo wir wie die bunten Hunde angeschaut werden. Gehören dazu, aber auch wieder nicht."

Gegenüber der jahrhundertealten Tradition der Waldglashütten ist Kunstglas ein absoluter Newcomer, dessen Kundenkreis sich nach Aussage von Elisabeth Burger aus all jenen rekrutiert, die gerne Schönes haben und dafür auch den Preis bezahlen wollen: gewerbliche Weiterverarbeiter, also Hersteller von Fertighäusern. Dazu kommen mehr und mehr Galerien und Private. Auch Gottfried von Einem und Lotte Ingrisch haben die Dienste der Glasgestalter gern in Anspruch genommen, wobei sich Josef Boigner schmunzelnd erinnert, dass ihm der greise Komponist wie einem kleinen Buben Zuckerln zugesteckt hat.

Er: „Seit dem Mittelalter gibt es die Bleiverglasung, und Louis Tiffany hat Ende des 19. Jahrhunderts mit seinem Verfahren begonnen. Auf der Weltausstellung in Paris wurde es erstmals in Europa vorgestellt. An beiden Techniken hat sich bis heute kaum etwas geändert."

Für die Bleiverglasung werden farbige Glasstücke mit einem Bleiprofil miteinander verbunden. Feine Linien werden mit dem Pinsel aufgemalt. Tiffany hingegen erlaubt filigranes Arbeiten. Sie: „Ein

Glasstück kann so klein sein, dass man es gerade noch mit den Fingern halten kann."

Mit den 1990er-Jahren verblasste die Freude an bleiverglasten Fenstern und Türen. Der suchende Blick fiel auf eine dritte Technik, deren Ursprung dieses Mal gleich einige Jahrtausende zurückliegt. Er: „Fusing heißt heute das, was vor 5000 Jahren schon praktiziert wurde. Es ist mit der Glasmacherpfeife circa 50 v. Chr. verschwunden. Verwendet wird dabei spezielles Glas, das ineinander verschmilzt."

Mit dem Fusing können wie mit Blei oder Tiffany Tür- und Fensterfüllungen geschaffen werden, nunmehr aber ohne Zwischenträger, als reines Glas in allen nur denkbaren Farbschattierungen und in überraschenden Formen: hundertprozentig spülmaschinenfeste Suppenteller, Aschenbecher, Schüsseln und Fantasy wie die ULFs (Unbekannte Lebensformen, das heißt Wald4tler Fusing-„Geister"). Er: „Man weiß nie, was am Ende herauskommt."

Planlos geht's trotzdem nicht zu. Überall liegen Bleistifte und Notizpapier herum. Jede Idee wird festgehalten, sie könnte sich irgendwann als nützlich erweisen.

Wenn es je eine Depression in der Werkstätte für kreative Glasgestaltung gegeben haben sollte, sie ist überwunden. Ihre Arbeiten finden sich in einem Konzerthaus in Tokio genauso wie im Kamptal an der Einfahrtsstraße eines Weinortes.

Tiffany erlaubt filigrane Arbeiten

Das letzte Wort hat Elisabeth Burger: „Wenn einer anruft, weil er uns einfach sagen muss, dass das Licht durch unser Glas einfach so schön warm ist, dann freuen wir uns an der Freude des Kunden."

‣ **INFORMATION:**
  Elisabeth Burger, Werkstätte für kreative Glasgestaltung,
  3950 Gmünd-Neustadt, Pestalozzigasse 2, Tel. 02852/526 41,
  E-Mail: burgerglas@aon.at, www.members.aon.at/burgerglas

Kreuzbock und Hexenstern

Die Glasschleifer haben den Kampf gegen die neue Sachlichkeit aufgenommen

In Fischbach scheint man am Ende des Weges angekommen zu sein. Das Haus von Walter Weber sperrt den Talgrund ab und zwingt die schmale Straße zu einer rechtwinkeligen Kurve. Das großflächige Fenster im Erdgeschoß war eine Auslage, drin stehen noch ein verstaubter Glaspokal und eine verblichene Tafel mit dem Hinweis darauf, dass hier Reparaturen an Kristallglas durchgeführt werden.

Die Glasschleiferei, die sicherlich schon bessere Tage gesehen hat, findet im Obergeschoß genügend Platz. In den hellen Räumen stehen dicke Rohlinge auf großen Tischen, daneben ein paar üppig geschliffene Cognacschwenker. Dazwischen liegen Fachzeitschriften. Die Schleifräder stehen still.

An der Diamantscheibe entsteht ein Zuckerschüsserl

„Die Rohlinge gehören einer Künstlerin. Sie hat die Form entwickelt, und jetzt werden sie von mir bearbeitet", sagt Walter Weber. Er spricht zögernd. Es ist ihm unangenehm, dass er über sein Handwerk erzählen soll. Kaum jemand will derzeit geschliffenes Glas. Die Familiengeschichte wird angedeutet: „Seit der Mitte des 19. Jahrhunderts gibt es die Familie Weber im Waldviertel. Mein Ururgroßvater, er war aus Böhmen gekommen, hat damit in Angelbach angefangen. Die Urgroßväter waren Brüder. Jeder hat eine Schleiferei betrieben."

Damit erklären sich die noch bestehenden Glasschleifereien der Familie Weber. Ihre Hochblüte hatten die Betriebe in einer Zeit, als es noch kein Telefon und keine asphaltierte Straße in der entlegenen Gegend um den Nebelstein gab, vermerkt Walter Weber mit leiser Bitterkeit: „Die Leute sind trotzdem gekommen. Das Waldviertel war berühmt für sein Glas."

Nachwuchs erwartet er sich für seine Firma nicht: „Warum soll ich etwas weitergeben, was nicht gefragt ist? Das Glasschleifen gibt es schon seit der Steinzeit. Man hat Naturglas, den Obsidian, für Schmucksteine oder Pfeilspitzen bearbeitet. Er war hart und hatte einen amorphen Bruch. In unserer Zeit ist es so weit, dass das Glasschleifen verloren geht."

Wie beiläufig hebt er eine fertige Schale hoch und hält sie gegen einen dunklen Hintergrund. Der bisher etwas verloren wirkende Blick ist unvermittelt scharf : „Das ist die Prüfung, ob der Schliff in Ordnung ist, ob er vielleicht Scharten hat, die wegmüssen. Unregelmäßigkeiten sind nicht unbedingt ein Fehler. Die Hand ist keine Maschine."

Die Schüssel hat den Test bestanden. Ohne weiter darum gebeten zu werden, nimmt er einen kleinen Glasrohling und setzt sich an eine der Schleifmaschinen. Über das gleichmäßige Surren des Rades legt sich helles Quietschen, wenn er das Glas an die Diamantscheibe hält.

Schliff Soleil von Josef Ruß

Sein Gesicht spannt sich, wirkt um gut ein Jahrzehnt jünger, ist auf die Schliffe konzentriert, die nacheinander wie selbstverständlich über das Glas laufen. Eine grobe Einteilung genügt. Quadrate entstehen, werden von Diagonalen geschnitten, die Flächen verdichten sich. Er schaut kurz auf und muss über das Staunen der Zuschauer lächeln: „Wenn man's weiß, wie man's macht ..."

Das entstehende Muster ist allseits bestens bekannt, trotzdem nehmen sich die Motive in ihren eigentümlichen, immer wiederkehrenden Anordnungen wie die Zeichen einer geheimen Botschaft aus. „So kompliziert sind sie eigentlich nicht", meint er nun im Plauderton, „internationale Namen gibt es einige wenige, wo sich jeder Glasschleifer auskennt, und firmeneigene Bezeichnungen für Schliffe. Schliff Schönbrunn, das ist ein Pariser Schliff, dann kennt sich jeder aus. Es gibt einen bestimmten Aufbau des Schliffes mit verschiedenen Ausführungen. Die geraden Schnitte sind Kreuzböcke und Knopfsterne, das muss vorkommen."

Die komplizierteren Bögen nennt er Schliff Bratislava. Er beherrscht sie alle. Er kann das Glas mit dem Sandstrahl verzieren oder Reliefs gravieren. Wappen werden immer wieder bestellt, für ein ganzes Service, dann ist er in allen Techniken gefordert. Zu seinen Auftraggebern gehören schließlich auch Adelige, die wissen, was zu einer feinen Tafel gehört. Wer das ist, will er nicht sagen. Nur so viel: Der Kundenkreis, der treu zu ihm hält, hat noch immer den Weg nach Fischbach gefunden.

Jedem Wein sein Schliff

Aus dem Rohling entsteht in wenigen Minuten ein edles Zuckerschälchen.

„Damit der Sternschliff, eigentlich ist Silberschliff der richtige Ausdruck, zur Wirkung kommt, lege ich die Schale in ein Säurebad, Flusssäure. Dort werden die feinen Staubteilchen weggenommen", führt er zum nächsten Arbeitsgang aus, „glänzend Ätzen heißt das, im Gegensatz zum mechanischen Polieren."

Eine Überraschung verbirgt sich im Ausstellungsraum. Auf ein paar Quadratmetern hat Walter Weber die glitzernde Pracht versammelt und liebevoll ins rechte Licht gerückt. Seine Gläser waren auf Staatsbanketten vertreten, Bundespräsidenten und Landeshauptleute kauften bei ihm die Geschenke für ihre hohen Besucher ein. Erinnerung ist die andere Wirklichkeit, die ihm nicht weggenommen werden kann. Die Lebendigkeit, die kurz in ihm aufgeflammt war, erlischt wieder. Er gibt vor, sich damit abgefunden zu haben: „Irgendwie ist es mir verständlich. Ob es ein Kaiser, ein König oder ein anderer Politiker ist, niemand wird etwas schenken, was nicht aktuell ist."

Schauplatzwechsel: Weitra, ein paar Schritte vom Hauptplatz hinab zur Lainsitzbrücke. Josef Ruß, ein humoriger junger Mann, hat dort in einem der wunderschönen historischen Häuser seine Werkstatt. Obwohl er familiär in keiner Weise vorbelastet ist, hat er den Beruf des Glasveredlers erlernt.

„Seit 1983 treibe ich mein Unwesen in Weitra, und bis heute ist mir der Gerichtsvollzieher noch fern geblieben. Die Räumlichkeiten waren vorhanden", gibt er als Begründung dafür an, warum er gerade diese sperrige Sparte zum Broterwerb erwählt hat. Dahinter steckt eine Art Berufung und die Faszination des Materials: „Glas ist ein besonderer Stoff, eine unterkühlte Flüssigkeit, durch die man durchsehen kann."

Er liebt es, über die Geschichte seines Berufes zu erzählen, von den Anfängen der Glasherstellung im Waldviertel und von einem französischen Grafen, der sich im Dreißigjährigen Krieg als großer Feldherr feiern ließ und in der Gegend eine Herrschaft übertragen bekam. Er siedelte Glashütten an. Als Franzose war er geschliffene Gläser gewohnt und wollte darauf nicht verzichten. Er erhielt, was er begehrte, dank der Kugler, wie Josef Ruß erhoben hat: „Die Kugler waren ursprünglich nur dafür angestellt, um die Krätze des Hafteisens vom Glas mit einer Steinkugel wegzuschleifen. Später haben sie in die Gläser auch seitlich Kugeln hineingeschliffen. Dadurch sind Verkleinerungslinsen entstanden, sozusagen Verwandlungsgläser. Mit der gleichen Wirkung wie vier Viertel Wein. Man hat einen Knick in der Optik."

Selbstverständlich ist auch er von der mangelnden Nachfrage betroffen: „Wir unterstehen der Herrschaft der Betriebswirte. Was sich nicht in kürzester Zeit verkauft, wird nicht mehr in die Regale gestellt." Als gediegener Handwerker kann er jedoch auf die Stammkunden zählen: „‚Ich schau zum Ruß, was der wieder Neues hat', sagen sie sich und kommen durchschnittlich alle zwei Jahre einmal vorbei."

Seine Schliffe haben poetische Namen wie Frühling, Schatten oder Soleil. Josef Ruß: „Man soll die Sonne in diesen Ringen aufgehen sehen." Vielleicht wird er demnächst als Antwort auf die bekannten sach-

Walter Weber ist zufrieden mit dem Schliff

lichen Formen für jede Weinsorte ein eigenes Muster erfinden: „Dem Wein den richtigen Schliff!" In Gläsern, die in erfrischender Weise Optimismus und Spaß an der Arbeit widerspiegeln.

▸ **INFORMATION:**
Der Editions-Shop: Erwin Weber, Rathausplatz 1, 3970 Weitra,
Tel. 02856/32 20, Herstellung und Verkauf: Walter Weber,
3972 Fischbach 50, Tel. 02857/23 31.
Bleikristallschleiferei Josef Ruß, 3970 Weitra, Böhmstraße 77 und 78,
Tel. 02856/24 72, E-Mail: russ.weitra@aon.at

Für den Nobelpreis gerade gut genug

Eine Wiener Glasbläserei versorgt seit mehr als hundert Jahren die Labors mit Flaschen, Kolben und Pipetten

Spitzziehen muss einer können, mit einem sauberen Spitz lässt sich schon allerhand herstellen. Wenn der Lehrling diese Kunst einwandfrei beherrscht, darf er sich Glasbläser nennen. Über einem Feuerstrahl werden bei annähernd tausend Grad die Glasröhren erhitzt und je nach Größe durch die Glasmacherpfeife oder auf der Glasdrehbank in die benötigte Form gebracht. Flaschen, Röhren, Kolben, Trichter und Pipetten, kurz gesagt, alles, was ein Labor an Glas benötigt, wird in der Firma P. Haack in Handarbeit hergestellt. Ein perfekter Kühler ist das Meisterstück.

Mundgeblasenes Laborglas in der Firma Haack

Da vier von den sieben Mitarbeitern Meister sind, stellt auch eine Großbestellung dieser technischen Kunstwerke kein Problem dar. „Die Massenproduktion überlassen wir allerdings der Industrie", sagt Josef Dania, Werkstättenleiter und Glasbläsermeister, „wir sind für Spezialanfertigungen zuständig. Kleinserien bis zu fünfzig Stück, fallweise an die tausend Beleuchtungsgläser."

Der jüngste der Meister war der letzte Lehrling des Betriebes. Sein ältester Kollege ist Walter Haack, Nachkomme des Firmengründers Paul Haack (1867–1913). Er genießt mittlerweile einen Sonderstatus, er kann arbeiten, wenn er will, sein Arbeitsplatz wird ehrfürchtig frei gehalten. In ihm lebt die große Tradition der „technisch bestausgestatteten Glasbläserei Österreichs" weiter.

Spitzziehen muss einer können

1893 erwarb Paul Haack den Gewerbeschein. Von Anfang an konzentrierte er sich auf die Konstruktion und die Herstellung von Geräten für die Mikrochemie. Aus handgeschriebenen Preisverzeichnissen geht hervor, dass er Lieferant für mehrere bedeutende kaiserlich-königliche Forschungseinrichtungen war, darunter die k. k. Universitätslaboratorien. In der Gebrauchsmusterrolle, heutzutage das Patent, werden seine Erfindungen und Entwicklungen beschrieben.

Der Chemiker Fritz Pregl (1869–1930) entwickelte Methoden der Analyse kleinster Substanzmengen, die umwälzende Stoffwechsel-, Hormon- und Enzymforschungen ermöglichten. 1923 erhielt er dafür den Nobelpreis für Chemie. Die dazu verwendeten äußerst feinen Laborgeräte, die so genannten Preglapparate, wurden zu einem guten Teil von der Firma Haack hergestellt. Aufträge aus aller Welt, vor allem aus dem angelsächsischen Raum, stellten sich ein.

Mit dem Zweiten Weltkrieg rissen diese Verbindungen mehr und mehr ab. Das mit dampfenden Destillationsapparaten und verwirrenden Glasspiralen voll gestopfte Labor, wie man es aus Filmen mit verrückten Erfindern und düsteren Alchemisten kennt, hat ebenfalls ausgedient. Die Firma Haack hat sich darauf eingestellt und produziert für den gegenwärtigen Bedarf, der durchaus noch herkömmliche Gerätschaften benötigt. Man ist in der Lage, Bohrungen von 0,7 bis fünfzig Millimeter in Glas zu blasen, weiß um Graduierungen und Markierungen Bescheid und versteht sich darauf, Glas mit verschiedensten Materialien wie Metall und Kunststoffen zu verbinden.

Für die private Kundschaft wird der ausgeschlagene Rand des Kristallglases glatt geschliffen oder für den Sockel einer Petroleumlampe, der sich auf dem Flohmarkt gefunden hat, der passende Kolben geblasen.

„Jeder von uns hat seine spezielle Stärke", beschreibt Meister Dania die Aufgabenteilung in der Firma: „Der eine ist mehr im technischen Bereich bewandert, der andere, so wie ich, ist mehr fürs Kreative zuständig."

Damit spricht Herr Dania seine künstlerischen Ambitionen an, durch die das Sortiment der glastechnischen Werkstätte um verspielte Geschenkideen bereichert wur-

Josef Dania im Zwiegespräch mit dem Glasmenschen

de. Wenn es die Zeit erlaubt, entstehen neben Laborgeräten mundgeblasene Zierflaschen, Bestecke aus Glas und seit gut zehn Jahren

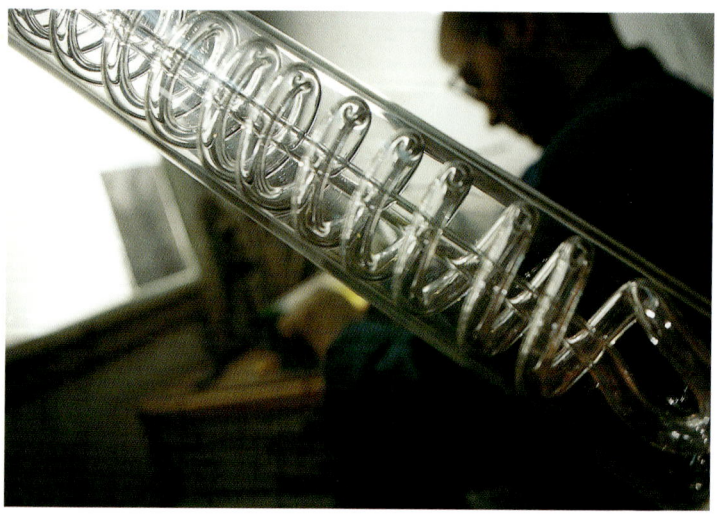

Ein perfekter Kühler ist das Meisterstück

sogar Menschen aus Glas, eine Schöpfung von Herrn Dania: „Jede meiner Skulpturen hat eine Zipfelmütze, diesen Kopfschweif, er gibt ihnen Schwung."

Werbung spielt kaum eine Rolle. Wer die Glasbläserei Haack braucht, der findet sie ohnehin, nicht zuletzt beim „Schaublasen".

Herr Dania: „Wir gehen damit an die Öffentlichkeit. Wenn wir das Feuer aufdrehen, strömen die Leute herbei. Feuer und Glas sind ein Anziehungspunkt – auch für mich. Zuerst hätte ich Koch werden wollen, Automechaniker hätte ich werden können, fasziniert hat mich aber die Glasbläserei."

▸ **INFORMATION:**

**P. Haack, Laborbedarf, Produktions- und Vertriebsges.m.b.H.,
1096 Wien, Garnisongasse 3, Tel. 01/404 84-0, 0676/705 30 04,
E-Mail: info@haack.co.at, www.haack.co.at**

Literatur:
Ernst Bruckmüller (Hg.): Personenlexikon Österreich. Wien 2001 (Verlagsgemeinschaft Österreich-Lexikon).
Carl-M. Piswanger: Paul Haack. In: Beiträge zu Geschichte und Gegenwart des IX. Bezirks, 38. Jahrgang, 156, Mai 1999.
Unbekannter Autor: Kompetenz in Glas. In: Österreichische Chemie, 6/2002, 103. Jahrgang.

Der Luxus edlen Glases

Ein niederösterreichischer Glasmaler mit nordböhmischen Wurzeln

Zuerst muss das Bedürfnis geweckt werden. Wer sparen muss, wird kaum zum Kunden von Erhart Fosger Arman Richter. „Nur wenn ich im Überfluss lebe, dann schaffe ich mir so etwas an", weiß er selbst und hat sich darauf eingestellt. „Weil ich die Möglichkeit habe, auf den anderen individuell einzugehen, abseits von Trends."

Ein gläsernes Spinnennetz

Dazu gehört der Krug, den die Familie dem Opa zur Pensionierung schenkt und mit persönlichen Motiven verziert haben will, oder das Teeglas für die Sammlung im Biedermeierschrank oder ein Fenster, egal ob als farbige Zwischenwand in einer Bank oder als nachdenkliche Glasmalerei in einer Aufbahrungshalle.

„Wenn man Besonderes will, muss man darauf warten können", schickt Herr Richter einer Bestellung voraus. „Ein heutiger Künstler schafft zuerst das Werk, um es dann anzubieten. Im Kunstgewerbe muss ich den umgekehrten Weg gehen. Ich kann nicht nur Schaustücke produzieren. Zuerst kommen die Bestellungen – auch große Maler haben früher auf Bestellung gearbeitet – und die Vorstellungen des Auftraggebers, dann mache ich mir Gedanken, wie etwas durchzuführen ist. Das ist der kreative Akt, und ich habe die größte Freude damit."

1971 erhielt der gelernte Glas- und Porzellanmaler Erhart Richter in Wien den Gewerbeschein. Er hatte dazu die Meisterprüfung unter der für ein Kunstgewerbe sonderbaren Bezeichnung „Maler für Industrieerzeugnisse" abgelegt, die auch den Vergolder und Dekorateur umfasste. Das Glas blieb seine Passion, als Erbstück aus der früheren Heimat in Nordböhmen. 1945 war sein Vater aus einer der damaligen Hochburgen der Glaserzeugung vertrieben worden. Er hatte eine Glasschleiferei und den Handel mit Glas betrieben. Erhart Richter: „Er hatte einen großen Betrieb im Sinn. Ihm schwebte vor, dass jedes seiner Kinder ein gewisses Fach im Glas erlernt."

Die Beneš-Dekrete zerstörten den Traum. „Meine Geschwister sind zwar alle in dieser Branche tätig, wir sind aber alle auf Eigenständigkeit bedacht."

Erhart Richter verbrachte die Lehrjahre in den Glasbetrieben im Bayerischen Wald. Er war 23 Jahre alt, als er von seiner Schwester erfuhr, dass in Wien eine Glasmalerei zu übernehmen sei. Mit deutschen Zeugnissen war der Start in Österreich jedoch alles andere als einfach. „Die Kammer war dafür, ich habe nur den Dispens gebraucht", erinnert er sich, und der Ärger in seiner Stimme ist nach Jahrzehnten noch unüberhörbar, „der Magistrat hat aber Schwierigkeiten gemacht. Ich werde es nie vergessen. Mir wurde gesagt, ich hätte ja in Österreich bleiben können."

Zum gekonnten Bemalen von Teegläsern kam ...

Was in diesen wenigen Sätzen – Erhart Richter will sich über Vertreibung und Aufnahme in Österreich nicht ausführlicher äußern – anklingt, wird noch lange Zeit der Verarbeitung nötig haben.

In Wien konnte oder wollte Erhart Richter nicht Wurzeln schlagen. Es zog ihn nach Westen, gelandet ist er 1976 in Aschbach, nahe der oberösterreichischen Grenze. Freilich, der Bedarf nach edlem Glas war in dieser Gegend kaum gegeben. Was ihn aber nicht störte, denn seine Geschäftsverbindungen reichen in die ganze Welt. Er gerät ins Schwärmen, wenn er über seine Schweizer Kunden spricht: „Es ist herrlich, mit denen zu arbeiten. Wenn nur alle wären wie sie."

... die gestaltende Auseinandersetzung mit Glas

Sein Haus selbst hat ihn mehrfach inspiriert. Zum einen ist es die Geschichte des alten Gemäuers. Der Keller datiert bis ins 17. Jahrhundert zurück. Beim Umbau, sagt er, sei er sogar auf einen Fluchtgang gestoßen, der bis zur Kirche hinaufführt. In dieser spannenden Umgebung, die immer wieder Entdeckungen ermöglicht, kann er andererseits seine künstlerischen Ambitionen entfalten. Aus der Bemalung von Teegläsern in den ersten Jahren wurde ein immer freierer Umgang mit Farben und Glastechniken.

Paradoxerweise könnte die Ursache für die künstlerische Entfaltung auch im Rückgang des Geschäftes vor sieben, acht Jahren liegen. „Das ist Entwicklungssache", erklärt er sich diesen. Kunsthandwerker und die Märkte, die „wie Pilze aus dem Boden geschossen" sind, Massenprodukte, die durch die Industrialisierung möglich wurden, Importe aus so genannten Billigländern und interessanterweise der Fall des Eisernen Vorhangs haben nach Ansicht von Erhart Richter dazu geführt, dass er heute mit gerade noch zwei Mitarbeitern „der Arbeit nicht nachlaufen muss".

Was ihm jetzt als Konkurrenz erscheint, hat er selber mitbegründet. In Grafenegg war Erhart Richter einer der Ersten, die für die Popularität des Weihnachtsmarktes sorgten.

Im Geschäft sind die Regale mit Teegläsern voll, verziert mit der aus flüssigem Gold hergestellten Goldfarbe. Im Königswasser, einer Mischung aus Schwefel- und Salpetersäure, wird Gold aufgelöst. Die entstandene Tinktur wird auf das Glas gemalt. Im Muffelofen verflüchtigt sich das Königswasser und lässt das Gold zurück. Die übrigen Farben sind lediglich fein pulverisiertes Glas, das sich in der Hitze des Ofens mit dem Werkstück verbindet und die entsprechende Farbe ergibt.

Über diese Technik, die jahrzehntelang solide ihren Mann ernährt hat, ist er hinausgegangen: „Gegenüber dem Porzellan hat das Glas weit mehr Gestaltungsmöglichkeiten, weil es transparent ist." Er hat sie bis ins Extrem ausgereizt. Scherben und im Ofen verformte Stücke bekamen ihre künstlerische Berechtigung. Blasen, früher das Zeichen für minderwertiges Glas, wurden zum gestaltenden Element.

„Was war denn der Glasveredler ursprünglich?", fragt Erhart Richter und schließt die Definition seines Handwerkes an, „nichts anderes als einer, der unschönes Glas durch Malerei veredelt hat. Bei mir ist es eben mehr, es ist die gestaltende Auseinandersetzung mit dem Material."

Die in allen nur möglichen Farben durchscheinenden Ergebnisse, soweit sie nicht verkauft wurden, sind in seinem Keller als Anregung für weitere Aufträge ausgestellt.

▸ **INFORMATION:**
Glas aus Meisterhand, Erhart F. A. Richter, 3361 Aschbach, Mittlerer Markt 3, Tel. 07476/77 35 30, E-Mail: info@richter-glas.at, www.richter-glas.at

Druck, Papier

Hurenkinder und Schusterbuben

Bibliophile Kunstwerke entstehen an den Setzkästen des letzten Bleisetzers

„Kein Künstler! Nein, ich bin ein Handwerker", weist Friedrich Brandstetter in aller Bescheidenheit Komplimente zurück. Sie gebühren ihm für das schönste Buch Österreichs im Bereich Belletristik, „Der Menschenfresser", Poems von Eugen Bartmer, Edition Kunstmarke, gedruckt auf der Handpresse. Christian Ludwig Attersee ließ

Textblock und Matrizensatz

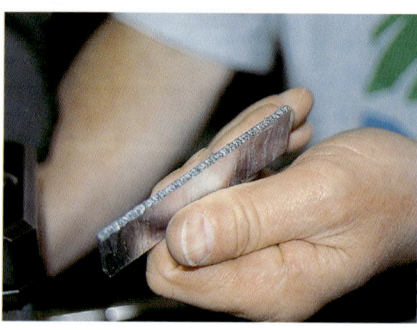

Gegossene Zeile

zuletzt „Die Tauglocke", Gedichte und Prosa, bei ihm setzen. In der Werkstatt des letzten Überlebenden im Bleisatz entstehen also doch Kunstwerke, und daneben, mehr als prosaisch, Gesetzblätter für den Juridica Verlag.

„Der Letzte von der ehemaligen Kundschaft", sagt Brandstetter, der über die Jahre zum Fachmann für ein Genre geworden ist, bei dem allein für die Änderung eines Beistriches ein Nationalratsbeschluss erforderlich ist. „Bei Gesetzestexten weiß ich oft besser, was hingehört, als die Autoren selber."

Arbeit sollte es bei der überschwappenden Flut an neuen Gesetzen an und für sich genug geben. Mehr als einen Mann kann sie trotzdem nicht ernähren.

Der Fotosatz bescherte ihm die ersten Geschäftseinbrüche. Brandstetter erinnert sich an diese Zeit nicht ohne eine gewisse Schadenfreude: „Die Kollegen haben um Millionen Maschinen gekauft und haben mich ausgelacht, mit meinen Setzmaschinen. Dann ist der Computersatz aufgekommen, und alles war umsonst gewesen. Keinen von ihnen gibt's mehr, mich schon."

Friedrich Brandstetter beim lustvollen Packeln

Eine Feststellung, die erfrischt, denn Brandstetter setzt sich lustvoll zum „Packeln" an die Setzmaschine, das heißt, er hämmert energisch auf die „Klaviatur" mit den neunzig Tasten. Eine geheimnisvolle Mechanik holt die Matrizen aus dem Magazin. Über einen Riemen werden diese Kupferplättchen, sie haben das Negativ eines Buchstabens eingeprägt, in den Sammler transportiert. Für die Zwischenräume, grob gesagt, die Leertaste auf der Schreibmaschine, werden Spatienkeile eingesetzt, das Geheimnis hinter den stets gleich langen Zeilen im Blocksatz. Eine Glocke kündigt das Zeilenende an. Brandstetter: „Jetzt heißt's aufpassen. Aber ein Setzer hat es ohnehin im Kopf und im Griff und kennt die Schriftbreiten."

Auf Knopfdruck wird das Matrizenpaket „weggeschickt", zum Gießrad. Flüssiges Blei mit 300 Grad Celsius füllt die geprägten Buchstaben. Die Zeile ist fertig gesetzt. Sie wird auf die exakte Höhe beschnitten. Währenddessen holt sich der Elevator die gebrauchten Matrizen und schiebt sie oben in die Setzmaschine zurück. Durch eine ausgetüftelte Kombination von Zähnen weiß das jeweilige Buchstabennegativ, wo es sich von der Zahnstange zu lösen hat, um sich wieder richtig einzuordnen.

Die Zeilen aus Blei ergeben aneinander gelegt den Textblock. Ab diesem Moment wird jedem, der noch vor der Herrschaft der PC-Maus geschrieben hat, schwer ums Herz. Damals hatte man noch Zeit! Die Fahne, ja, tatsächlich, noch wird im Hause Brandstetter die gute alte Fahne zum Korrekturlesen gedruckt. Wenn der Chefredakteur, der Lektor und der Autor selber – auch der wird fallweise gefragt – ihr Okay geben, geht's an den Umbruch. Wo heutzutage einfach Spalten auf dem Bildschirm mit Text gefüllt werden, wird beim Bleisatz noch montiert, mit der Schere, um die richtige Fahnenlänge zu erhalten.

Wenn auf der Fahne noch ein Fehler ist, und das ist die Regel, dann muss die betreffende Zeile ausgetauscht, heißt, neu gesetzt und gegossen werden. Die Setzmaschine hat kein Korrekturprogramm.

„Wenn der Umbruchabzug kontrolliert ist, kann der Reindruck durchgeführt werden", erklärt Brandstetter die letzten Arbeitsschritte zum fertigen Text. „Bei einer überraschenden Novellierung eines Gesetzes kann es vorkommen, dass eine gröbere Änderung fällig wird. Dann muss der ganze Umbruch neu gemacht werden. Wenn sie aber fertig sind, dann sind es meine Kinder."

1967 hat sich Brandstetter die jüngste seiner Setzmaschinen gekauft, zu einem Preis, der einem Wochenendhaus im Grünen entsprach. Seit gut zwanzig Jahren werden sie gar nicht mehr gebaut. Ein ausgedientes Stück dient als Ersatzteillager.

„Es gab einen Riesenbedarf an Maschinensatz", erinnert sich Brandstetter, „auf fünf Maschinen wurde gearbeitet. Die Leute haben sich angestellt und mich um den Satz gebeten. Aber ich war zu dumm und habe daraus kein Kapital geschlagen. Ich bin nur Handwerker und kein Geschäftsmann."

Dass er bei der Arbeit bereits einen Finger verloren hat, tut seiner Liebe keinen Abbruch. Vielmehr bewegt ihn der Kampf gegen die Unarten, die sich mit dem Computersatz ins Gedruckte eingeschlichen haben.

„Als Setzer brauchst eine gute Rechtschreibung, Sprachgefühl, Liebe zu Büchern", räsoniert Brandstetter, „aber woher sollen das die

Ein Matrizenpaket

Leute haben, wenn sie es nirgends gelernt haben. Die Seiten werden von den Redakteuren selber gemacht, und dementsprechend schauen sie auch aus. Schiache Teufeln sind die heutigen Bücher."

Würden nur einige wenige typografische Regeln beherzigt, wie er sich das wünscht, entstünden keine Hurenkinder und Schusterbuben. Das Hurenkind ist die letzte Zeile eines Absatzes in einer neuen Spalte und der Schusterbub der Anfang eines Absatzes auf der letzten Zeile einer Spalte.

Ähnlich wie Brandstetter muss es seinen Kollegen Ende des 19. Jahrhunderts ergangen sein, von denen fünfzig bis sechzig Mann in großen Setzereien die Buchstaben aus den Setzkästen zusammengetragen und per Hand zur Zeile gesetzt haben. Sie zerstörten kurzerhand die erste Setzmaschine, die aus den USA nach Deutschland gebracht wurde. Erfunden hat die Setzmaschine, die sie später arbeitslos machen sollte, 1884 ein Landsmann, der Uhrmacher und Feinmechaniker Ottmar Mergenthaler, der 1872 nach Amerika ausgewandert war.

Mit dieser Erfindung wurde der Niedergang einer großen Tradition eingeleitet, die bis dahin die schwarze Kunst begleitet hatte. Nach wie vor wird zwar gegautscht, das heißt, der ausgelernte Setzer oder Drucker wird in ein Wasserschaff geschmissen und hat dafür ein ordentliches Fest auszurichten. Der Gautschbrief, der früher den Handwerksburschen auf der Walz als sicherer Ausweis diente und in den großen, unübersichtlichen Setzereien für die Hilfe der Kollegen sorgte, ist jedoch nur mehr ehrender Wandschmuck. In Vergessenheit gerät allmählich auch der heilige Johannes, Schutzpatron der Drucker und Setzer.

Wenn die Geschäfte derzeit auch mehr als flau gehen, will er dennoch nicht aufgeben.

„Ich hab nichts anderes gelernt, ich will nichts anderes, ich bin ein Fachidiot", bezichtigt er sich ob seiner Leidenschaft, nicht ohne das wahre Motiv seiner Sturheit preiszugeben: „Seit fünfzig Jahren arbeite ich als Setzer, habe mit vierzehn begonnen. Nicht ein einziges Mal bin ich ungern in die Arbeit gegangen. Mein Hobby ist zugleich mein Beruf. Ich liebe den Geruch der Druckerschwärze, die Buchstaben, das Setzen. Ich werde weitermachen, bis ich sterbe. Bleidruck ist der König der Druckverfahren."

‣ **INFORMATION:**
Maschinensetzerei Friedrich Brandstetter, 1150 Wien,
Pouthongasse 3, Tel. 01/985 21 49

Wie zu Dürers Zeiten

In der Kunstanstalt für Kupferdruck wird jede einzelne Visitenkarte mit der Hand gemacht

Die beiden Herren Schön sind sich der Geschichtsträchtigkeit ihrer Umgebung und der ihres Gewerbes gleichermaßen bewusst. Sohn Wolfgang Schön holt aus einer Mappe die Unterlagen zum Bogner-haus. Dieses steht zwischen Bognergasse und Naglergasse in der Wiener Innenstadt genau an der Stelle, wo im Mittelalter die Bogenmacher gehaust und gewerkt haben.

„Es gibt zu diesem Haus Sagen, wie die von der bösartigen Frau, die sogar den Teufel verprügelt hat", weiß der Junior, und sein Vater

Der Storchenschnabel überträgt die Schrift auf das Kupfer

Eberhard Schön ergänzt: „Bei dem vielen Staub, der bei uns herumliegt, könnte man meinen, dass die Einrichtung noch aus der Zeit dieser Sage stammt."

Die alte Presse mit ihrem Hebel, der bei jedem einzelnen Druckvorgang herabgezogen werden muss, oder der Stichel mit dem wunderbar abgegriffenen Stiel – warum nicht?

In dieser Druckerei ist es ruhig. Kein Rattern von Maschinen. Die Stille färbt auf das Gespräch der beiden Männer ab. Sie haben kein lautes Wort nötig.

„Seit 1922 gibt es unsere Firma", erzählt Eberhard Schön, dessen Großonkel aus der Staatsdruckerei in Berlin den so genannten Trockendruck nach Wien gebracht hat, „bis dahin war es hier nicht möglich zu drucken, ohne das Papier dafür nass zu machen. Seither gibt es wieder Visitenkarten im Kupferstich in Wien."

Die Nachfrage nach den edlen Kärtchen war anfangs enorm. Wie in einer Bibliothek stehen die Ordner mit den Musterkarten im Zen-

Die Kupferdrucker Eberhard und Wolfgang Schön

trum der Werkstatt. „Max Reinhardt bittet zum Empfang auf Schloss Leopoldskron", die Exlibris von Erzherzog Hubertus Salvator und Raoul Aslan, einfach nur Schwarzenberg, Titel und Adresse waren bei solcher Prominenz nicht notwendig. Wer auf entsprechendes Entrée Wert legte, ließ bei Schön arbeiten.

Ein dunkles Kapitel der Geschichte wird in diesem historischen Archiv aufgeschlagen mit der Karte von Vizekanzler Emil Fey, Major der Reserve: Die 1930er-Jahre, der Bürgerkrieg, Heimwehr und Schutzbund, die Systemzeit mit den Tausenden Arbeitslosen, die sich mit einer Ziehharmonika in den Hinterhöfen ein bisschen Geld erspielten. Eberhard Schön: „Auch mein Onkel war oft genug hacknstad." Weil ihn sein Gewerbe nicht mehr ernähren konnte, verdingte er sich als Heurigenmusikant. Ein Lichtblick: „Ich bin angekommen, Mutter, und mir geht es gut", ließ Romy Schneider 1938 der Welt ausrichten. Bestellt hatte die Geburtsanzeige ihre Mutter Magda Schneider.

Nach dem Zweiten Weltkrieg ging es wieder bergauf mit der Druckerei. Franzosen, Amerikaner und Engländer bewiesen Stilgefühl und orderten ihre Visitenkarten in der Firma Schön.

„Der Journalistenstau während des Kalten Krieges war ausnehmend günstig für uns", erinnert sich der Senior, „Wien war die Drehscheibe der West-Ost-Diplomatie. Unsere Karten waren mehr als gefragt."

Bruno Kreisky soll in einer Ministerratssitzung geäußert haben, dass sich jedes Mitglied seines Kabinetts Kupferdruckkarten anfertigen lassen sollte.

„Bundespräsident Franz Jonas war gelernter Schriftsetzer. Er hat unsere Arbeit zu schätzen gewusst", stellt Eberhard Schön fest und meint, dass sich bei heutigen Politgrößen diesbezüglich Kulturverlust breit gemacht hätte.

Einen guten Teil der Karten mit den großen Namen hat Eberhard Schön bereits selbst hergestellt. Er arbeitet seit 1949 als Kupferdrucker. Sohn Wolfgang hat die Kunst bei ihm gelernt.

„Eine Gesellenprüfung wäre bei ihm unmöglich gewesen, weil es niemanden mehr gibt, der sie ihm abnehmen hätte können", sagt sein Vater. Sie ist auch nicht nötig, denn der Sohn beherrscht das Handwerk gerade so gut wie er.

Mit dem Stichel wird ...

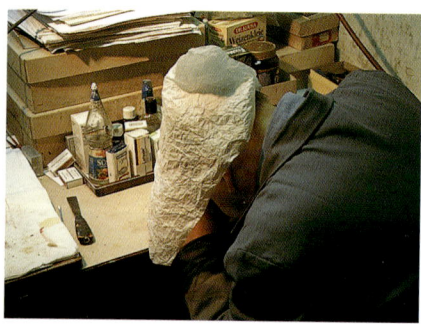

... unter dem Tuch der Text gestochen

Die Kundschaft bringt den Entwurf, erklärt ihre Vorstellungen und darf sich eine der Schriften aussuchen. Eberhard Schön: „Wie viel geschrieben wird, hängt davon ab, was der Kunde bereit ist auszugeben. Jeder Buchstabe wird extra verrechnet, weil er jeweils ein eigener Arbeitsvorgang ist."

Heinz Conrads war angeblich zu faul zum Unterscheiben und ließ sein Autogramm einfach drucken. Eberhard Schön versteht sich darauf, mit dem Stichel Handschriften zu kopieren.

Im üblichen Fall werden jedoch Name und Anschrift mit dem Pantografen, dem Storchenschnabel, auf das Kupfer gezeichnet, besser gesagt aus einer feinen Asphaltschicht herausgekratzt. Erforderlichenfalls können auf diesem Weg kleine Grafiken nachgezeichnet und auf das Kupfer übertragen werden.

Der nächste Arbeitsschritt scheint geheimnisvoll zu sein, denn Eberhard Schön zieht ein Tuch über seinen Kopf und beginnt darunter mit dem Stichel an der Platte zu arbeiten. Des Rätsels Lösung ist das Licht. Es wird durch den weißen Stoff diffus und lässt die Linien leichter erkennen.

Mit einer Graviermaschine könnten sie nichts anfangen. Senior Schön: „Die wäre viel zu derb. Wir sind keine Graveure. Bei denen wird nicht gedruckt, da ist es wurscht. Bei uns, bei den Kupferstechern, muss alles so exakt wie möglich sein. Da, ich habe gerade eine Platte in der Reißen."

Er demonstriert bei gelüftetem Schleier, wie man mit ruhiger Hand ein zehntelmillimeter großes Stückchen aus dem Metall heraushebt.

Auf die fertig gestochene Platte wird mit einem Ballen Druckfarbe aufgetragen – ganz wie zu allen Zeiten des Kupferdrucks. Mit einer Holzspachtel wird sie wieder weggeschabt. In den winzigen Rillen bleibt die Farbe stehen – deswegen die Bezeichnung Tiefdruck. Kreide, importiert von der Insel Rügen, wird auf den Handballen gstreut, und dann wird gewischt, so lange, bis die Plattenoberfläche vollkommen plan und sauber ist. Die Platte und das Papier werden in die Presse gelegt und durchgezogen, besser gesagt gedreht. Nach dem Druckvorgang muss alles wiederholt werden, das Einfärben, das Spachteln und das Polieren.

„Wenn wir ohne Pause den ganzen Tag arbeiten, schaffen wir vielleicht 300 Stück", rechnet Schön Junior vor und kommt damit auf den Preis zu sprechen, der in keiner Weise dem Arbeitsaufwand entspricht: „Wenn wir verlangen, was die Karten wert sind, könnte sie niemand mehr kaufen."

Die Kärtchen trocknen über Nacht, werden einer genauen Prüfung unterzogen und wandern, durch Seidenpapier fein voneinander getrennt, in elegante Schächtelchen.

„Das Relief der Schrift muss spürbar sein", das ist für Eberhard Schön das sichere Zeichen für echten Kupferdruck, „der Platteneindruck könnte imitiert werden."

Konkurrenz gibt es in ihrer Sparte nicht mehr, abgesehen von Billigdrucken, die sich selbstverständlich nicht mit einem Kupferdruck messen können. Eberhard und Wolfgang Schön sind tatsächlich die Letzten ihres Standes, die letzten Kupferdrucker weit und breit. Die beste Werbung für die Firma ist, wie sollte es in diesem Falle anders sein, die eigene Visitenkarte: „Mit besten Empfehlungen, Kunstanstalt für Kupferdruck, Visitkarten, Briefe und andere feine Drucksorten in Kupferstich, der vornehmsten Ausführung für den kulturbewussten Personenkreis."

▸ **INFORMATION:**
Eberhard Schön, Kunstanstalt für Kupferdruck, 1010 Wien,
Naglergasse 4, Tel./Fax 01/533 42 63

Fettgierige Steine

Aus dem Steindruck Atelier Johann Nagele stammen die echten Lithografien

Stein auf Stein, von denen jeder mehrere Hundert Kilo wiegt, dazwischen Sand und Wasser, davor steht Johann Nagele und bewegt in ruhigen Achterschleifen die oben liegende Platte über der unteren, so lange, bis jede Unebenheit abgeschliffen ist. Für das Finish, der Stein muss gekörnt plan oder absolut glatt sein, wird Bimsstein eingesetzt. Mit essigsaurem Aluminium oder in Wasser gelöstem Alaun wird dann die durch den Stickstoff entstandene Schicht entfernt.

Johann Nagele wuchtet den Stein in die Maschine

„Alles, was mit dem Stein gemacht wird, außer Zeichnen, wird hier an dieser Vorrichtung zum Steinschleifen erledigt", eröffnet Johann Nagele die Vorstellung seines Gewerbes. Flott aufgezählt mögen die einzelnen Arbeitsschritte verwirrend erscheinen, in ihrer Zusammenschau werden die Vorgänge aber durchaus verständlich und plausibel.

„Allein das Schleifen dauert drei bis vier Stunden, bis der Stein abgespült und entsäuert wird. Hängt sich ganz schön an", sagt er, und man glaubt ihm aufs Wort. Die mächtigen Kalkschieferplatten, abgebaut in Solnhofen, Deutschland, weisen immerhin eine Dicke von sechs bis 15 Zentimetern auf.

Für die Beförderung der Steinplatten hat sich Nagele eine Hebevorrichtung zugelegt. Das Handwerkliche erledigt er zumeist im Alleingang. Gesellschaft gibt es nur, wenn ein Künstler seine Werkstatt als Atelier benutzt.

„Das ist kaum anders möglich", erklärt der Steindrucker, „es wäre recht umständlich, den Brocken hin und her zu transportieren. Der

Künstler muss außerdem mit mir zusammenarbeiten. Ich stelle ihm den Stein zur Verfügung, und er muss mir sagen, was er darauf zeichnen will."

Der Tiroler Max Weiler war zum Lithografen nach Neunkirchen gekommen, mit seinem Malwerkzeug, stand tagelang vor dem Stein, dachte nach. Nagele: „Dann ist es über ihn gekommen. Er hat mit einer solchen Kraft gezeichnet, dass die Kreide abgebrochen ist. Trotzdem, jeder Strich ist gesessen."

Ein Stein allein war zu wenig für Max Weiler. Er arbeitete mit Farbe, und jede Farbe braucht ihren eigenen Stein. Weiler, der mit zunehmendem Alter wilder und freier wurde, fand oft erst mit neun Stück sein Auslangen.

„Künstler können in diesem Punkt anstrengend bis sekkant sein", weiß Nagele ein Lied davon zu singen, „für den einen habe ich im Garten eine Stehleiter aufgestellt, er wollte Überblick über sein Werk haben. Die anderen sind richtige Pitzler, eine Nuance dunkler soll die Farbe sein, dann wieder mehr ein anderer Ton. Wie soll ich wissen, wie er sich Regengrau vorstellt? Und nie zwei Künstler gleichzeitig im Atelier! Die sind einander spinnefeind."

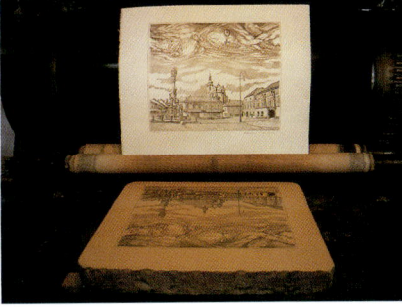

Das bedruckte Papier wird vom Stein abgenommen

Nach unzähligen Probeandrucken, zähen Diskussionen und mit der im Hause Nagele vorhandenen Farbpalette konnte noch jeder Künstler zufrieden gestellt werden.

Der Zeichenstift ist zumeist die Lithokreide, ein fetter Stift, der Ölkreide ähnlich. Früher wurde er aus einer Mischung von Lampenruß und Firnis hergestellt. Der Stein wird durch die Behandlung derart fettgierig, dass der Künstler über einer Leiste arbeiten muss, damit sich kein Hautfett vom Handballen ins Werk mischt.

Wenn der Stein bezeichnet ist, das heißt, wenn der Künstler sein Motiv seitenverkehrt auf der Oberfläche der Schieferplatte vollendet hat, ruht der Stein einige Tage. Nagele: „Damit sich das Fett hineinsaugen kann. Mit der Hasenpfote wird Talkum aufgebracht. Dadurch werden die bezeichneten Stellen widerstandsfähig gegen den Gummi arabicum, der anschließend aufgetragen wird."

Die körnige Substanz, die vorwiegend im Sudan aus der Akazie gewonnen wird, ist wasserlöslich und wird mit einem Schwamm auf dem Stein aufgetragen, der Lithograf nennt diesen Arbeitsschritt verseifen. Die nicht bezeichneten Stellen werden dadurch wasserfreundlicher. Um auch höhere Auflagen herstellen zu können, werden einige Tropfen Salpetersäure beigemengt. Der geätzte Stein wird wieder abgewaschen, der Gummi damit entfernt.

Der Stein wird nun eingefärbt und mit einem Wasserfilm überzogen. Die Farbe wird nur von den fetten Stellen angenommen, vom Wasser gemieden. Es geht ans eigentliche Drucken. Das Papier wird auf den Stein aufgepresst, und das Motiv, das der Künstler seitenverkehrt gezeichnet hat, erscheint darauf seitenrichtig. Die Zeichnung, also die Fettstriche, sind auf dem Stein verblieben und ermöglichen die Wiederholung des Vorganges: befeuchten, einfärben, drucken.

Spiegelverkehrt ist das Motiv auf dem Stein

Die Druckunterlage ist flach, deswegen heißt dieses Druckverfahren Flachdruck, im Gegensatz zum Hochdruck mit den erhabenen Lettern, zum Tiefdruck mit der geätzten oder geritzten Kupferplatte und zum Siebdruck. Entdeckt wurde das Verfahren, das auf der gegenseitigen Abstoßung von Fett und Wasser beruht, 1797 von Alois Senefelder. Seine Erfindung, die ihm ein „churfürstliches Privileg" einbrachte, ermöglichte erstmals eine für damalige Verhältnisse ungeheuer schnelle Verbreitung von Bildern und eine wesentlich einfachere Illustration von gedrucktem Text. Die Freude daran war so groß, dass alles und jedes damit bedruckt wurde, vom Flugblatt bis zur Klopapierhülle. Nagele besitzt eine ganze Sammlung der Marke Kakadu, die Schutzhüllen für die nobelsten Hotels und die reichsten Leute der Welt drucken ließ. Nagele hat die ordentlich nummerierten Steine, an denen ein Künstler oft wochenlang gearbeitet hat, fein säuberlich wie bei Familie Feuerstein in einem Regal gereiht und könnte jederzeit Vienna Velvet Crepp oder den Maharadscha im Tigerfell drucken.

Die große Presse beherrscht das Atelier

Die Andrucke werden in Nageles Werkstatt auf einer so genannten Sternradreiberpresse gefertigt: „Das Büttenpapier kommt auf den Stein, darauf eine Blechplatte. Mit dem Sternrad – es sieht ein wenig wie das Steuerrad eines alten Segelschiffes aus – wird der Stein unter dem Reiber hindurchbefördert. Mit einem Tritt auf das Pedal verteilt der Reiber den Druck gleichmäßig über den ganzen Stein. Wenn er durch ist, wird das Papier abgenommen, der Stein mit der Handwalze, einer Lederwalze, neu eingefärbt, und der nächste Druck kann losgehen."

Die Maschine ist etwa 175 Jahre alt. Erzeuger und Herkunft können nicht mehr eruiert werden. Anderswo, zum Beispiel in Hamburg, ist auch die große Presse bereits ein Museumsstück. Bei Nagele wird darauf gearbeitet. Erworben hat er sie von der Firma Hausstein in Wiener Neustadt, die ihrerseits bereits der letzte Betrieb dieser Art in Österreich war. Nagele ist gelernter Offsetdrucker, eine Drucktechnik, die auf demselben Prinzip beruht, allerdings mit wesentlich leichteren Blechplatten anstelle der gewichtigen Steine.

„Bei Hausstein konnte ich keine Unterlagen zur Maschine finden, außer der Überlieferung, dass sie zu Großvaters Zeiten mit einem Ochsenwagen nach Wiener Neustadt transportiert worden war", erzählt Nagele über seine Recherchen, die ihn zur Herstellerfirma K & B (König und Bauer) geführt haben, wo man bass erstaunt war, dass die Maschine, die etwas über hundert Jahre alt sein dürfte, überhaupt noch existiert: „Sie war wahrscheinlich ein Prototyp, der nie in Serie gegangen ist."

Nagele hat keine Mühen gescheut, das gewaltige Stück, dessen Beine im Boden einbetoniert waren, auszustemmen und Stück für Stück von Wiener Neustadt nach Neunkirchen zu transportieren und in seiner Werkstatt aufzubauen.

Auf dieser Presse, der so genannten Schnellpresse, werden die eigentlichen Lithografien hergestellt. Mit Helfer sind an die 120 Drucke in der Stunde möglich. Die Auflagen bewegen sich zwischen hundert und 300 Stück. Wenn diese fertig gestellt sind, wird die Zeichnung auf dem Stein vom Künstler mit der Schleifkreide durchgestrichen, damit wird unerlaubter Nachdruck unterbunden. „Künstler und Lithografen müssen einander vertrauen. Aber die Künstler, die echte Lithografien machen, sterben weg. Immer mehr wird geschummelt. In Galerien werden Lithografien verkauft, die keine sind und nichts als den Papierwert darstellen", ärgert sich Nagele. „Eine echte Lithografie sollte man an zwei Nummern erkennen, der Zahl für die Auflagenstärke und der Nummer des jeweiligen Drucks. Dazu kommt die geprägte Markierung, die durch den Steinrand im Papier entsteht. Man hat die Frechheit und kommt zu mir, dass ich auf Offsetdrucke mit dem Stein die Verticfung hineinpresse."

In Österreich ist Nagele der Einzige, der in diesem Ausmaß Lithografien herstellen kann; ein Kollege im Burgenland arbeitet in sehr kleinem Rahmen. Das nächste mit ihm vergleichbare Steindruckatelier gibt es in Paris.

Die benutzten Steine werden bei ihm, außer einige ganz besondere Stücke, abgeschliffen und für ein neues Bild zur Verfügung gestellt. „Steinreich" will Nagele nicht werden, er hätte gar nicht den Platz dazu, lieber sind ihm die drei ersten Drucke, die ihm von jeder Auflage zustehen. Außerdem wird der Stein für Druckzwecke nicht mehr eigens gebrochen, und Nagele ist mehr oder weniger auf die vorhandenen Vorräte angewiesen.

Zum Überleben wäre der Steindruck zu wenig. Das Einkommen wird durch Möbelrestaurieren aufgefettet, und es steht keineswegs fest, wie lange es die lithografische Anstalt in Neunkirchen noch geben wird. Bevor Nagele damit vor wenigen Jahren begonnen hat, war er als Abenteurer in der Welt unterwegs, und er weiß nicht, wie lange es ihn dieses Mal an einem Ort halten wird.

▸ **INFORMATION:**
**Steindruck Atelier Johann Nagele, 2620 Neunkirchen,
Hohe-Wand-Straße 7, Tel. 0676/704 73 72**

Die vierte Dimension nach Gutenberg

Von allen Drucktechniken ist der Siebdruck derzeit noch das vielseitigste Verfahren

Angefangen hat Karl Simsa in den 1970er-Jahren in der Kuchl. Der gelernte Buchdrucker hat dazumal rechtzeitig reagiert und ist der Entwicklung mit einem kleinen Sieb zuvorgekommen. Nur wenig später wäre er als Buchdrucker nicht mehr gefragt gewesen. Sein Gewerbe gab es in der herkömmlichen Form nicht mehr.

„Schalttafeln für die Firma Siemens waren die ersten Aufträge", erinnert sich Karl Simsa, „ich hatte Glück, die Zeit war günstig. Irgendwann wird man größenwahnsinnig, wechselt in immer größere Lokale – bis zu diesem Betrieb hier im zehnten Bezirk."

Aus der Anlage bei der Kredenz ist ein stattlicher Maschinenpark mit neuesten Technologien, wie der UV-Technik, geworden. 17 Mitarbeiter finden bei ihm derzeit Beschäftigung.

Trotz aller Automatisierung und Mechanisierung ist Siebdruck ein Handwerk geblieben. Beim Rundgang durch die Firma merkt man nicht mehr viel davon. In seiner Urform beruhte der Siebdruck allerdings sehr wohl auf geschickter Handarbeit: Die Schablone wurde in einer ruhenden Form über das Papier gelegt, die dicke Farbe wurde mit der Gummirakel wie mit einem steifen Besen durch das Gitter gepresst. So wurde die Unterlage bedruckt. Künstler bedienen sich nach wie vor dieser Arbeitsweise in der Serigrafie.

Karl Simsa bei der Qualitätsprüfung

Bei Simsa werden mit dem Siebdruck profane Drucke wie Selbstklebeetiketten, Bau- und Firmentafeln, Frontschilder und Overheadfolien hergestellt. Die Unterlagen werden vom Kunden üblicherweise fertig geliefert. Simsa: „Er will nichts anderes als Farbe auf ein bestimmtes Substrat aufgetragen haben. Wie ich es mache, ist ihm völlig egal." Noch werden dafür in der Dunkelkammer die Siebe hergestellt, feinmaschige Drahtgeflechte, die mit einer lichtempfindlichen Schicht überzogen und mit aufgelegter Schablone belichtet werden. Dabei werden die vom Licht getroffenen bildfreien Stellen gehärtet. Die nicht gehärteten Stellen können ausgewaschen werden. Die Gitter werden dadurch genau dort wieder durchlässig. Sie werden in die Maschine eingespannt. Oben wird laufend Farbe eingegossen, unten läuft das Papier durch. Solange das Sieb hält und nicht reißt, werden bis zu 1100 Blätter in der Stunde bedruckt.

Der Arbeiter, ebenfalls gelernter Drucker, hat lediglich auf den reibungslosen Ablauf des Druckes zu achten. Als Andenken an die Zeiten des Handwerks hängt über seinem Arbeitsplatz der Gautschbrief, genauso wie im Büro des Chefs. Für Sentimentalitäten ist aber keine Zeit. Die Technik schreitet voran, ist eben im Begriff, auch den Siebdruck durch neue Verfahren im Digitaldruck zu ersetzen. Karl Simsa will sich davon nicht abhängen lassen. Um Schritt halten zu können, sind Ideen gefragt. Er sieht sich zwar als Auslaufmodell und lässt seinem Sohn Florian als Geschäftsführer den Vortritt. Für ein breit gefächertes Firmenprogramm ist jedoch gesorgt, mit Folien- und Blindprägung, UV-Spotlackierung, Rubbeldruck und Stanzungen.

Auf den reibungslosen Ablauf wird geachtet

„Klein, aber fein", gibt er als Devise an. „Charakteristisch für den industriellen Charakter unseres Betriebes sind die automatisierten Arbeitsabläufe. Ohne sie könnten wir nicht überleben."

Das Handwerk, die schwarze Kunst, steckt Karl Simsa dennoch im Blut: „Siebdruck ist die vierte Technik nach dem Hochdruck, dem herkömmlichen Buchdruck, und dem Tiefdruck mit der Kupferplatte, beide sind mehr oder weniger Geschichte. Der Flachdruck hat sich von der Lithografie zum Offset weiterentwickelt. Keine von den dreien ist aber so vielseitig wie der Siebdruck. Keine hat so viele Möglichkeiten in der Farbwahl und in der Form, egal wie die Unterlage aussieht. Mit dem Siebdruck kann ich nahezu jede Unterlage bedrucken, vom Kochfeld über die Leiterplatte bis zum Leiberl, das noch auf dem guten alten Karussell eingespannt und bedruckt wird."

▸ **INFORMATION:**
Druckerei Simsa Florian, 1100 Wien, Oberlaaer Straße 226, Tel. 01/689 19 50, Fax 01/689 19 50-33, E-Mail: office@simsa.at, www.simsa.at

Für Künstlerpapier ist gesorgt

In der Papiermühle in Bad Großpertholz entsteht aus Stoffabfall feinstes Bütten

„Das Papiergeld, das die Nationalbank druckt, wird aus den gleichen Hadern wie mein Büttenpapier hergestellt", weist Franz Mörzinger auf die Wichtigkeit seines Produktes hin, „aber längst nicht mehr handgeschöpft." Geld schöpfen? Keine schlechte Idee! In diesem Einmannbetrieb aber unmöglich. Seine Papiermühle ist überdies die letzte ihrer Art in Österreich. „Waldviertler-Bütten" erfreut sich einer musealen Monopolstellung.

Allein die Jahreszahl 1827, die einen breiten Trog, den „Holländer" ziert, weist auf die entsprechend lange Tradition dieses Betriebes hin.

„Das ist nur das Jahr, in dem meine Vorgänger die Mühle modernisiert haben. Damals wurde dieses Maschine angeschafft", rückt Mörzinger historische Dimensionen zurecht: „Gegründet wurde die Mühle schon 1774." (Eine andere Quelle nennt die Jahreszahl 1789.[1])

Gearbeitet wurde seinerzeit mit einem Lumpenstampfwerk, das auf dem Prinzip einer Hammermühle funktionierte. Im „Holländer" werden die Fetzen nun zwischen Eisenwalzen fein zermahlen und eingeweicht, sodass ein Brei entsteht.

Die Bütte mit dem Lumpenbrei

Büttenpapier, zum Trocknen aufgehängt

„Nur reine weiße Baumwolle darf verwendet werden, und eine solche ist gar nicht so leicht zu kriegen, weil überall schon Kunststoff mitverarbeitet wird", gibt Mörzinger der heutigen Zeit Schuld am Grundstoffmangel. Aber dieses Problem ist so alt wie die Papiermühlen selber, die sich schon im 18. Jahrhundert einen erbitterten Kampf um brauchbare Hadern geliefert haben.

Der Arbeitsvorgang ist schnell erklärt. Der Lumpenbrei, der mit Leim versetzt wird, wird in die berühmte Bütte umgefüllt. Mit einem Sieb, in dem ein aus Draht geformtes Wasserzeichen angebracht ist, wird der Brei herausgeschöpft. Die entstandene Schicht wird aus dem Sieb auf eine Filzunterlage gekippt und aufgestapelt. Das Ganze kommt unter eine Presse und wird dort gegautscht. Die einzelnen Blätter werden schließlich zum Trocknen aufgehängt.

Der Leim, der das Papier erst beschreibbar macht, wurde früher aus Kolophonium im Betrieb selbst hergestellt. Mit dem allmählichen Schwinden der Pecherzunft stellte man auf vorgefertigten Leim um.

Ein wesentlicher Produktionsfaktor ist das Wasser, in diesem Fall die Lainsitz, der schulbekannte Ausreißer zur Nordsee. Sie treibt über eine Turbine die Walzen des „Holländers" an. Ihr Wasser weicht die Hadern auf und füllt schließlich die Bütte. Papierschöpfen ist heutzutage eine Arbeit für die wärmeren Jahreszeiten, denn es ist nicht mehr notwendig, sich im kalten Lainsitzwasser das Rheumatische zu holen.

In einer holzreichen Umgebung wie dem Waldviertel fällt auf, dass die Papiermühle kein Holz verarbeitet. Die Betriebe an der Lainsitz verpassten im 19. Jahrhundert die rechtzeitige Umstellung, was schnell zum Niedergang der Papierindustrie dieser Gegend geführt hat. In Großpertholz wurde zwar ein Rundsieb zur Herstellung von Holzpapier angeschafft, durchgesetzt hat sich die Mechanisierung jedoch nicht. Der Betrieb wurde in der Zwischenkriegszeit eingestellt. Dass erst seit 1966 wieder Papier geschöpft wird, soll die Bedeutung dieses Industriedenkmals keinesfalls schmälern.

Nur hier, und wirklich nur hier gibt es das handgeschöpfte holzfreie Büttenpapier. Die nächste derartige Mühle findet sich laut Mörzinger erst in Basel. Dort werden aber längst keine Baumwollhadern mehr verarbeitet.

Kleine Wellungen, Unregelmäßigkeiten im Papier und ein „bärenstarker" (© Mörzinger) Büttenrand, das sind die wahren Merkmale des „Waldviertler-Bütten". Die feinsten Visitenkar-

Franz Mörzinger an der Bütte

ten, Billets für besondere Anlässe und die Aquarelle einer wachsenden Zahl von Künstlern tragen dieses Wasserzeichen, und kein Geringerer als Max Weiler hat für seine gewaltigen Alterswerke das Papier aus der Mühle in Bad Großpertholz bezogen.

▸ **INFORMATION:**
Papiermühle Mörzinger, 3972 Bad Großpertholz 76,
Tel. 02857/22 40

---

[1] Andrea Komlosy: Der Fluß als Wirtschaftsfaktor – Mühlen, Sägen und Hammerwerke an der niederösterreichischen Lainsitz. In: Herbert Knittler und Andrea Komlosy (Hg.): Forschungen zur Landeskunde in Niederösterreich. Die Lainsitz. Natur- und Kulturgeschichte einer Region. St. Pölten 1997 (Verein für Landeskunde von Niederösterreich).

Handgenäht, in Gold geprägt

Qualität vor Tempo ist das Motto des Buchbinders Franz Holitzer

„Sie wollen den Betrieb draußen haben", ärgert sich Franz Holitzer, „irgendeiner kommt auf die Idee, will eine Kulturmeile machen und will Glas in den Portalen! Um zwei Millionen! Was ich mir sicher nicht leisten kann."

Interessant, dass nach Ansicht mancher Stadtplaner eine Buchbinderei nicht zur Kultur zählt. Nicht allzu weit von dem Betrieb entfernt führen die Gleise der U6, der ehemaligen Stadtbahn, unter

Franz Holitzer vor den historischen Stadtbahnbögen

dem monumentalen Neubau der Städtischen Bücherei hindurch. Die Binderei ist seit dem Bestehen dieser Bahn in deren Bögen etabliert.

Franz Holitzer, der die Buchbinderei von der Witwe seines Vorgängers übernommen hat und seit 1962 dort arbeitet, ist zäh und lässt sich nicht in Diskussionen um die Kulturwürdigkeit einer Buchbinderei verstricken. Auf seinen Maschinen, die durchwegs noch aus der Gründerzeit des Betriebes stammen, wird auch weiterhin gearbeitet werden.

„Moderne Maschinen werden für unsereinen nicht mehr gebaut", erklärt er die antiken Geräte, die allesamt dank geringfügiger Anpassungen den heutigen Anforderungen nach wie vor bestens gewachsen sind, „eine Deckelschere hat vor fünfzig Jahren genauso ausgesehen wie heute. Drei bis vier Millimeter schafft sie locker."

Durch die Rundmachermaschine erhält der Block des Buches die feine Rundung. Gebaut wurde diese Maschine seinerzeit in Leipzig, bis zum Zweiten Weltkrieg das Zentrum der deutschen Verlage und damit auch *der* Buchhersteller schlechthin. Ihre Konstrukteure mussten einiges an körperlichen Kräften mitbringen. Franz Holitzer, der durchaus kein Riese ist, muss sich ordentlich gegen das Buch stemmen, um die gewünschte Rundung zu erhalten.

Bücher in der Presse

Obwohl die einzelnen Maschinen von Mitarbeitern besetzt sind, saust er durch seinen Betrieb und erledigt die eine oder andere Arbeit, die ihm gerade ins Auge springt. Und davon liegt genug herum.

„Meine Lagerkapazitäten sind am Limit. Es geht einfach nicht schneller."

Vergrößern will er den Betrieb trotzdem nicht mehr. Er meint, dass es ein Nachfolger nicht leicht hätte. Für einen gelernten Buchbinder wäre es wesentlich einfacher, in einem Großbetrieb als Meister zu arbeiten, er hätte mehr Einkommen und mehr Freizeit.

„Im Winter bin ich Tag und Nacht hier. Die Wochenenden sind für die Spielereien da, mit denen ich meine Leute nicht aufhalten will."

Damit meint Holitzer im Grunde zeitaufwendige Spezialarbeiten und wohl auch die Buchhaltung und die Kostenvoranschläge, was nebenbei erledigt wird: „Zehn Mitarbeiter und niemand im Büro, das finden Sie in ganz Wien nicht."

Seine Leute sind durchwegs gelernte Buchbinder, und es tut ihm Leid, dass vom Nachwuchs her wenig Interesse an diesem Handwerk besteht: „Bei mir hätten die Lehrlinge die Chance, viel zu lernen."

In seiner Sortimentbinderei werden aus losen Blättern Dissertationen gebunden, werden Monats- oder Jahresbände von Zeitschriften, Kassetten für Bücher oder Urkunden hergestellt und Reparaturen durchgeführt. Die Angebotspalette umfasst damit nahezu jeden Schritt des Buchbinderhandwerks, abgesehen vom Falzen, das den Verlagsbindereien vorbehalten ist, wo vom Druckbogen weg gebunden wird.

Bei losen Blättern wird mit dem Verleimen begonnen. Für die Klebebindung werden sie aufgefächert und mit Leim bestrichen, dann gepresst. Gibt es bereits Hefte, wie bei den Zeitschriften, die sich Sammler zu Büchern binden lassen, werden diese neu geheftet und handvernäht. In beiden Fällen entsteht der Kern, dessen Rücken mit der Gaze (in Wien als Gaasch ausgesprochen) verbunden wird. Mit dem Vorsatz- und dem Nachsatzblatt wird dieser Kern in den Einband eingehängt.

Alt wie die Stadtbahn ist diese Maschine

„Eine solche Fadenheftung hält 300 Jahre", ist Holitzer von der Güte seiner Arbeit überzeugt, „aber die Leute wollen das nicht. Sie haben nicht mehr die Zeit dazu. Ich habe genug alte Schinken herumliegen, bei denen die Deckel fehlen. Aber das braucht eben seine Zeit, wenn ich einen vernünftigen Preis machen will. Ich kann die Kunden mit meiner Arbeit befriedigen, aber nicht mit der Lieferzeit."

Über die Konkurrenz will Holitzer nur so viel sagen, dass in Deutschland Betriebe in seiner Größenordnung zwar günstiger arbeiten können, weil sie billige Minderbeschäftigte anstellen dürfen. Wie deren Arbeit aber aussieht, darüber möchte er nicht sprechen, nur so viel: „Bücher, die dort gemacht wurden, können sich mit den meinen nicht vergleichen."

Der Meister beim Nähen

Bei ihm gibt es keinen vergessenen Erlagschein und keine Werbebeilagen in den Zeitungen eines Monats- oder Jahresbandes, und der Einband wird nur mehr bei ihm tiefgeprägt. Wo sonst als in seinem Stadtbahnbogen gibt es noch die Handwerker, die mit der guten alten Handsetzmaschine umgehen können, damit ein Buchdeckel die seinem Inhalt gebührende Goldprägung erhält?

▸ **INFORMATION:**
Buchbinderei Franz Holitzer, 1080 Wien, Stadtbahnbogen 67, Tel. 01/406 47 37, Fax 01/406 47 37-4

Reparatur des Wissens

Die Patienten des Buchrestaurators leiden häufig an gebrochenem Falz

„Das Wichtigste ist die Reversibilität", sagt Ludwig Stumptner, während er behutsam den Rücken eines Buches abnimmt, „das heißt, hauptsächlich Klebstoffe verwenden, die sich wieder lösen lassen, wie die historischen Stärkekleister, Weizenkleister und den Heißleim."

Man soll erkennen, wo mit neuen Techniken in die alte Substanz eingegriffen wurde. Was ein Buchrestaurator darunter versteht, zeigt Ludwig Stumptner an seinem Werkstück: „Wenn eine Seite herausgerissen wurde oder das Frontispiz fehlt, legt man nur eine Kopie davon bei."

Bei den meisten der Bücher, die ihm zum Restaurieren übergeben werden, ist der Falz, die Verdickung am Rücken des Buchblocks, gebrochen. Stumptner: „Diese Stelle wird mechanisch am meisten beansprucht, durch das Aufschlagen des Buches. Es soll wieder benutzbar werden. Man unterlegt die Stelle mit neuem Leder, das farblich angeglichen wird, und setzt den Rücken wieder auf."

Die Deckelschere kommt zum Einsatz

Die Beschädigungen sind vielfältiger Natur, sie finden sich nicht selten in ihrer Gesamtheit an einem einzigen Exemplar – ein Zeichen dafür, dass ein Buch oft und intensiv verwendet wurde.

Für beschädigte Bünde am Buchrücken wird Leder in eine eigene Vorrichtung eingespannt und mit der Bündezange in die gewünschte Form gebracht. Weißes Leder stammt vom Schwein und ist sprichwörtlich zäh und widerstandsfähig. Verwendet wurde von den alten Buchbindern bei teuren Stücken fallweise wertvolles Ziegenleder, das Saffianleder, oder Kalbleder, das ursprünglich in England gegerbt wurde und mittlerweile aus Indien geliefert wird.

Falzbein und Bündezange

„Kein Tier muss dafür eigens sterben", räumt der Buchrestaurator eventuelle Bedenken seitens der Tierschützer aus, „Leder ist ein Abfallprodukt, die Tiere werden zum Essen geschlachtet."

Die Lederstücke werden mit dem Glockenmesser maschinell ausgeschärft, also in die richtige Stärke geschnitten, erforderlichenfalls

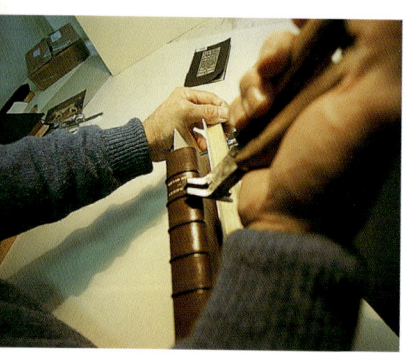

Die Bündezange im Einsatz

zu hauchdünnen Streifen. Damit wird im Sinne der Erkennbarkeit auf dem Deckel nur das fehlende Stück, nicht aber eine verloren gegangene Prägung ergänzt. Wenn Pappe eingesetzt wird, kommt die Deckelschere, ein Respekt gebietendes Exemplar der Gattung Papierschneidemaschine, zum Einsatz.

Falls der Holzwurm im Deckel haust, wird er schlicht mit Gas bekämpft, eine Prozedur, die dem Restaurator jedoch meistens erspart bleibt: „Entweder ist der Wurm längst zum Insekt geworden und draußen, oder er hat sich bis zum schmackhaften Leim durchgefressen."

Für Reparaturen an den Seiten und den Vor- und Nachsatzblättern empfiehlt sich handgeschöpftes japanisches Papier. Das aus den Wurzeln des Maulbeerbaumes gewonnene Papier ist reißfest und trotzdem überaus fein. Es wird mit dem wichtigsten Werkzeug des Buchbinders, dem Falzbein, bearbeitet.

Die Bücher, die sich in Stumptners Werkstatt stapeln, kommen aus Bibliotheken und Archiven. Hie und da findet auch ein privater Sammler den Weg zu ihm.

„Der Stundensatz für meine Arbeit bewegt sich zwischen Bedienerin und Automechaniker", hat der Buchrestaurator errechnet und seufzt: „Wie viel die Leute für eine Autoreparatur anstandslos ausgeben! Und wie lange ist ein Auto brauchbar? Meine Arbeit hält hundert und mehr Jahre."

Bevor er ein Buch handwerklich in Angriff nimmt, wird darin geschmökert: „Das ist nicht nur die Versuchung zum Lesen, es gehört zur Arbeit. Ich muss mit dem Werk, das mir anvertraut wurde, in Verbindung treten."

Spürbar wird die faszinierende Unmittelbarkeit an einem Autografen der Partitur der Sinfonie Nr. 6 von Gustav Mahler. Sie soll für eine Ausstellung in einen präsentablen Zustand gebracht werden. Vielleicht hat der Meister eigenhändig das Fertigstellungsdatum 1. Mai 1905 eingetragen. Noch sind an den unteren Seitenecken die Spuren sichtbar, die der Dirigent, möglicherweise ebenfalls Gustav Mahler höchstpersönlich, beim Umblättern hinterlassen hat.

Um seine eigene Kreativität nicht verkümmern zu lassen, beteiligt er sich regelmäßig gemeinsam mit seiner Mitarbeiterin, Frau Saidi, an der Biennale der Buchbinder in Frankreich. Er heimste dort bereits einige Preise ein, und dieses Mal wird ein Prachtexemplar in blauem Leder der Oasenziege mit Blinddruck dafür vorbereitet.

Schärfen des Leders

Stumptner tritt in der *catégorie professionelle* an und ist doch kein gelernter Buchbinder. Der Buchrestaurator, der mittlerweile einen Lehrauftrag an der Hochschule hat, blickt auf einen mehr als ungewöhnlichen Werdegang zurück: „Ursprünglich war ich Jurist in der Finanzverwaltung. Dort konnte ich nichts gut oder besser als andere machen. Deshalb der Wechsel. Meine Ausbildung habe ich mir zusammengestoppelt, als Gasthörer an der jetzigen Universität für angewandte Kunst in der Meisterklasse für künstlerische Buch- und Schriftgestaltung, bei einem Aufenthalt in Paris bei einem Buchbinder und mit Kursen im Centro del bel libro in der Schweiz. Ich habe mich 1981 selbstständig gemacht, was auch schief gehen hätte können, weil ich etwas unbedarft war, wie ich angefangen habe. Aber ich bereue es keinen Moment."

▸ **INFORMATION:**
Mag. Ludwig Stumptner, Buchrestaurator, 1060 Wien,
Mariahilfer Straße 57–59/14, Tel. 01/961 01 92

Wenn das Glanzgold matt wird

Aus kunstfertigen Schildermalern wurden technisch versierte Schilderhersteller

Wo man hinschaut Schilder, Schilder, Schilder. Die Stadt ist voll davon, mit Aufschriften an den Geschäftsportalen, mit Leuchtreklamen und mit Verkehrstafeln, die sich zu einem wahren Dschungel ausgewachsen haben. Schilder wuchern in einer Dichte, dass man sie längst übersieht, und dennoch haben sie in unseren Hirnen zähe Wurzeln geschlagen.

Ausgerechnet derjenige Berufsstand, der ursprünglich für ihre Herstellung zuständig war, ist in Kalamitäten geraten. Die Auflösung dieses Paradoxons liegt im Wort „ursprünglich".

„Den Schildermaler gibt es nicht mehr", sagt Christine Deutschmann. Sie betreibt mit ihrem Ehemann Franz in den Stadtbahnbögen eine Firma für Außen- und Innenwerbung: „Der Schildmaler hat mit Pinsel und Malstab gearbeitet, ohne viele Hilfsmittel. Das war ein echter handwerklicher Beruf."

Ihre Mitarbeiterin Sylvia Berger schmerzt die Grabrede. Sie versteht sich genauso gut wie ihre großteils männlichen Kollegen auf die neuesten Techniken der Schilderherstellung, wie das Gewerbe nun genannt sein will. Mit dem Chef gemeinsam hat sie in einer für sie durchaus halsbrecherischen Aktion eine riesige Werbung an einem Reklameturm bei der SCS montiert und hat spürbare Freude

Christine Deutschmann vor dem handgemalten Firmenschild

daran, wenn sie für ein Auto die Folie entwerfen und fachgerecht, das heißt ohne jedes Fältchen, montieren kann. Gelernt hat sie aber noch den Schildermaler. Sie beherrscht die Schriften, hält im Spind das Malzeug bereit, falls doch ein Auftrag kommt, und lässt bei den Lehrlingen nicht locker, auch sie müssen noch malen können.

„Ich bin eine vehemente Kämpferin für das Handwerk. Der Computer interessiert mich nicht. Ich brauch Arbeit zum Angreifen." Sie hätte es nicht eigens betonen müssen. Ihre Augen leuchten, wenn sie in der Werkstatt zwischen großflächigen Geschäftsaufschriften ein Stück Arbeitsfläche für sich, für die Schildermalerei, frei macht. Hie und da gibt es sie noch, die feinsinnigen Geschäftsleute, die auf das stilvolle Erscheinungsbild ihres Ladens Wert legen.

Die Schildermalerin Sylvia Berger

Auf einem Papierbogen wird der Text vorgezeichnet, die Buchstaben werden eingeteilt. Ein Layout, das jeder von uns am PC zu Hause mit ein paar Mausklicks spielerisch zusammenbringt, ist, wenn es mit der Hand erstellt wird, eine Herausforderung für eine geübte Fachkraft. „Die Schrift muss genau auf die Vorlage passen, darf nicht eingequetscht sein, nicht zu dick, nicht zu dünn", sagt sie, während sie schwungvoll die Zeichnung nachradelt, wie ein Schneider einen Kleiderschnitt. Mit Federweiß oder Bergkreide in einem Stoffbeutel werden die Konturen auf das zukünftige Schild durchgepaust. Die Tafel selbst ist entweder aus Blech oder aus Holz.

Farben werden angerieben

„Die Vorbereitung der Tafel ist ein ziemlich langer Arbeitsvorgang" – der Frau Berger offensichtlich kein bisschen zuwider ist. Ihre Finger streichen zärtlich über das weiß lackierte Holz. Sie ist zufrieden: „Das Holz wird mit Firnisöl eingelassen, grundiert und sauber abgeschliffen, dann wird lackiert, und darauf erst wird gemalt."

Das eigene Firmenschild hat Franz Deutschmann persönlich angefertigt, mit allen Tricks. Die Goldschrift mit Kupferstich lässt es ehrwürdig alt erscheinen für eine Firma, die gerade erst 1994 übernommen wurde.

In der Schilder-Manufaktur wird Gegenwart zur Vergangenheit

Über hundert Jahre älter ist der Schildermalerbetrieb im Freihausviertel im vierten Wiener Gemeindebezirk, 1882 von Arnold Samuel gegründet.

„Mein Urgroßvater", sagt Josef Samuel. „Freihausviertel deswegen, weil Graf Starhemberg für die Verteidigung Wiens gegen die Türken diese Gründe bekommen und Betriebe hier angesiedelt hat. Wohnen und Handwerk sollten beisammen sein."

Zwei Schildermaler gab es am Grund, und für beide war Platz. Zurzeit ist er der letzte „individuelle Schriftenmaler", so seine Firmenbezeichnung. Er hat sich mit seiner „malerischen" Vergangenheit unter dem Slogan „Schilder schön wie Bilder" einigermaßen abgefunden. Sein Sohn hat keine Ambitionen, aus dem väterlichen Betrieb eine moderne Schilderherstellung zu machen. So ist ein Museum entstanden. Samuels bitterer Kommentar zur gegenwärtigen Situation inmitten einer Galerie wunderschöner alter, handgemalter Ladenschilder: „Da pfeift man schon drauf auf so einen Beruf. Früher waren da eine Staffelei, Pinseln, Farbhäferln, die Arbeitsplatte, und die G'schicht hat sich g'habt. Heute brauchst Maschinen um Millionen, weil s' nix können, die Leut'. Im Computer haben sie 5000 Schriften, in der Schule lernen sie drei. Was tun s', wenn die Krax'n ausfallt? Beim Kollegen ausschneiden lassen um den halben Preis."

Sein Anforderungsprofil für einen Schildermaler: „Idealismus, grafisches Talent. Ich erkenne sofort, ob ein Schild von einem Schildermaler gemacht wurde, und ich kenne die Handschrift von einem jeden."

Im Stadtbild von Wien ist solche Handarbeit rar geworden. Die Wirtshäuser, einstens eine der Hauptkundschaften, haben den Namen in tausendfach gleicher Bierwerbung integriert. Weinlisten, auf die mit Kreide der Viertelpreis geschrieben wird, sind genauso selten geworden wie die drallen Kellnerinnen auf den Seitentafeln zwischen den Fenstern eines Ecklokales. Die neue Sachlichkeit verzichtet auf schäumende Bierkrügel und rührend naturalistisch gemalte Brathendln. Wo sind die Zeiten, als akademische Maler mit ihrem Malzeug in der Werkstatt erschienen sind und ihre Kunstfertigkeit dem Schildermaler zur Verfügung gestellt haben?

Beschweren darüber kann man sich bestenfalls beim Salzamt, dem Kurt Bauer zu neuen Ehren verholfen hat. Robert Musils Kakanien erfreut sich in den Herzen der Österreicher ungebrochener Beliebtheit. Anders ist es nicht zu erklären, dass in gemütlichen Stuben von Tirol bis ins Burgenland entsprechende Ernennungsurkunden an der Wand hängen. Sie alle sind k. k. lan-

desbefugt: die Hofköchin, die Kellnerin, der Schnapsbrenner und Malermeister; lediglich Wein- und Biertrinker sind in ihren Saufleistungen dem bayerischen Königshaus verpflichtet.

Schilderkunst der Firma Josef Samuel

„Ich bin kein monarchistischer Fanatiker", erklärt Kurt Bauer, der mit dem Niederösterreichischen Bildungs- und Heimatwerk den Alt-Wiener Christkindlmarkt begründet hat. „Es ist die Vielfalt an Titeln, die es in dieser Zeit gegeben hat, die mich fasziniert. Außerdem gibt es aus dieser Zeit kaum mehr Schilder. Wahrscheinlich hat man mit dem Ende der Monarchie alles weggeschmissen, oder sie sind verrottet, weil sie bei Sonne, Wind und Regen vor dem Geschäft gehangen sind."

Er ist der Erfinder der Nostalgieschilder, die zwar nicht jedermanns Geschmack sein mögen und ein wenig an die Bretterln mit den frommen Wünschen aus Mariazell erinnern. Mit ihren deftigen Sprüchen sind sie jedoch alles andere als Andachtsbildchen. Für Kurt Bauer sind sie das Ergebnis genauer Recherche, verbunden mit witzigen Ideen.

„Ich bin eine Art Hexenmeister", lässt er geheimnisvoll durchblicken, „ich weiß, was man mit den Händen machen kann. Naturholz, am besten altes Holz, ich hab ein ganzes Lager voll mit Bret-

Kräftige Farben bei Deutschmann

tern, die irgendwo jahrelang eingebaut waren und entsprechend abgewittert sind, dann der richtige Lack, damit das Craquelé entsteht, darauf Ruß und reiben, reiben." Die Malerei selbst überlässt er Könnern: „Meine Schilder-Manufaktur ist damit eine der wenigen Firmen in Österreich, die noch Maler beschäftigen."

Frau Eleonore Winkler ist Porzellanmalerin. Ihr Handwerk hat sie im Atelier Augarten gelernt. Sie bestätigt die hemmungslosen Ambitionen ihres Chefs auf dem Gebiet der Originaltreue: „Der war früher ein richtig wilder Hund, hat das Ofentürl aufgerissen und die Asche herausgeholt und auf meine Arbeit gerieben. Das hat fürchterlich ausgeschaut. Aber der Malerei ist nichts passiert, der Schmutz war nur in den Rissen."

Kurt Bauer gewährt Einblick in seine Produktpalette: „Nostalgieschilder sind die ganz normalen Semmeln, um die Kundschaft anzuregen. Wir machen alle Sonderanfertigungen bis zum Porträt. Meine Lieblingsaufträge sind Schützenscheiben." Wichtig erscheint ihm die Feststellung: „Auf jeden Kundenwunsch wird individuell eingegangen. Wenn es nicht passt, wird so lange umgearbeitet, bis es passt. Ich habe noch nie jemandem ein Schild verkauft, das ihm nicht gefallen hat."

▸ **INFORMATION:**
Außenwerbung – Innenwerbung – Produktion – Montage.
Franz Deutschmann, 1080 Wien, Stadtbahnbogen 51–53,
Tel. 01/405 73 92, Fax 01/405 73 92-33,
E-Mail: office@deutschmann.at, www.deutschmann.at
Der individuelle Schriftenmaler Josef Samuel,
1040 Wien, Mühlgasse 7, Tel./Fax 01/581 43 06, 0664/936 79 43,
www.schildermalerei-samuel.at.lv
Schilder-Manufaktur Kurt Bauer, Kunsthandwerk, 1030 Wien,
Erdbergstraße 40, Tel. 01/710 89 00, Fax 01/713 59 28,
E-Mail: schilder-manufaktur@chello.at

Der gelötete Text

In der Werkstatt des Buchstabenmachers ist es still geworden

Die Werkstatt ist ein Kellerg'wölb in Ottakring. An der Wand hängen noch die Ansichtskarten aus aller Welt. Urlaubsgrüße aus Florida, die von den Kollegen stammen, die hier vor gar nicht so langer Zeit noch gewerkt haben. Der Chef, Johann Hautzenberger, ist davon übrig geblieben.

„Sie sind nach und nach in Pension gegangen, ich habe keinen mehr nachbesetzt."

Johann Hautzenberger wird wohl der Letzte sein, der den 1867 gegründeten Familienbetrieb führt. Von einer Modernisierung und Vergrößerung hält der Schilderherstellermeister nichts. Er ist selber schon nah am Rentenalter und hat sich mit dem eingeschränkten Umfang seiner Produktion abgefunden.

Seine Spezialität sind Buchstaben jeder Art, einfach nur Buchstaben. Der Text, der daraus entsteht, interessiert ihn nicht. Sie müssen lediglich die richtige Größe und Form haben und aus dem gewünschten Material bestehen. Zumeist ist es Blech, das gebogen und verlötet wird

Die Kupferkolben werden im Lötofen erhitzt

und am Ende den für das jeweilige Geschäftsportal typischen Schriftzug ergibt. Für den Setzkasten sind seine Schriften also nicht gedacht. Die Ausmaße seiner Buchstaben bewegen sich im Meterbereich. Sie sollen vom fahrenden Auto aus schon von weitem gelesen werden können, sie müssen Platz für eine Neonröhre bieten und werden so solid gebaut, dass sie Wind und Wetter schadlos überstehen.

„Früher hat unser G'schäft Schilder- und Schriftenmaler geheißen", kommt Hautzenberger auf seine eigentliche Passion zu sprechen, „in der Zwischenkriegszeit hat's noch zehn, 15 davon im Bezirk gegeben. Ich selber habe in den Vierzigerjahren gelernt." – „Des Römischen Reiches größtes Wirtshaus", wie Neulerchenfeld, heute ein Teil von Ottakring, viel sagend genannt wurde, brauchte an jedem Eck ein Wirtshausschild. – „Jetzt weiß niemand mehr, dass es uns überhaupt gibt. Unser Beruf kämpft ums Image."

Auf die einträglichen Buchstaben ist sein Vater gekommen, damals in den 1970ern, als die Zeiten für den Schildermaler schwerer und schwerer wurden. „Alles eine Frage des Preises. Handgemalte Schilder kann man sich einfach nicht mehr leisten."

Reibstein und Malzeug werden in Ehren gehalten und haben ihren festen Platz neben den Lötöfen, die ihrerseits mit den gluthellen Öffnungen im formschönen Guss ohne Weiteres als Antiquitäten durchgehen könnten. Aber ein Lötofen sieht einmal nicht anders aus und ist die einzige Möglichkeit, die schweren Kupferkolben auf die richtige Temperatur zu erhitzen. Die Kolben schmiedet er selber, wenn sie durchs Reiben und Schleifen ihre Form eingebüßt haben.

Der kleine drahtige Mann beschreibt seine Tätigkeit als reine Spenglerarbeit: „Dachrinnen oder Lüftungen darf ich nicht machen, so schreibt es die Gewerbeordnung vor, aber Buchstaben gehören zur Herstellung von Schildern."

Aus Blechplatten wird die Form nach einer Schablone ausgeschnitten, mit der Blechschere. „Sie ist schon alt. Früher konnte man

Der Buchstabenmacher Johann Hautzenberger

sie einfach kaufen. Heute gibt es das Werkzeug Gott sei Dank wenigstens noch auf Bestellung."

Die Stücke werden dichtgelötet, sind für Neonkästen tiefer, für die immer öfter verwendeten Leuchtdioden flacher. Sie werden gereinigt und lackiert, dann kann die fertige Ware, die Schrift, zur Weiterverarbeitung abgeholt werden. Montiert wird sie von anderen. Das Herumkraxeln auf Dächern freut ihn ohnehin nicht.

An die fünfzig Tonnen Blech wurden früher im Jahr verarbeitet. Sie wurden bereitwillig geliefert. Heute holt er sich seine zwei Tonnen selber ab: „Muss aber bitten und betteln, dass ich überhaupt kriege, was ich brauche: Stahlblech, Mittelformat, gebürstet, einen Millimeter stark."

Die Firmen haben für diese Art Außenwerbung kaum mehr Budget übrig und ersetzen die Schriften durch weniger ansehnliche, aber weitaus günstigere Leuchtkästen. Die Konkurrenz setzt ihm zu: mit billiger, minderer Qualität im Westen und mit Niedriglöhnen im Osten. „Die haben sicher gute Handwerker und können zum niedrigen Preis

Buchstaben, nicht für den Setzkasten gemacht

sogar zustellen. Ich bin nicht böse darüber", sagt Hautzenberger, aber wegen der paar Jahre, die er noch vor sich hat, macht er sich keine Sorgen. „Mich betrifft es nicht. Mit der neuen Gewerbeordnung kann bei den Schildermalern jeder Branchenfremde hereinpfuschen, nur Buchstaben löten kann so einer nicht."

▸ **INFORMATION:**
Alle Arten der Schilder- und Buchstabenerzeugung,
Johann Hautzenberger, 1160 Wien, Lienfeldergasse 12,
Tel. 01/486 43 92

Das Licht in Schleifen biegen

Bei Neon-Kunze finden sich Schildermaler und Glasbläserei für Neonanlagen unter einem Dach

Finster wären unsere Straßen, hätte man nicht Ende des 19. Jahrhunderts das Edelgas Ne entdeckt. Neon, im Weltraum nach Wasserstoff und Helium das dritthäufigste Element, ist auf Erden lediglich an 77. Stelle gereiht. Gewonnen wird es bei der fraktionierten Destillation von verflüssigter Luft, und es wird unter anderem als Füllgas in Gasentladungslampen verwendet. So weit die Brockhaus-Enzyklopädie, Bd. 15, 1991.

Silvester Schlenz fertigt Neonschriften

Die Lichter der Großstadt haben entscheidend zum Mythos der USA als Land der unbegrenzten Möglichkeiten beigetragen. Als unentbehrliche Requisiten treten die Leuchtreklamen bei filmischen Verfolgungsjagden auf und schaffen eine mondäne nächtliche Skyline, gegen die sich jedes Tageslicht armselig ausnimmt.

Man war erstmals in der Lage, Licht in jede gewünschte Form zu biegen. In kürzester Zeit wurde die Welt von dieser Faszination angesteckt, die Großstädte wurden im wahrsten Sinn des Wortes vom Licht umschlungen. Wien ist zwar noch lange kein Las Vegas, trotzdem setzte in den 1950er-Jahren auch bei uns dieser Boom ein.

„Es war die Zeit des Wiederaufbaus, und es hat eine richtige Neoneuphorie gegeben", sagt Ing. Reinhard Knoll, Geschäftsführer von Neon-Kunze im fünften Wiener Gemeindebezirk, ein Betrieb, der sich seit 1867 in der Branche der Schilderhersteller behauptet: „Die Firma hat sich draufgeschmissen und eine Glasbläserei aufgebaut."

Von der Mannschaft, die in dieser Blütezeit kaum den vollen Auftragsbüchern gerecht werden konnte, ist ein Mann übrig geblieben. Silvester Schlenz arbeitet seit 1969 im Neon, wie er sagt. 1986 hat er hier angefangen und fertigt im Alleingang diverse Neonschriften.

„Man muss dazu künstlerisch veranlagt sein", sagt er und meint damit den Einfallsreichtum, um Verfahren so zu vereinfachen, dass sie von einem Einzelnen ausgeführt werden können. Die Arbeit selbst erfordert längst nicht mehr die Kreativität, die seinerzeit gefragt war. Der Kunde schickt den mit dem Computer entworfenen Schriftzug. Die Zeichnung wird auf entsprechend großes Papier übertragen. Nach dieser Vorlage formt Herr Schlenz nun das Glas und befüllt es mit dem jeweiligen Gasgemisch.

„Ich hatte lange genug Zeit zum Lernen. Das Problem heutzutage sind die Leute, die bestellen", hadert er mit dem Unverständnis der Auftraggeber, „sie glauben, ein Fax genügt, und denken nicht daran, wie viel Arbeit an so einer Anlage hängt."

Mit viel Gefühl wird das heiße Glas über der Gasflamme gebogen. Dabei muss regelmäßig in das Glas geblasen werden. Der Mann braucht dazu gute Lungen, denn setzt er nur einen Moment zu lange aus, kann das weiche Glas in sich zusammenfallen. An einem Ende wird der Pumpstängel angesetzt. Bevor die Elektroden montiert werden, wird Quecksilber an die vorgesehene Stelle gefüllt.

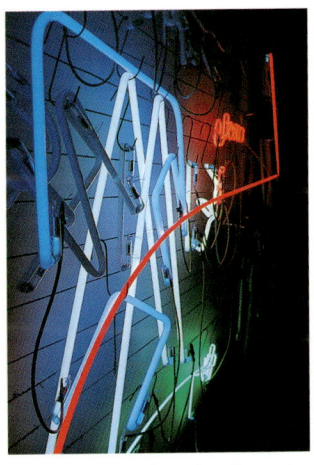

Damit das Ganze „etwas gleichschaut und nicht hundertmal gestückelt ist", wie er sagt, muss er sich überlegen, wo er die Elektroden am besten setzt; die Zeichnung, an der er sitzt, erinnert ein wenig an jene Rätsel, in denen man in einem Liniengewirr die Verbindung zwischen zwei Punkten finden muss.

Abstrakte Kunst im Hochspannungskäfig

Einen Arbeitsgang gibt es nicht mehr: das Stauben, das heißt das Einbringen einer chemischen Substanz, durch die das Gas in der gewünschten Farbe zu leuchten beginnt. Die geraden Röhren werden mittlerweile gestaubt geliefert, sind außen aber weiß, abgesehen von gefärbten Röhren, die ihrerseits aber mit dem Gas wieder eine neue Farbe ergeben. Obwohl auf den Röhren die vorgesehene Farbe angeschrieben ist, gibt es immer wieder Überraschungen. Herr Schlenz kann ein Lied davon singen: „Die sind hinterlistig. Die sind in Wirklichkeit weiß, mit gelbem Staub, der brennt dann aber grün, kann aber auch gelb brennen."

Die Röhren müssen vollständig ausgepumpt werden. Das Vakuum wird dann je nach gewünschtem Effekt mit Rotgas (100 Prozent Neon) oder Blaugas (25 Prozent Argon, der Rest Neon) gefüllt. Zuletzt wird es in einem Hochspannungskäfig (bis zu 8000 Volt) an den Strom angeschlossen und sollte in der gewünschten Farbe aufleuchten.

„Meistens sind es Reparaturen", sagt er und zeigt auf die Lichtschleife einer bekannten Getränkewerbung, „die Leute bringen diese Reklamen aus Amerika mit und wollen sie im eigenen Lokal aufhängen, als Nostalgie, und müssen damit vorher zu mir kommen."

Genauso wie er arbeitet sein Kollege Ronald Oudejans, ein Schildermaler, zu einem guten Teil als Restaurateur. Dieser hat sich zwar längst mit dem Computer, der Reprokamera und dem Plotter, einer automatisch gesteuerten Schneidemaschine, angefreundet, beherrscht aber noch die guten alten zwölf Schriften seines Handwerks und das Auftragen von Mixtion, mit der auf dem ehrwürdigen Apothekenschild die Konturen gemalt werden.

Ronald Oudejans beherrscht das Blattvergolden

„Ich möchte wissen, wie viele noch Blattvergolden können, abgesehen von den Steinmetzen", fragt sich Oudejans. Die Fertigkeit, das Gefühl und das Auge verleihen dem Handwerker Selbstbewusstsein: „Die Leute kommen mit dem Wunsch nach Werbung. Wenn sie schon einen Entwurf haben, dann gibt es Tipps von mir, oder ich sage offen, wenn es Unsinn ist. Mit den Architekten hat es schon genügend heiße Auseinandersetzungen gegeben."

In seinen Augen hat die Branche Zukunft: „Sofern man vielseitig bleibt, denn wir werden immer für die Außenerscheinung eines Geschäftes zuständig sein."

▸ **INFORMATION:**
Neon-Kunze, Neonanlagen-Ges.m.b.H., 1050 Wien, Wehrgasse 3,
Tel. 01/587 17 13-0, Fax 01/587 17 14-16, E-Mail: neon-kunze@aon.at

Musik

Klanggeheimnisse

Geigenbau in der Tradition von Amati und Stradivari

Der Zauber eines Violinkonzertes ist schwer zu beschreiben. Kritiker sind imstande, die saubere Intonation, das technisch einwandfreie Spiel und die klanglichen Qualitäten von Instrument und Musiker zu beurteilen. Warum der Ton der einen Geige mehr ans Herz geht als der eines anderen Instrumentes, weiß bestenfalls derjenige, der diese Geige zur Welt gebracht hat, wie Matthias Bölli, Geigenbauer und spezialisiert auf historische Instrumente: „Es klingt trivial, aber Gefühlssachen spielen eine große Rolle, weil der Musiker selten ein Auge für die Arbeit hat. Es ist die Kunst des Handwerks. Der Begriff Meistergeige ist deswegen dehnbar."

Mit den Geigeninnenformen fängt es an

In seiner Werkstatt im achten Wiener Gemeindebezirk entstehen solche Instrumente. Der Meister hat ein engagiertes Team von ausgebildeten Geigenbauern um sich versammelt, zwei junge Frauen und den Sohn seines eigenen Lehrherrn. Bölli: „Die Arbeitsmethoden und der Plan, der einem Instrument zugrunde liegt, werden miteinander abgesprochen." Deswegen Geigenbau Bölli & Partner.

Er selbst stammt aus Regensburg, hat in Niederbayern das Handwerk erlernt. Zwei Jahre verbrachte er in Brüssel, mit dem Schwerpunkt Alte Musik. Bölli: „Wo auf dem Gebiet historischer Instrumente viel mit dem Museum zusammengearbeitet wurde. Dann habe ich mich zurückgezogen, auf einen Bergbauernhof in Südtirol, sehr abgelegen. Aber als der einzige professionelle Geigenbauer in ganz Südtirol hab ich mich nicht über Auftragsmangel beklagen können."

Die Großstadt hat ihn trotzdem angezogen, nicht irgendeine Stadt, sondern die Hauptstadt der Musik, Wien. 1999 ist er hierher gekommen, und er ist auf dem Weg, sich neben etablierten Meistern zu behaupten.

300 Arbeitsstunden werden, über den Daumen gepeilt, auf eine Geige veranschlagt, vom Auflegen der Innenform bis zur letzten Politur. So lange dauert es heute, und so lange hat es vor 500 Jahren gedauert, bis ein Instrument erschaffen war.

Andrea Amati schuf Mitte des 16. Jahrhunderts in Cremona den bis heute gängigen Violintypus. Die Instrumente aus diesen ersten Jahren sind natürlich unbezahlbar, aber durch sie hat man die Möglichkeit, den so genannten Geheimnissen auf die Spur zu kommen. Meister Bölli: „Der Boden ist eines davon, der harmonische Übergang von der Hohlkehle in die Wölbung." Der Boden einer Geige ist ein Stück Ahornholz, kein gewöhnliches, es wird aus Bosnien importiert, nur dort wächst der geflammte Riegelahorn in der erforderlichen Qualität. Bearbeitet wird das Brett mit dem Ausstecheisen. Die Rillen, die von dieser Prozedur zurückbleiben, glättet der Hobel, und dessen Spuren wieder werden mit der Ziehklinge beseitigt. Danach soll das Holz am Rande möglichst dünn sein, in der Mitte aber schwer. Bölli: „Diese Masse schwingt frei. Bei Amati ist sie bis zu fünf Millimeter dick. Der Rand ist beweglich. Deswegen spricht das Instrument leicht an."

Woran erkennt der Laie eine Geige? An der Schnecke. Sie wird, falls nicht ein sehr kompliziertes Motiv erwünscht ist, vom Geigenbauer selber geschnitzt. Sie besteht ebenso aus Riegelahorn wie die Zargen und der Hals.

Matthias Bölli richtet den Stimmstock ein

Die Decke ist aus Fichtenholz. Matthias Bölli war in der glücklichen Lage, auf seinem Bergbauernhof auch Waldbesitzer zu sein, und konnte sich mit Vorräten für viele Jahre eindecken. Ein Raum seiner Werkstatt sieht damit wie ein Brennholzlager aus, was niemanden zu wundern braucht, denn von allen Hölzern dürfte das Fichtenholz am schwierigsten zu bekommen sein. Bölli: „Weil der Baum über 1300 Meter Seehöhe gewachsen sein muss, wegen der Feinjährigkeit. Er muss in der Saftruhe bei abnehmendem Mond geschlägert werden. Heute weiß man diese Dinge wieder. Das Problem fängt damit an, dass der Baum auf einem möglichst ebenen Platz gestanden sein muss, und er muss auf der lichtabgewandten Seite, also auf der Nordseite, gewachsen sein. Auf der Südseite dreht sich der Baum mit der Sonne mit, und das Holz ist für Geigenbauzwecke unbrauchbar."

Einigermaßen astfreies Holz wird ebenfalls immer seltener. Fichtenbäume, die alle diese Vorzüge aufweisen, werden zu Höchstpreisen gehandelt.

Griffbrett, Wirbel und Saitenhalter sind zumeist aus Ebenholz. Der Steg ist wiederum aus Ahorn, in diesem Fall jedoch von einer anderen

Gearbeitet wird auch im Team

Sorte als im Rest der Geige. Flammen sind hier nicht erwünscht, dafür kräftige Markstrahlen. Das kleine flache Holzstück überträgt die Schwingungen von der Saite in das Instrument, wo, von außen unsichtbar, der Bassbalken und der Stimmstock aus Fichte entscheidend für den Klang verantwortlich sind.

Der Leim, mit dem alles zusammengehalten wird, ist Perl- oder Hautleim. Er härtet gut aus, weswegen – das ist kein Widerspruch – das Instrument später leichter wieder geöffnet werden kann. Bölli: „Die Musiker zucken zusammen, wenn ich ein Küchenmesser an das Holz ansetze und die geleimte Naht mit einem lauten Knacken aufspringt. Wenn man nichts hört, dann stecke ich im Holz, und das soll auf keinen Fall passieren."

In der Auswahl und Zusammenstellung dieser Hölzer liegt demnach das zweite Geheimnis. Das dritte ist der Lack. Bölli: „In Cremona hat man 200 Jahre lang wunderbare Geigen gebaut, dann ist die

Die Geigen werden zum Trocknen aufgehängt

Tradition, die mündliche Überlieferung, abgerissen. Damit ist auch das Wissen um den Lack verloren gegangen. Trotz verzweifelter Versuche hat man diese Qualität nicht mehr erreicht."

Matthias Bölli bevorzugt für seine Instrumente eine weiche Mischung diverser Harze und glaubt damit dem Original zumindest sehr nahe zu kommen.

Das Geheimnis aller Geheimnisse ist der goldene Schnitt, der in den großen Zeiten des italienischen Geigenbaues allgemein gebräuchlich war. Was heute vielfach als esoterischer Hokuspokus angesehen wird, ist nichts anderes als das Ausnützen der natürlichen Harmonie von bestimmten Längen und Größenverhältnissen. Bölli: „Auf historischen Zeichnungen sieht man die Zirkelschläge, die auf dem goldenen Schnitt beruhen. Manches wirkt aber sehr an den Haaren herbeigezogen. Es geht sich eben nicht alles immer genau aus." Das meiste aber doch, wie der Meister zugibt, denn die Form der Geige ist reines Barock mit Schwung und Gegenschwung in jedem Detail und hat sich kaum verändert: „Auf keinem anderen Gebiet wird so viel erfunden, und kaum hört man davon, ist es schon wieder vergessen. Es gibt seit Amati nicht mehr viel zu verbessern."

▸ **INFORMATION:**
Geigenbau Bölli & Partner, 1080 Wien, Lerchenfelder Straße 128, Tel. 01/406 83 50, E-Mail: geigenbau.boelli@aon.at, www.violin.at

Alles nur ein Fiddlestick

Ein Amerikaner in Wien baut neue Geigenbögen für Alte Musik

„Die Bogenhaare müssen gut ausgekämmt werden. Man liebt beim Spielen die Läuse nicht", erklärt Scott Wallace mit todernster Miene, kann sich aber nicht lange verstellen: „Ein Fiddlestick! Nonsens! Ein alter Bogenmacherwitz." Dass seine Fiddlesticks alles andere als Unsinn sind, so die zweite Bedeutung des Wortes im Englischen –, beweisen die vielen Musiker, die den Weg in das Kellerlokal in der Nauseagasse in Ottakring finden.

In den 1980er-Jahren kam der studierte Musikwissenschaftler und Hobbygeigenbauer Scott Wallace aus Kalifornien nach Österreich auf Urlaub: „Und ich bin da hängen geblieben. Ich habe meine Frau Barbara kennen gelernt, habe zwei Kinder und bin glücklich verheiratet."

Die Liebesgeschichte bescherte der Musikstadt Wien den damals einzigen Bogenmacher. Wallace: „Es gab eine Reihe von Geigenbauern, und mein Gewerbe zählte dazu." Der Amerikaner machte unliebsame Bekanntschaft mit der österreichischen Bürokratie. Er hätte einen Dispens gebraucht, doch wurde ihm dieser verweigert. Er durfte nicht arbeiten. Mit seiner freundlich-herzlichen Art und einem Fiddlestick setzte er sich durch: „Bei einem Innungstreffen habe ich einen Steireranzug angezogen, meine Frau ein Dirndl, die Kinder waren auch ganz in Tracht, das hat gewirkt. Wir waren österreichisch genug, und ich durfte anfangen."

Ein Bogen darf sich nicht verziehen

Seither werden hauptsächlich historische Bögen gebaut. Scott Wallace zeigt einen schwarz-weiß gestreiften Kontrabassbogen: „Aus Schlangenholz, schwerer als Wasser. Für die anderen nehme ich Fernambuk, Brasilholz."

Kurios ist die Geschichte dieses Holzes. Brasil war ursprünglich der Name eines wertvollen Farbstoffes aus Asien, den man in einem Holz in den Regenwäldern Südamerikas wiederfand. Danach wurde

Werkzeug des Bogenmachers

das Land Brasilien benannt. Als gefährdete Art ist Brasilholz heute unter strengstem Schutz. Wallace hat bei Sotheby's in London einige Stämme aus dem Nachlass eines Bogenbauers ersteigert und dürfte in den nächsten Jahren damit sein Auslangen finden.

„Obwohl es 96 Prozent Abfall gibt", betrachtet Wallace sorgenvoll einen noch unbeschnittenen Stamm. „Für einen Geigenbogen von vierzig Gramm wird ein Kilo Holz verarbeitet."

Eine überraschende Lösung eröffnete sich beim Besuch eines Dritte-Welt-Ladens. Er sah ein Xylophon mit Stäben aus Palmenholz. Bevor er sich noch den Kopf darüber zerbrochen hatte, ob dieses Material vielleicht für Bögen geeignet wäre, wurde er ins Wiener Kunsthistorische Museum gerufen. Er sollte sich dort einige Barockbögen ansehen. Zu seiner größten Überraschung waren diese aus Palme gefertigt.

Um der originalen Form der historischen Bögen möglichst nahe zu kommen, hat er etliche davon vermessen. Seine Kunden, die zum Teil über stattliche Sammlungen an alten Instrumenten verfügen, borgten ihm dafür wertvolle Originale. Wenn Scott Wallace dadurch der Arbeitsweise der alten Meister auf die Schliche käme, profitierten sie alle gemeinsam davon.

Bei ihm in der Werkstatt arbeitet die junge Geigenbauerin Lena Galle. Teils benutzt sie die vorhandene Einrichtung für ihre Arbeiten, teils geht sie ihm bei der Reparatur der Bögen zur Hand. Sie kämmt tatsächlich penibel ein Büschel Rosshaar mit einem feinen Lauskamm durch, kein Fiddlestick! An einem Ende werden die Haare verknotet, mit Kolophoniumstaub eingerieben und kurz angezündet, damit sie miteinander verschmelzen.

Sie werden am Frosch und am anderen Ende des Bogens, am Beinchen, festgemacht. Der Frosch wird am Kästchen – alles ist klein und braucht feine Finger – befestigt, wo sich die Mechanik befindet,

Lena Galle beim Kämmen der Bogenhaare

Der kleinste Hobel der Welt

eine Schraubenwelle, die sich am Griff drehen lässt. Sie bewegt den Frosch auf der Bahn nach vorne und hinten und spannt oder lockert dadurch die Haare des Bogens. Diese Erfindung, die mit Perlmuttschübchen und -auge behübscht ist, stammt aus dem 17. Jahrhundert und beschert der Bespannung ein langes Leben.

„Das Elfenbeinplättchen an der Spitze des Bogens ist ebenfalls ein Fiddlestick", ist Wallace überzeugt, „nichts als eine Knautschzone, wenn der Bogen runterfällt. Dann bricht das Plättchen und nicht die Spitze. Wenn man gar keine Spitze macht, kann sie nicht brechen. Ich nehme dazu übrigens Mammut aus Alaska."

Sein ältestes Werkzeug ist ein Stecheisen vom Ururgroßvater. „Sonst bin ich wie ein Tischler ausgerüstet. Mit der Bandsäge werden die Bretter aus den Stämmen geschnitten, und das Holz wird mit Hobeln in jeder Größe bearbeitet", sagt Wallace und zeigt ein unglaublich kleines Exemplar, das nahezu in seinen Fingern verschwindet: „Ein Rillenhobel. Sie werden in Maine erzeugt. Das meiste muss ich mir aber selber machen, weil es so spezialisiert ist."

Kein Fiddlestick: Für einige Tage im Jahr wird die Werkstatt zum Theater. Das Werkzeug wird weggeräumt, Klappsessel werden aufgestellt, und an die fünfzig Besucher können das Marionettentheater seiner Frau genießen, wo es natürlich auch um Alte Musik geht, um mittelalterliche Lieder und um das Leben des Minnesängers Oswald von Wolkenstein.

‣ **INFORMATION:**
Fiddlesticks, Scott Wallace, Bogenbaumeister, 1160 Wien, Nauseagasse 16/1, Tel./Fax 01/481 71 08, E-Mail: fydlystyks@utanet.at

Zwischen Wiener und Englischer Mechanik

Kein Konzert ohne den Klaviermacher

Auf der Triester Straße braust der Verkehr. Eine Wohltat, wenn man das Klaviergeschäft betritt und sich die Tür hinter einem schließt. Man ist in einer anderen Welt – wohin man schaut Klaviere, Flügel mit steil geöffneten Deckeln, elegante Pianinos, Reihen um Reihen von Tasten. Sie laden zum Flohwalzer ein. Was könnte man sonst noch drauf spielen? Im Hause des Klaviermachers besser nichts, man braucht nicht zu verraten, dass man einst die Klavierstunden geschwänzt hat.

Helmut Gerstbauer ist Meister im Klavierbau, hat bereitwillig einige Ämter auf sich geladen, als allgemein beeideter gerichtlicher Sachverständiger und als Innungsmeister der Landesinnung Wien der Musikinstrumentenerzeuger. Mit seiner Werkstatt im zehnten Wiener Gemeindebezirk hält er die Fahne seiner Zunft hoch, so hoch es eben heute noch geht: „Ich arbeite hier in dritter Generation. Mein Großvater Paul Gerstbauer hat in den 1920er- und 1930er-Jahren noch Klaviere gebaut."

Ein neues Meisterklavier aus dem Hause Gerstbauer wäre heute wahrscheinlich unerschwinglich. Der Neu-

Der Panzerrahmen hält den Flügel in Form

bau ist längst auf Serienproduktion beschränkt, und die können sich nur Großbetriebe wie Bösendorfer leisten.

Seit über 300 Jahren werden Klaviere in der gewohnten Form gebaut, abgesehen von kleinen Änderungen. „Bis 1920 gab es bei uns noch die Wiener Mechanik", unternimmt Gerstbauer einen Ausflug in die Geschichte, „angeblich hat Beethoven schon auf einer engli-

Alle 88 Tasten wollen perfekt eingestellt sein

schen Mechanik gespielt, aber er war nicht glücklich damit." Sie hat offenbar seiner ungebändigten Kraft zu wenig Widerstand entgegengesetzt. Ihn dürfte es nicht gestört haben, dass sich die Tasten auf der Wiener Mechanik weniger schnell als auf der englischen wieder anschlagen lassen. Gerstbauer zeigt an zwei ausgebauten Tasten den Unterschied: „Bei der Wiener gibt es nur einen kleinen Prellmechanismus, der Pianist muss die Taste ganz auslassen. Die Englische schlägt nur kurz an, und der Hammer fällt, und es kann früher neu angeschlagen werden."

Man sieht sich unvermittelt in medias res, wenn der Meister mit seinen Erklärungen ins Detail geht und dabei das verwirrte G'schau des Besuchers als Kennermiene interpretiert. Doch anhand des Anschauungsmaterials, das, reparaturbedürftig, in der Werkstatt vorhanden ist, wird sogar verständlich, warum beim langsamen Spielen der Hammer nicht an der Taste bleiben darf. Er muss fallen, andernfalls würde der Ton gedämpft.

Die Art des Anschlages ist von der jeweiligen Mode und Auffassung abhängig. „Die Intonation ist die Veränderung des Klanges", sagt Gerstbauer, der lange Jahre die Steinwayflügel im Wiener Konzertbetrieb betreut hat, „ich kann ihn verändern, wenn ich mit Nadeln in den Filz des Hammers steche, damit er weicher wird. Diese Arbeit wird mit dem Pianisten gemeinsam gemacht. Mit Alfred Brendel und mit anderen Großen habe ich dabei wunderbar zusammengearbeitet. Das Stimmen ist dann meine Sache."

Die Klavierbauer sind die großen Schuldigen, wenn auf dem Podium eine technische Panne passiert. Heute kann der Meister schon darüber lachen: „Wir waren in den Schlagzeilen, als bei einem Konzert eine Saite gerissen ist. Wiens Klaviermacher versagen, hat es geheißen."

Als wichtigste Tugend des Klaviermachers nennt er die Geduld. Es darf ihn nicht verdrießen, 88 Tasten und 200 Saiten eine nach der anderen mit ungebrochener Aufmerksamkeit zu regulieren und zu stimmen. Als Lehrlinge sind ihm deswegen brave Handwerker lieber als hoch begabte Musiker: „Wenn es um das Gehör geht, das lässt sich schulen. Man muss geschickt sein und Gefühl für das Material haben. Bei Künstlern habe ich diesbezüglich Bedenken. Sie haben das Manko der fehlenden Geduld und", so hat es ihn die Erfahrung gelehrt, „kein Gefühl für die Auswahl des richtigen Holzes."

Gearbeitet wird mit den verschiedensten Materialien. Gerstbauer: „Mit Metallen, mit Hölzern und mit Filz. Weil so viele Handwerke im Klavierbau vertreten sind, dauert die Lehrzeit auch um sechs Monate länger als bei anderen."

Bei Gesellenprüfungen ist eine immer wieder gestellte Aufgabe die Berechnung der Anschlagslinie. Gerstbauer: „An dieser Stelle berührt der Hammerkopf die Saite. Begonnen wird mit C5, dem höchsten Ton. Die Saite ist 52 Millimeter lang. Dann kommt die Basssaite. Sie muss mit der Dicke und der Länge auf die gewünschte Tonhöhe abgestimmt werden. Sie hat 75 Kilo Spannung. Zusammengerechnet lasten auf dem hölzernen Stimmstock an die 15 Tonnen."

Der Guss- oder Panzerrahmen hat die Aufgabe, ein Verziehen des Flügels zu verhindern. Der Resonanzboden ist dagegen aus weicher Fichte. Sie ist harzreich, bleibt deswegen elastisch.

Bei den Tasten wurde das Elfenbein durch Kunststoff ersetzt. „Die Musiker haben sich daran gewöhnt", meint Gerstbauer, der für historische Klaviere nach wie vor ein paar Platteln Elfenbein auf Lager hat.

Der Korpus des Klaviers besteht aus Hartholzschichten und furniertem Weichholz. Während der Meister dem Lehrmädchen zeigt, wie es am besten die Hammerköpfe von der Filzwurst abschneidet, attestiert er der Jugend allgemein durchaus großes Interesse an Musik. Was ihm fehlt, ist das aktive Musizieren. Die Jungen selber sind daran am wenigsten schuld, Helmut Gerstbauer entrüstet sich: „Wien ist eine Katastrophe! Überall sonst in Österreich ist es wesentlich besser." Er holt eine Studie aus seinen Materialien: „Da, die Statistik! In keiner anderen Stadt gibt es so wenig Musikschulplätze wie in der Musikstadt Wien. Bevor Kinder überhaupt ein Instrument lernen können, müssen sie eine schwere Aufnahmeprüfung machen. Die meisten haben damit gar keine Chance."

Letzte Handgriffe am beinahe fertigen Klavier

Wie an der Musikschule, so an der Hochschule: „Meine Kunden sind in erster Linie Studenten aus dem Fernen Osten. Für sie halten wir das Handwerk, die Wiener Musiktradition, hoch. Uns fehlen aber die Wiener selber."

Die Nachfrage nach Klavieren ist allgemein zurückgegangen, aus vielerlei Gründen. Wer hat schon eine Wohnung, die einen Flügel aufnehmen könnte? Selbst Pianinos nehmen einiges an Platz weg und müssen immer wieder gestimmt werden. Für den Hausgebrauch tut es auch ein billiges Keyboard, das über eine ganze Reihe an Klängen verfügt und zusätzlich ein Schlagzeug mit Begleitautomatik eingebaut hat.

Für die zwei Mitarbeiterinnen, eine Klavierbauerin und das Lehrmädchen, gibt es nach wie vor genügend Arbeit. Gerstbauer: „Weil es sich durchaus lohnt, alte Instrumente zu reparieren und zu erhalten. Klaviere sind langlebig gebaut, sie halten normalerweise ewig."

▸ **INFORMATION:**
Klaviermachermeister Helmut Gerstbauer, 1100 Wien,
Triester Straße 15, Tel. 01/604 27 74, Fax 01/604 27 74-12,
E-Mail: gerstbauerklaviere@aon.at

Die Königin mit Füßen treten

Ein Orgelbauer, der sich auf historische Instrumente spezialisiert hat

Sein Meisterstück war die Baldachinorgel. Christoph Allgäuer hat damit seiner Firma das Programm geschrieben: „Wir bauen nur rein mechanische Orgeln, im Stile von vor 250 Jahren."

Barock! Überbordende Pracht der Kirchenbauten, die Orgel als adäquates Musikinstrument, und die meisterlichen Komponisten, die von dieser unerschöpflichen Klangwelt fasziniert waren. Der Boom muss gewaltig gewesen sein. Landauf, landab wurden neue Orgeln gebaut, eine aufwendiger als die andere, für Kathedralen ebenso wie für kleine Dorfkirchen.

Von einer solchen Auftragslage können heutige Orgelbauer nur träumen. Für die noch existierenden Betriebe, und es sind doch eine ganze Reihe, ist der Neubau einer Orgel eher zu einem seltenen Vergnügen geworden. Der Schwerpunkt liegt im Restaurieren. Mit seiner konsequent historischen Linie hat sich Christoph Allgäuer auf diesem Gebiet einen Namen gemacht: „Je mehr ich restauriere, desto mehr lerne ich von den alten Meistern. Ihre handwerklichen Fähigkeiten, vor allem die Erfahrung im Umgang mit Massivhölzern, ist in den letzten fünfzig Jahren total abhanden gekommen."

In dieser Nische lässt sich seine Firma mit drei Angestellten, einer Hilfskraft und zwei Tischlern angenehm über die Runden bringen: „Ich will nicht vergrößern. Ich will kein Manager, sondern ein Handwerker sein. Mit mehr Leuten könnte ich selber nicht mehr arbeiten, sondern müsste verwalten. So kann ich selber mitwirken, eingreifen und meine Vorstellungen verwirklichen."

Die Baldachinorgel

Wer kein ausgesprochener Orgelspezialist ist, hat keine Idee davon, wie wichtig der persönliche Einfluss des Meisters beim Bau oder bei der Reparatur jedes einzelnen Instrumentes ist. Als Laie sieht man den Wald vor lauter Bäumen nicht. Man schaut ehrfürchtig hinauf zur Orgel, sieht eine Reihe von Pfeifen und den mehr oder weniger üppigen Prospekt und damit nur die Fassade. Das wahre Leben spielt sich dahinter ab. Man braucht allerdings feine Ohren, um die Kunstfertigkeit des Orgelbauers richtig einschätzen zu können. Das Geheimnis liegt in der Intonation, „der Klangfarbe, der Art, wie eine Pfeife anspricht", die sich von der Intonation eines Geigers wesentlich unterscheidet. „Dieses Wissen gehört zum Handwerk", lässt Allgäuer anklingen, wenn er auf das weite Feld verschiedenster Fertigkeiten zu sprechen kommt. „Man sagt, dass wir sieben Handwerke ausüben. Wir arbeiten mit verschiedensten Metallen, drehen Feingewinde, müssen hartlöten und schweißen. Holz ist selbstverständlich der wichtigste Werkstoff, vom Massivholz aus dem rohen Brett für die Subbasspfeife mit 16 Fuß gedeckt bis zur Feinmechanik der Traktur, der Verbindung von der Taste zur Pfeife. Sogar das Stimmen ist erlernbar, wenn das Gehör einigermaßen in Ordnung ist. Wenn es auch vielfach überschätzt wird, mit der Zeit bekommt man darin Übung."

Bei den Lingualpfeifen wird blitzschnell mit geübtem Griff an der Stimmkrücke die Zungenlänge verändert. „Die Labialpfeife dagegen ist auf dem Prinzip der Blockflöte aufgebaut, dort kann ich mit dem Stimmhorn die Tonhöhe an der Pfeifenmündung korrigieren."

Die viele Luft, die ein ordentliches Fortissimo in großzügiger Registrierung verbraucht, hat der Winderzeuger zu liefern. Die Zeiten, in denen sich Buben am Sonntag das Taschengeld damit verdienten, dass sie auf dem Kirchenboden den Blasebalg traten, sind vorbei. „Die Luft wird ausschließlich aus dem Raum angesaugt. Die Ansprüche sind gestiegen, deswegen hat man die alten Bälge abgekapselt." Der junge Orgelbauer lacht: „Früher hat es ja dazugehört, dass eine Orgel verstimmt war."

Auch der berühmte Oberlehrer Krug, der Orgel, Frau und Kinder schlug, ist Vergangenheit. Selbst historische Tasten fügen sich geschmeidig dem leichtesten Fingerdruck. „Die Windlade ist das Herzstück der Orgel." Christoph Allgäuer zeigt auf einer Zeichnung den Weg des Windes vom Blasebalg in die Pfeife: „Aus der Windlade wird er mit einem Ventil in die Tonkanzelle gelenkt. Auf den Schleifen, den Lochleisten im Pfeifenstock, stehen die Register drauf. Dort wird entschieden, ob eine Pfeife erklingt oder nicht. Die Pfeife steht mit dem Fuß im Stiefel. Dort strömt die Luft durch das Fußloch hinein und erzeugt am Labium oder an der Zunge den Ton. Durch die Registrierung werden dann mehr oder weniger Pfeifen mit einem Tastendruck zum Klingen gebracht."

Eine Orgel muss nicht nur gut spielen, sie muss auch gut aussehen. Am Prospekt kann ein Posaunenengel sitzen, die Klaviatur-

Die Pfeifen werden gestimmt

backen werden mit Schnecken verschönert, und der Baldachin seines Meisterstücks ist fein geschnitztes Flechtwerk.

„Dafür nehme ich Lindenholz", sagt Allgäuer, dem die Auswahl des Materials ein besonderes Anliegen ist: „Verwendet werden ausschließlich heimische Hölzer. Fichte, Kiefer, Eiche, Nuss, Birne, Zwetschke. Je härter das Holz ist, umso kleiner kann ich es verarbeiten, zum Beispiel Weißbuche. Rotbuche schmeckt den Würmern, das habe ich vom Restaurieren gelernt. Ich muss aber den Fehler nachbauen, wenn es im Original so war, obwohl der Wurm reingeht. In dieser Beziehung darf ich mich nicht einbringen."

In der Erzdiözese Wien, so Allgäuer, weiß man, was die heimischen Orgelbauer können, und man schätzt die Vielfalt der noch existierenden Betriebe: „Eine Orgelweihe ist wie die Abnabelung von einem Kind. Für mich ist es wichtig, dass sie entsprechend genutzt wird, dass sich die Pfarre damit identifiziert."

Eine Orgel ist ja nichts weniger als die Königin der Instrumente, und sie verdient es, nicht nur am Sonntag für die Begleitung des Volksgesanges eingesetzt zu werden. In einem großen Konzert wird sie zwar nicht nur mit Händen gestreichelt, sondern ordentlich mit Füßen getreten, aber gerade deswegen gebührt ihr der Titel. Kein anderes Musikinstrument hat auch nur annähernd einen solchen Tonumfang, ganz zu schweigen von der Fülle an verschiedenen fantastischen Klängen, die ihr ein geschickter Orgelbauer verleihen kann.

▸ **INFORMATION:**
Orgelbau, Christoph Allgäuer, 2732 Würflach,
Neunkirchner Straße 150, Tel. 02620/216 76,
www.pipeorganbuilder.com

Aus der untersten Lad'

Was wär' ein Wienerlied ohne die Schrammelharmonika?

„Wann die Welt amoi stirbt und die Menschheit vageht und vadiabt" und nur mehr Wien als „leuchtender strahlender Stern" übrig bleibt, mit seiner weltbekannten „Gmiatlichkeit", dann sitzt man beim Heurigen und genießt Wienerlieder aus der untersten Lad', ein selten gewordenes Vergnügen. Der resche Brünnerstrassler lässt sich ohnehin nur trinken, wenn er mit süßlichem Raunzen aufgespritzt ist. Dann aber schmeckt er großartig, mit jedem Viertel verschwimmen die klaren Linien, musikalisch und optisch, man verfällt lustvoll der so genannten Wiener Mentalität.

Karl Macourek jun. führt bereits die Firma

Das Instrument, das den sentimentalen Teppich unter diese Manifestation weinseliger Todessehnsucht breitet, sollte eine Schrammelharmonika sein: kein Akkordeon mit Tasten, nein, eine mit Knöpferln, dann ist es perfekt.

Die wahre Schrammelmusik ist längst zur hohen Kunst aufgestiegen und wird von Philharmonikern als volkstümliche Draufgabe zum Neujahrskonzert in der weiten Welt verkauft. Der Schrammler ist daheim geblieben. Kontragitarre und Harmonika feiern in der Vorstadt draußt' fröhliche Urständ. Die Schrammlerei ist nicht zimperlich, sie lässt sich mit Jazz extrem verheiraten und, wie Karl Hodina bewiesen hat, sogar mit brasilianischen Rhythmen zu großartiger Musik vermischen.

„Der Hodina hat zu mir gesagt, wenn er mich nicht hätt', müsste er das Akkordeonspielen aufgeben", stellt sich Karl Macourek senior in aller Bescheidenheit als Meister des Harmonikabaues vor, „aber ich

Eine original Macourek Harmonika

arbeit ja nicht mehr. Ich hab die Firma dem Karli übergeben, meinem Sohn." Er beklagt im selben Atemzug: „Spielen können damit nur mehr die wenigsten. Das in der Großstadt Wien, wo das unsere Hausmusik ist! Das verstehe ich nicht, bin vielleicht von vorgestern."

Wem es bisher egal war, ob Knopf oder Taste, der sollte sich von Karl Macourek eines Besseren belehren lassen: „Das Instrument ist chromatisch, hat auf Zug und Druck in der Melodie den gleichen Ton, wie beim Tastenakkordeon, hat diesem gegenüber aber drei Vorteile."

Diese wären Folgende: Auf engem Raum lassen sich viel mehr Töne, nämlich 52, unterbringen als in einem üblichen Akkordeon: „Dort sind es maximal 45. Mehr Tasten haben einfach nicht Platz. Die Schrammelharmonika hat damit einen Tonumfang von viereinhalb Oktaven, vom kleinen g bis zum dreigestrichenen b. Zweitens kann ich leicht zwei Oktaven greifen." Ein Traum für jeden Pianisten, mag dessen Pratze noch so breit sein. Die Anordnung der Knöpferln erlaubt ungewöhnlich weite Lagen. Und schließlich wird den Musikern gewaltig das Leben erleichtert, wenn der Solist einmal nicht gut drauf sein sollte und das Stück in einer anderen Tonart singen will: „Ich habe immer denselben Fingersatz. Ich kann in allen Tonarten aus dem Stegreif spielen. Ich brauche nur mit der Hand hineinzurücken."

Die Schrammelharmonika hat sich trotzdem nicht durchgesetzt. Mag sein, dass das System zu raffiniert war, nicht so überschaubar wie eine Klaviatur. Mag sein, dass die meisten Harmonikaspieler überhaupt vom Klavier kommen. Der Meister merkt das sofort: „Sie haben keine Balgtechnik. Der Ausdruck in der Musik wird bei der Harmonika mit dem Ziehen und Drücken gemacht, nicht über die Tasten. Die dreschen drauf, es wird aber nicht lauter. Das Forte und

Piano, das Crescendo, irgendwelche betonten Töne sind nur mit der Luft möglich. Ich muss auf drei Seiten aufpassen, auf die zwei Hände und auf den Balg."

Mag sein, dass Klavierspieler die Tasten der linken Hand vermissen. Auf der gebräuchlichen Harmonika besteht die Begleitung aus den Tönen, die vom jeweiligen Bassknopf mittels einer feinen Mechanik zum Akkord kombiniert werden. Die Schrammelharmonika hat links lediglich zwölf Knöpfe. Macourek: „Da hat der Harmonikabauer die halbe Harmonielehre eingebaut. Auf Zug und Druck hat jeder Knopf jeweils einen anderen Basston, den ich mir bei der Melodie einteilen muss. Der Nachschlag – wie beim Sekundgeiger – sind Terzen, die mit dem Grundton entweder einen Dur-, einen Moll- oder einen verminderten Akkord ergeben."

Karl Macourek sen. kennt das Geheimnis des urwienerischen Klanges

Macourek erkundigt sich immer wieder, ob man überhaupt versteht, was er sagt. Mit etwas Nachrechnen und mit der Umsetzung auf die Klaviatur wird das System klar.

„Diese Bässe haben aber nur mehr die alten Instrumente", kommt er auf seinen eigenen Erfindergeist zu sprechen, „ich habe eine Schrammelharmonika entwickelt, mit den normalen Akkordeonbässen auf der linken Seite, und weil die wenigsten mehr die Knöpferln beherrschen, habe ich auch ein Tastenakkordeon entwickelt, das wie eine Schrammelharmonika klingt."

Karl Macourek kennt das Geheimnis des urwienerischen Klanges, will es aber nicht aufschreiben: „Wir haben das alles im Kopf." Sein Einsatz dafür war groß, wie er sagt, in langen Gesprächen mit Metallurgen und Physikern. Es kommt auf das richtige Metall der Zungen an, auf ihren Ausdehnungsfaktor, auf eine möglichst geringe Eigenfrequenz und auf den Abstand der Zunge von der Trägerplatte, der möglichst klein sein soll, damit so wenig Luft wie möglich verloren geht.

Wenn gerade kein Akkordeon zu bauen ist, wird repariert und gestimmt. „Ein gutes Gehör ist die Grundvoraussetzung für unser Handwerk, und viel Gefühl in den Fingern. Einen ganzen Tag braucht man, bis eine Harmonika gestimmt ist. Da ein Ritzerl, da ein Milligrammerl weg, und schon habe ich eine andere Frequenz."

Musiker schauen auf die Harmonika gerne mitleidig herab. Sie kann nur vorgefertigte Akkorde spielen und wird nach wie vor eher der leichten Muse zugerechnet. Macourek, dessen Herz für die Harmonika schlägt: „Jaja, ein Hollodarioinstrument, das auf der Musikhochschule nicht anerkannt wird. Aber es ändert sich. Ich habe einen Melodiebass kreiert, bei dem man wie auf einer Orgel die Akkorde original spielen kann."

Der Bau einer Harmonika ist verblüffend einfach, wenn man's kann. Meister Karl Macourek junior: „Nichts anderes als ein Holzkistl, das auseinander geschnitten wird, in Oberteil und Unterteil. Dann kommt das Balgrahmerl, dann der Balg, der aus Pappe und Papier gefaltet wird, die Stimmung kommt hinein, also die Stimmplatten mit den Zungen, die Mechanik und die Tasten. Das Holz wird mit Zelluloid überzogen, und die Schriften außen werden aus Metall ausgeschnitten. Zu achtzig Prozent wird alles selber gemacht."

Eine echte Macourek ist fertig, kein billiges Instrument. Doch Spezialisten wissen längst, was sie dem originalen Wiener Klang schuldig sind.

▸ **INFORMATION:**
Musikhaus Macourek, Karl Macourek Sen. u. Jun.,
1150 Wien, Reithofferplatz 14, Tel. 01/982 25 81,
www.macourek.at

Auf Druck und Zug

Der Volksmusikboom hat der Knopfharmonika zu neuer Beliebtheit verholfen

Gefühlvoller geht es nicht! Weich und voll brummt der Bass den Rhythmus zum heiteren Auf und Ab der Melodie. Unglaublich, so lieblich kann man die Steirische spielen. Der Durchschnittsbürger kennt das Instrument eher aus dem „Musikantenstadel", beobachtet dort erstaunt, welche Gewalt eine Harmonika aushält und erfreut sich im Übrigen an den Jodlern, die von dieser Harmonika begleitet werden.

„Das Reißen am Balg ist ein völliger Unsinn", ärgert sich Ernst Spirk, der nach dem letzten Ton des Ländlers liebevoll an seiner Harmonika hinabschaut und sie behutsam auf die Kommode legt, „dadurch wird der Balg gedehnt und bricht an den Ecken. Er hält nicht länger als ein Jahr. Verrückt, wenn sie auf der Bühne die Harmonika zerreißen."

Die Sau- oder Teufelsgeige

Das ist eben Show, wie sie die Leute lieben und wie es den Harmonikabauer schmerzt. Er ist selber Volksmusikant und versteht sich drauf, sein Publikum zu unterhalten. Aber alles hat eben seine Grenzen, besonders dort, wo es an die Substanz eines Musikinstrumentes geht.

In seiner Werkstatt in Laxenburg entstehen durchwegs Meisterwerke. Spirk arbeitet allein und nimmt nur so viele Bestellungen an, wie er bewältigen kann. Er ist gelernter Orgelbauer, hat die Meisterprüfung abgelegt und sich auf die Handorgel, auf die Harmonika, spezialisiert. Auf diesem Gebiet hat er sich noch einmal eingeschränkt, auf die so genannte Steirische.

„Ein diatonisches Instrument", erklärt der Meister, „bei Zug und Druck gibt es jeweils einen anderen Ton."

Jede einzelne Tonart hat ihre eigene Knopfreihe. Wer jemals auf einer Mundharmonika gespielt hat, hat eine Ahnung davon, was damit gemeint ist. Das Repertoire ist damit natürlich eingeschränkt, was auch Spirk zugibt: „Trotzdem gibt es derzeit einen richtigen Boom. Alte und Junge erlernen die Steirische, auch in Musikschulen."

Früher waren die alten Musikanten für den Nachwuchs zuständig. Irgendwann haben sie sich entschlossen, einen Konkurrenten „abzurichten". Wenn einer die Knopfharmonika beherrschte, dazu noch ein wenig singen konnte, war er für Kirtage und Hochzeiten ein gesuchter Mann. Den Leuten, die ohnehin nicht mehr als tanzen wollten, genügten dafür die zwei, drei Tonarten.

Die Ansprüche haben sich gewandelt, die Knopfharmonika ist gleich geblieben. Umso mehr erscheint ihre Renaissance verwunderlich. Dass sie einfach zu spielen sei, behaupten nur diejenigen, die es können. Sogar geübte Klavierspieler scheitern am einfachen Hin und Her. Weil es nicht jedem gegeben ist, sich die Stückeln im Kopf zu merken, wurde eine Notenschrift entwickelt, die wiederum anders ist als die gewohnte und anfangs eher eine Hürde denn eine Hilfe darstellt.

Der wahre Grund für den Aufschwung dürfte im allgemein erwachten Interesse an der Volksmusik liegen. Wobei Volksmusik wieder differenziert betrachtet werden muss. Es gibt die volkstümliche Musik, die im Bierzelt und im Fernsehen die Leute bestens unterhält, und es gibt die Volksmusik der ursprünglichen Art, nach der weit weniger Nachfrage herrscht. Aber genau von dorther kommt die Knopfharmonika. Eine Möglichkeit, sich zu wehren, hat sie

Das Innenleben einer Knopfharmonika

allerdings nicht, wenn sie von der volkstümlichen Musik in eingangs beschriebener Weise vergewaltigt wird.

Bis zu vier Reihen haben die Harmonikas, die Ernst Spirk baut. Sie werden hauptsächlich für Profis gemacht, denn um den Preis einer solchen Meisterharmonika muss einer schon etliche Nächte auf der Bühne verspielen.

Das Gehäuse ist Massivholz. Die Erlenbretter werden dafür jahrelang in der Werkstatt gelagert: „Damit sie sich an die Temperaturen und Feuchtigkeitsverhältnisse des Raumes anpassen. Es darf nichts mehr reißen, und Holz arbeitet immer. Das Gehäuse ist extreme Präzisionsarbeit, es muss absolut dicht sein."

Der Druck wird über Hebel auf die Klappen übertragen

Der Balgrahmen wird zerschnitten, damit der Balg eingeklebt werden kann. Balgpappe wird dafür gefaltet, mit Lederecken verklebt und mit Musterpapier überzogen. „Für die Steirische mit dem Edelweiß, bei den anderen einfaches Weiß."

An das Diskantgehäuse, auf der Seite, wo die Melodie gespielt wird, kommt der Griffstock, auf dem die Clavishebel sitzen. Von den Perlmuttknöpfen, die Spirk aus dem Waldviertel bezieht, wird der Druck über diese Hebel auf die Klappen übertragen, die die Ventile öffnen und schließen.

„In diesem Bereich habe ich eine Menge Entwicklungsarbeit geleistet", verweist Spirk auf die feine Mechanik, „früher war sie wesentlich lauter – Geräusche, die man heute bei den Aufnahmen nicht mehr brauchen kann."

Die Klappen sind beledert und mit Filz versehen, der den Druck ausgleicht. „Durch Federdruck klopft sich das schön ein. Wenn Sie verkehrt durchschauen, sehen Sie den Abdruck der beiden Löcher auf dem Leder."

Das Innere wird mit den Stimmstöcken bestückt. „Pro Knopf mit zwei oder drei Stimmplatten. Die Harmonika ist dann zwei- oder dreichörig. Diese Stimmplatten sind aber nicht ganz genau gleich gestimmt. Eine ist ein wenig tiefer, die andere ein wenig höher, eine genau. Damit entsteht das typische Tremolo. Bevor sie eingebaut werden, werden sie vorgestimmt.

Die Stimmplatten werden mit Bienenwachs eingegossen, in ihrem Körper sind die durchschlagenden Stahlzungen eingebaut. Sie sind so angeordnet, dass bei Zug und Druck jeweils eine andere Zunge angeblasen wird. „Darin liegt der Unterschied zu den chromatischen Harmonikas. Sie haben ebenfalls auf Zug und Druck jeweils eine Zunge, aber mit dem gleichen Ton."

Durch Löcher im Stimmstock gelangt schließlich der Wind in die Tonkanzelle und von dort zu den Zungen.

Ähnlich funktioniert die Bassseite. Auch ihr hat Spirk einiges an Entwicklungsarbeit angedeihen lassen. Nichts geändert hat sich aber an der Wucht dieser Bässe. „Helikonbässe, sie heißen wie die Tuba, die man sich früher umgehängt hat, und so klingen sie auch."

Im Gegensatz zum Diskant erklingen auf der Bassseite reine Töne, was ihren Reiz ausmacht. Voll und satt legen sie die Basis für die Melodie. Spirk: „Die malerischen Schalltrichter sind nur Zierde."

Um den Gesamtklang des Instrumentes weicher und wärmer zu machen, fertigt Spirk auch das Verdeck aus Holz. „Durch Schallöffnungen habe ich noch eine Möglichkeit zum Regulieren und kann die Abdeckung mit einer Jalousie zumachen. Dann habe ich einen satten leisen Klang, und alles Bissige ist weggefallen."

Das Gehäuse wird mit Öl und Hartwachs eingelassen. „Holz atmet und ist wunderschön zum Angreifen. Herrlich, die Faszination des Werkstoffes."

Zuletzt wird das Instrument mit Beschlägen verziert. „Bei der Steirischen traditionell. Sie muss einfach prächtig ausschauen."

Was er am besten verstehen kann, weil er mit seinen eigenen Instrumenten auf der Bühne steht. Für rechte Volksmusikanten lässt er sich auch zum Bau eines Hackbrettes oder einer Sau- bzw. Teufelsgeige über-

Ernst Spirk, ein leidenschaftlicher Musikant

reden, und wenn die Nachfrage gegeben ist, wird sogar an einer Schrammelharmonika in Tastenausführung getüftelt, das ist Ernst Spirk seinem Namen schuldig: „Die Mundpropaganda arbeitet gut für mich, und das bedeutet eine große Verantwortung. Ich muss Ideen haben und immer Sachen machen, die andere nicht können."

▸ **INFORMATION:**
Volksmusikinstrumente, Orgelbaumeister Ernst Spirk,
2361 Laxenburg, Wiener Straße 40, Tel. 02236/712 28

Die Rückkehr zum Urton

Im Dunkelsteiner Wald folgt der Trommelbau den Regeln der Alchemie

Um es vorwegzunehmen: Dieses Trommeln wird man erst verstehen, wenn man einen Workshop dafür besucht hat. Andernfalls besteht die einzige Möglichkeit einer Annäherung über das Handwerk, aus dem heraus diese Trommeln entstehen. Ur-Ton ist mehr als nur ein Firmenname, es ist die Umschreibung des Zustandes, der den Trommler erfasst, der sich auf diesen Urton einlässt.

Der Rossschwanz an der Ur-Ton-Trommel

Der Ort des Geschehens ist weit weg von der Großstadt, in Besenbuch, einer recht einsamen Gegend bei Gansbach im Dunkelsteiner Wald. Das Haus hat Edith und Kurti zu sich geholt, mit ihren Trommeln und den Menschen, die über diese Trommeln ihre persönliche Wirklichkeit neu erfahren wollen.

Kurti ist Kurt Josef Kickinger, ein Alchemist: „Nichts anderes als ein Naturwissenschaftler. In der Antike mussten sie in Ägypten studieren. Alchemist ist der Titel für einen, der in Ägypten studiert hat." Erhalten hat sich davon lediglich die vergebliche Goldsucherei. Diese Reduktion führt Kurt Kickinger auf die Geschichtsschreibung durch Sieger und Schreibkundige zurück: „Der einzige Stein der Weisen ist das Ziel, in dieser Lebensspanne – in Liebe – mit deinen Vorleben fertig zu werden."

Erkenntnisse aus 25 Jahren Studium überträgt er auf seine Trommeln. Er ist, wie er sagt, zu dieser Aufgabe hingeführt worden: „Es war ein Festl, auf dem Congas gespielt wurden. Zu meiner Schande muss ich gestehen, dass ich der Einzige in meiner Familie bin, der nicht Noten lesen kann. Aber ich habe gewusst, dass mir das Trommeln sehr gut gefällt."

Die Trommel ist das älteste Musikinstrument der Menschheit und in den verschiedensten Formen nach wie vor weit verbreitet. Was Kickinger aber auf dem Markt vorfand, deckte sich in keiner Weise mit seinen Vorstellungen von Schwingungstechnik, wie er sie von der Alchemie her kannte. „Es gab kaum esoterische Literatur, also habe ich Bücher über Freimaurer gelesen. Bei Stradivari, einem der berühmtesten Freimaurer, bin ich fündig geworden. Ich habe die Baupläne seiner Geigen studiert. Er hat sie nicht einfach nur aus dem Baum geschnitten, sondern hat ihnen den goldenen Schnitt einer Zahl zugrunde gelegt."

Für die Trommel erschien Kickinger die Zahl Neun als zielführend. Er begann zu bauen, ohne jedes weitere Know-how, lediglich mit der Zahlenmystik vertraut. Nachdem sich ein geübter Trommelbauer von der Qualität seiner ersten Trommel spontan überzeugt zeigte, fühlte sich Kurt zur Gründung seiner eigenen Firma ermutigt.

Auf die Zwischenfrage nach dem Wesen des goldenen Schnittes erklärt der Alchemist: „Er ist nichts anderes als Harmonie. Neun gilt als die Transformation des Physischen ins Spirituelle. Zurück zu dem, von wo es ausgegangen ist. Zurück zum Geist. Alle Kulturen kommen wieder, zeigen sich, verschwinden wieder, nur die Quintessenz wird bleiben im Wassermannzeitalter."

Die technischen Fragen wurden gemeinsam mit einem Drechsler, der selber Trommeln baute, gelöst. Kickinger: „In eine Maschine wird ein Baumstamm von circa 130 Kilogramm eingespannt. Davon bleiben sieben Kilo übrig, in exakter Form." Dafür müssen erst einmal runde Bäume gefunden werden. Die meisten, so Kickinger, sind oval und damit unbrauchbar.

Kurti und Edith haben ihren Rhythmus gefunden

Bespannt würden die Instrumente mit allen heimischen Tieren, die spannbar sind, so der Trommelbauer: „Schwarze Wildsau, Reh, Dachs, Kälber, Pferde und Ziegenböcke".

Er versichert, dass kein Tier eigens für eine Trommel getötet wird. Die Häute und Felle werden in Schlachthöfen oder bei Jägern gekauft, nicht bestellt.

Kickinger nennt seinen Trommelbau ein Unternehmen, das er mit seiner Partnerin Edith Schipani betreibt. Mitarbeiter werden nach amerikanischem System entlohnt: „Jeder kriegt das, was er leistet."

Das Interesse an einer Mitarbeit ist groß, derzeit sind es etwa 25 Leute, die einen guten Teil ihrer Freizeit im Dunkelsteiner Wald mit dem Bau von Trommeln verbringen.

Die ersten Schritte als Unternehmer waren eher zermürbend. Kickinger: „Als Newcomer habe ich Keramiktrommeln produziert. Es gab noch nicht den Boom, also haben wir bescheiden gelebt und uns nach der Decke gestreckt."

Ein Jahr lang wurde getrommelt, getrommelt und getrommelt, bis er es konnte, ohne jede Schule. „Ich habe in dieser Zeit gelernt, wie eine Trommel bespannt sein muss, wie man mit beiden Händen gleichmäßig hinschlägt, dass es nicht weh tut, und vor allem habe ich bemerkt, dass alle Rhythmen dieser Welt aus drei Grundrhythmen bestehen."

Als Musiker kann er dieses Phänomen nicht erklären, Kickinger ist nach Eigendefinition Schwingungstechniker und weiß als solcher, was er von einem Rhythmus erwartet.

Den Markt musste er sich selbst erschaffen, mit den Workshops, in denen er seine Erfahrungen mit dem Trommeln weitergibt. Die Teilnehmer lernen bei ihm, wie man trommelnd mit den Planeten in Verbindung tritt, wie man Zeit und Raum dabei vergisst. Am Ende des Workshops können sie die Trommel kaufen, um damit zu Hause, wie es Kickinger nennt, Spaß und Lebensfreude zu haben. Die Rhythmen haben ansprechende Namen: Reinigung, Balance, Loslassen, Schutzengel, Lebensfreude und Liebestanz etc. Als Gedächtnisstützen gibt es CDs und eine Art einfache Notenschrift.

Ohne viel Absprache trommeln Kurti und Edith miteinander und vermitteln dem Uneingeweihten eine Idee davon, was sie unter dem Rhythmus der Mondin verstehen und wie von ihnen die Sonne angetrommelt wird.

Im üblichen Musikbetrieb sind die Trommeln natürlich einsetzbar. Objektiv betrachtet sind es hervorragende Instrumente, mit einem variablen, satten, sehr angenehmen Klang, der, so Kurti, über die Haut in den Körper eindringt: „Es werden beim Trommeln Dinge im Gehirn angeregt und in Funktion gesetzt, die verstaubt waren. Eine Ausschüttung des Glückshormons findet statt. Der alchemistische Grundsatz kommt zum Tragen: Alles wirkt dank seiner Präsenz, verstärkt in der Wirksamkeit. Als Trommler musst du aufhören können zu denken. Viele können besser Trommel spielen als ich, aber keiner kann so trommeln wie ich."

▸ **INFORMATION:**
Ur-Ton Trommelbau, Alchemist Kurt Josef Kickinger, 3122 Gansbach, Besenbuch 14, Tel. 02753/207 02, www.trommel.at

Sieben Mal geglüht und gehämmert

In Wien werden wieder Trompeten für höchste Ansprüche gebaut

„Ich möchte nie ein abfälliges Wort über die Blasmusik hören", beschwört Kommerzialrat Johann Votruba die Musiker aller Richtungen. Gar zu gern blicken Jazzer und Klassiker verächtlich auf ihre Wurzeln. Die Blasmusikkapellen sind und bleiben das Reservoir für guten Nachwuchs in der Bläserszene. Das Musikhaus Votruba war über Jahrzehnte das Zentrum für ambitionierte Amateure; hier konnten sie wohlfeil ein gutes Bassflügelhorn erwerben oder die Beule fachgerecht aus der Tuba klopfen lassen.

Das launige Logo mit dem Helikonisten hat mittlerweile eine schlanke Ergänzung erhalten, mit Saxophon, Klarinette, Posaune und Trompete. Johann Votruba: „Wir haben genug investiert, haben die Räumlichkeiten um ein Vielfaches erweitert, haben in Wiener Neustadt eine Filiale eröffnet und in der Entwicklung unserer Instrumente viel Lehrgeld bezahlt. Aber wir sind derzeit bestimmt die größte und modernste Instrumentenwerkstätte Österreichs."

Johann Votruba:
„Wir sind auf dem Punkt"

Das Lehrgeld war, wie es scheint, eine gute Investition. Johann Votruba und seine beiden Söhne Hannes und Thomas, sie führen bereits den Betrieb, haben sich Großes vorgenommen: „Wir wollen die Wiener Instrumentenkultur wieder beleben."

Damit man eine Ahnung davon bekommt, was in diesem einen Satz steckt, ein kurzer Blick auf die Geschichte und das Wesen des Wiener Instrumentenbaues: Dem Wiener Klang unserer Spitzenorchester liegt nicht nur bei den Streichern, sondern, deutlich hörbar, auch bei den Bläsern eine ganz bestimmte Charakteristik zugrunde: Es sind Kleinigkeiten, die eine Wiener Klarinette, eine Wiener Oboe oder eine Wiener Trompete vom Allerweltsinstrumentarium unterscheiden. Da wie dort wird für hohe Ansprüche Spitzenqualität erzeugt, der Klang ist jedoch verschieden: „Hell, aber nicht scharf."

Johann Votruba mit seinen Söhnen Hannes und Thomas

Noch in der ersten Hälfte des 20. Jahrhunderts wurden die Instrumente für die Philharmoniker nahezu ausschließlich in Wien gebaut. Geniale Instrumentenmacher beherrschten ganz einfach die Technik, aus einer Platte Messingblech oder einem Holzblock eines jener Klanggeräte zu zaubern, die den Wiener Klang in der Welt einzigartig gemacht haben. Die alten Meister sind weggestorben und haben außer ihren Musikinstrumenten nur wenig hinterlassen. Es gibt wieder eine heimische Trompete, die auch in philharmonischen Ohren wohltuend klingt. Was im fernen Osten mit hohem technischem Einsatz zustande gebracht wurde, hat man bei Votruba durch jahrelanges Tüfteln und Probieren erreicht. Das Material, dessen Stärke und zuletzt Mensur und die Bauweise mit den typischen Drehzylindern wurden im richtigen Verhältnis aufeinander abgestimmt. „Wir sind auf dem Punkt", darf Johann Votruba zufrieden feststellen.

Ein Blick in die helle, geräumige Blechwerkstatt: Goldmessingblech lehnt an der Wand, daneben bereits ausgeschnittene Blätter. Ihr Umriss lässt die spätere Trichterform erahnen. Meister, Gesellen und Lehrlinge arbeiten daran, aus diesen Platten Rohre zu biegen. Votruba: „Gelötet wird mit Messingschlaglot. Sieben Mal wird die Prozedur wiederholt, immer wieder geglüht und gehämmert. Je genauer und schöner die Naht ist, umso höher ist die Qualität."

Damit die Rohre gebogen werden können, werden sie mit Blei ausgegossen. Votruba: „Die Schallstücke werden wie eine Tulpe ausgehämmert. Die Form wird ihnen auf der Drehbank aufgedrückt."

Die Werkzeuge sind wuchtig: teils schwere Ausrichtstangen und ein Satz von Bleikugeln.

Nach vielen weiteren Handgriffen ist die Trompete fertig verlötet und fertig zum Anblasen. Ausnahmsweise wird in diesem Punkt einer Maschine der Vorzug gegeben. Votruba: „Ein Bläser korrigiert automatisch die Töne mit den Lippen. Die Anblasmaschine ist unbestechlich. Wenn irgendein Ton nicht stimmt, muss die Trompete noch einmal aufgelötet und die fehlerhafte Stelle gesucht werden."

Falls das Instrument entspricht, geht es ans Polieren. Durch das Einhalten einer ganz bestimmten Richtung vermeidet der Polierer dabei die Bildung von Wolken. Das Instrument könnte lackiert werden, was aber von vielen Musikern nicht erwünscht ist. Der Meister hat dafür Verständnis: „Man darf nicht vergessen, dass die Materialstärke einen großen Einfluss auf die Abstrahlung der Schwingungen hat."

Die Holzwerkstätte ist der Ort der feinen Mechanik. An der Entwicklung einer Klarinette Marke Votruba wird gearbeitet, und an unersetzlichen, von Sinfonikern und Philharmonikern im internationalen Konzertbetrieb eingesetzten Spitzeninstrumenten werden Servicearbeiten und Reparaturen durchgeführt. Die jungen Leute sind sich der Ernsthaftigkeit ihrer Aufgabe durchaus bewusst.

Die Auswahl der Arbeiter ist Teil der Firmenphilosophie, die seit 1875 konsequent verfolgt wird, von Johann Votruba I. bis zur derzeit fünften Generation. Das Idealbild ist ein Lehrling, der hier ausgebildet wurde und seine weitere Berufslaufbahn möglichst bis zu seiner Pensionierung in der Firma verbringt. Der Maßstab, der dabei an die jungen Leuten angelegt wird, ist

Der Umriss lässt die Form der Trompete erahnen

hoch. Johann Votruba: „Die Grundvoraussetzung ist Musikalität. Der Lehrling muss ein Instrument spielen, muss genügend Feingefühl besitzen und muss von seinem Beruf fasziniert sein. Instrumentenmacher ist kein Job, sondern eine Berufung."

▶ **INFORMATION:**
Musikhaus Votruba, Hannes und Thomas Votruba, 1070 Wien, Lerchenfelder Gürtel 4, Tel. 01/523 74 73, Fax 01/523 74 73-15, oder 2700 Wiener Neustadt, Herzog-Leopold-Straße 28, Tel. 02622/229 27, Fax 02622/229 27-15, www.votruba-musik.at

Der gerundete Klang

Das original Wiener Horn kommt aus dem Waldviertel

Staatsoper Wien, „Freischütz", Ouvertüre. Die Waldhörner verbreiten Romantik und nichts als Romantik. In Wien soll es Opernfreunde geben, die ausschließlich wegen dieser paar Takte hingehen. Nirgendwo sonst klingen die Hörner so weich, so voll und so gefühlvoll. Freilich, geblasen werden sie von Philharmonikern. Aber auch die Instrumente selber klingen anders als sonst wo in der Welt.

Der junge Instrumentenmacher Andreas Jungwirth hat sich diesem rundum runden Instrument verschrieben: „Dem Naturhorn und dem Wiener Horn."

Andreas Jungwirth inmitten seiner Hörner

Der gelernte Orgelbauer wollte von jeher Blechblasinstrumente bauen, spielt selber die Trompete und verbrachte seine Gesellenzeit bis zur Meisterprüfung bereits im eigenen Betrieb. Ermutigt von Erfolgen im Nachbau von Barocktrompeten, ging er irgendwann den engen Bund mit dem Horn ein.

In Wien wurden die für den Wiener Klang so typischen Instrumente längst nicht mehr in der Qualität erzeugt, mit der sich Wiener Philharmoniker zufrieden geben. Die Japaner, die vor Jahrzehnten Wien als Mekka der klassischen Musik entdeckt haben und mit hoch begabten Musikstudenten beschicken, holten sich kurzerhand ein Wiener Horn, zerlegten es, vermaßen jedes Stück, analysierten das Metall und fertigten eine perfekte Kopie an. Im Wiener Konzertbetrieb tauchten Hörner auf, die unverkennbar die Aufschrift Yamaha trugen.

„Bei uns empfindet man es als Konkurrenz." Jungwirth rückt die fernöstliche Leistung ins rechte Licht: „Wenn man aber ihre Menta-

Waldhornklänge im Waldviertel

lität kennt, dann weiß man, dass es eine Hommage an den Wiener Klang ist und kein Plagiat. Die Japaner haben das Wiener Horn wieder publik und damit europäisches Kulturgut einer breiten Bevölkerungsschicht neu zugänglich gemacht."

Er weiß, dass er ohne die Japaner nicht diese befriedigende Auftragslage hätte: „Die ganz Reichen und die Intellektuellen wollen das Original vom Original haben."

Sie lassen bei ihm ihre Hörner bauen. Dass er sich mit seiner Werkstatt ins Waldviertel zurückgezogen hat, war diesbezüglich nie ein Problem. Jungwirth: „Ein Packerl kann ich vom Postamt in Freischling genauso abholen wie vom Südbahnhof." Die Kundschaft ist ihm gern gefolgt. Einem Hornisten, der ein erstklassiges Instrument erhält, macht die eine Autostunde zwischen Wien und dem Kamptal kaum etwas aus.

„Außerdem habe ich hier heraußen meine heilige Ruhe." Jungwirth zählt noch ein paar gute Gründe für die Werkstatt im Grünen auf: „Ich habe keine Nachbarn, rundherum sind nur ein Obstgarten und Äcker. Ich kann ungestört arbeiten. Wenn am Abend einmal gespielt wird, dann freut das die Dorfleute, weil endlich was los ist. Vis-à-vis habe ich den Schmied, und es stört niemanden, wenn beim Aushämmern der Schallstücke den ganzen Tag gepumpert wird."

In seiner Werkstatt werden Ventil- und Naturhörner erzeugt. Jungwirth: „Wahrscheinlich bin ich der Einzige in Österreich, der keine außertourlichen Reparaturen annimmt und keinen Musikalienhandel nebenbei betreibt."

Nahezu jeder Teil des Horns wird von ihm oder von seinem Mitarbeiter hergestellt. Seine Instrumente werden nicht lackiert und nicht geputzt. Lack trägt auf, und beim Putzen wird jedes Mal eine dünne Schicht vom Blech abgetragen. In beiden Fällen wird das Instrument verändert. Seinen Kundschaften braucht er das nicht zu erklären, sie wissen es ohnehin. Es sind vorwiegend Profis, die sich bei ihm ein Naturhorn oder ein Wiener Horn bestellen.

Für alle, denen die Begriffe Natur- und Ventilhorn nichts sagen, eine kurze Einführung: Das Horn ist im Gegensatz zur Trompete oder Posaune großteils oder durchgehend konisch gebaut. Dadurch entsteht erstens der weiche, romantische Klang, zweitens erlaubt es dem Bläser einen erstaunlich großen Tonumfang. Auf dem Naturhorn, das keinerlei Ventile aufweist, lassen sich nur die Töne der Naturtonreihe anblasen. Halbtöne erzeugt der Hornist durch das Stopfen. Er hält dabei die Hand in die Stürze, den Schalltrichter, und kann durch geschickte Bewegungen den angeblasenen Ton verändern.

Bis die Ventile an die Hörner kamen, war es ein weiter Weg. Die Unzufriedenheit von Musikern dürfte hinter ihrer Entwicklung stehen. Sie waren mit ihrem Horn an eine bestimmte Tonart gebunden, konnten bestenfalls einige Bögen austauschen. Die Komponisten ihrerseits mussten sich an den vorhandenen Hörnern orientieren. So wurde eine Lösung gesucht. Für die Posaune hatte man schon Jahrhunderte vorher den Zug entwickelt. Bei den konischen Hörnern kamen naturgemäß nur Ventile infrage. Jungwirth: „Zuerst Kastenventile, dann ein Schuberventil", was ebenfalls unbefriedigend war, „bis man das Doppelpumpventil erfunden hat". Damit war die Mechanik des Wiener Horns geboren und hat sich bis heute in ihrem Wesen nicht verändert: „Zwei Pumpen gehen parallel auf und ab, die eine macht auf, die andere zu." Hinsichtlich der Geschwindigkeit ist diese Technik von den Drehzylindern und dem Perinetventil übertroffen worden. Am Wiener Horn wären solche Ventile aber undenkbar, die Pumpen gehören einfach zu seinem einmaligen Charakter. Ein Wiener Horn ist überdies wesentlich heikler in der Ansprache, das heißt, es passieren beim Anblasen eines Tones immer wieder satte Kiekser, diese waren seinerzeit auch in philharmonischen Kreisen keine Schande. Aber es hat, so Jungwirth, auch drei entscheidende Vorteile: „Wegen seiner Mensuren

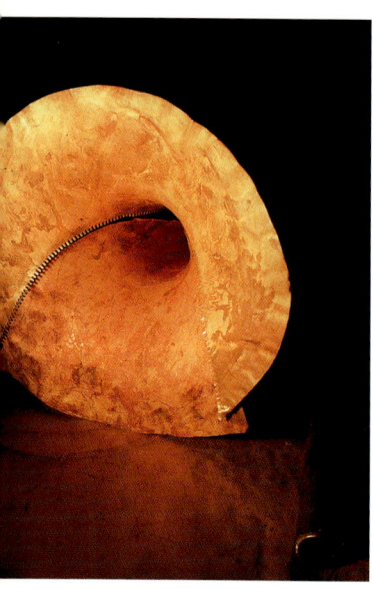

Aus dieser Blüte wird die Stürze eines Horns

klingt es unverwechselbar, geht früher auf, ist obertonreicher und farbiger im Klang. Der nächste Vorteil sind die Bindungen, die mit den Pumpen so weich wie mit den Lippen gelingen. Der entschei-dende Grund, warum das Wiener Horn überlebt hat, ist aber der Bogen. Bei kei-nem anderen Instrument kann ich um so wenig Geld das Mundrohr austauschen. Ein guter Bogen ist das halbe Horn."

Was am Naturhorn nur die Krücke war, um in andere Tonarten wechseln zu kön-nen, hat sich zum klangbe-stimmenden Faktor ent-wickelt. Für den Laien, der sich darunter wenig vorzustel-len vermag, ein Tipp: Beo-bachten Sie beim nächsten Neujahrskonzert die Hornis-ten. Wenn sie nach dem Bla-sen absetzen, wird zuerst der Bogen abgenommen, um das Kondenswasser herauszu-schütteln. Der Vorgang, der

Pumpventile eines Wiener Horns

scheinbar automatisch erledigt wird, ist beinahe so wichtig wie das Bla-sen selber. Gott bewahre, ein Tropfen bleibt drinnen. Sie kennen die Si-tuation: Die Geigen beginnen mit einem leisen Tremolo. Die Kamera fährt auf den ersten Hornisten zu. Er setzt an zum berühmtesten Horn-dreiklang der Welt, zum Donauwalzer. Statt des Tones kommt ein Rol-len und Knattern – ein unbeschreiblicher Eklat, ausgelöst von einem vergessenen Wassertropfen. Aber die Töne sind jedes Jahr perfekt, und genauso perfekt funktionieren jedes Jahr die Hörner. Andreas Jung-wirth hat trotzdem ein wenig Lampenfieber, schließlich ist es seine Ar-beit, die vor der ganzen Welt auf dem Prüfstand steht.

▸ **INFORMATION:**
Erzeugung von Blechblasinstrumenten, Andreas Jungwirth,
3564 Freischling 21, Tel. 02985/330 21, Fax 02985/330 32-4,
E-Mail: jungwirth-horn@aon.at

Alte Bekannte

Ein Rückblick in eigener Sache

Der Mühlenprofessor Ernst Rössler aus Kirchberg am Wechsel ist ein Universaltalent und versteht sich unter anderem auch aufs Schindelschneiden, Besenbinden und Strohdecken. Die Wiedenzäune im Wechselgebiet, jedem Wanderer ein Begriff, stammen von Johann Morgenbesser aus Molzegg.

Im Schwarzföhrenwald wieder wieder gepecht, im Auftrag von Richard Schreieck, der im Pecherhof in Hernstein das mühsam gewonnene Harz zu wohltuenden Salben, Terpentin und Saupech verarbeitet.

Sepp Eybl und Joe Wahler aus Ybbsitz halten mit ihrer Kunstfertigkeit die große Tradition der Eisenwurzenschmiede hoch. Franz Zechberger, vulgo der Aminger, liefert dazu feine Holzkohle.

Der Schlossermeister Johann Jindra hat dem Weitental mit seinen Sonnenuhren ein neues Zeitgefühl beschert. Trotzdem ist er keine Konkurrenz für Peter Wibmer in Bärnkopf, in dessen Werkstatt elegante Großuhren entstehen oder repariert werden. In Dorfstetten versorgt Primus Hader die Waldviertler Holzknechte mit dem notwendigen Werkzeug, und in Pöggstall zaubert der Glasbläser Walter Taffelberger verwunschenen Glanz ins Glas.

Zuletzt wird Unterretzbach am Rande des Weinviertels besucht, wo der Schuster Walter Kaiser tragfähige Kellerkörbel aus dickem Rindsleder für den stilvollen Kellergang fertigt.

Zur Information: Alle diese Handwerker, die hier nur kurz erwähnt werden, finden Sie ausführlich vorgestellt im Band „G'schichten vom Land" (Falter Verlag, 2002).

Register